디레버리징
DELEVERAGING

디레버리징
DELEVERAGING

바 젤 3 세 번 째 이 야 기

박홍기 지음

2021~2024 수도권 파산과 경매의 시대에 관하여

좋은땅

목차

한국 자본시장의 거대한 전환

한국 경제는 '경기 순환적 불황'에서 '구조적인 불황'으로 전환되고 있다. 또한 대내외적인 정치 블록별 정치·안보 사회적인 갈등 요소가 복합적으로 작용하는 혼란의 시간으로 들어가고 있는 중이다. 이러한 복합적 대전환의 불황 요소인 금융적, 기업적 시스템의 변화에 맞물려 사회적인 혼란은 불가피한 측면이 강하다.

소득 분배의 악화는 중상층 몰락의 가속화, 빈곤층의 전세대별 확대화를 초래하고 있다. 그리고 노동 생산성의 향상보다는 은퇴 공포 마케팅에 의해 전 사회 분야로 퍼져 간 불로소득에 대한 갈망이 더 커지면서 전체적인 노동 생산 경쟁력을 상실해 가고 있다.

구조적 문제로는 13개 주력 성장 동력의 상실, 저출산과 고령화 문제의 현실화, 산업과 노동의 구조적 문제, 생산성 하락에 의한 경기침체, 중상층 가계대출 증가 현상과 부동산 시장의 거품 붕괴의 파고 현상,

대내외 금리 차에 따른 자본 유출입의 위험성 대두 등을 들 수 있다. 이러한 것들은 이미 우리가 현실적으로 겪고 있는 문제이기도 하다.

또한 2010년 이후 급속하게 진행된 저임금 비정규직은 인적자본에 의한 노동 생산성을 OECD 5위에서 24위로 추락시켰다. 이러한 인적자본에 의한 생산성 하락은 교육과 직무능력의 불일치에 그 원인이 있음을 알고 있으나, 우리 사회는 사실상 세습과 기득권 유지, 권위주의적인 수직구조를 위하여 문제 해결을 거부해 왔다. 독점적 시장의 세습과 지연·혈연·학연으로 이루어진 사회구조의 고착화가 무시할 수 없는 현실적인 문제로 인식되고 있으나, 사실상 근본적인 해결책을 찾지 않고 개인의 책임과 생산성 탓으로 돌리는 등 문제를 호도하고 있는 것이다. 이러한 태도는 지금의 경제 기득권 세습체제를 더욱 가속화시키고 고착화시키기 위한 하나의 방편일 것이다.

대학교육의 노동시장에 대한 학벌 장사 또한 여기에 기인할 것이다. 과잉 학벌, 과잉 부채, 과잉 혐오 사회 등은 서열화 사회의 고착화와 세습구조 고착화의 한 단면을 보여 주고 있다. 이러한 현실적이지 않은 문제에 집착하고 학력 과잉, 능력 과잉, 스펙 과잉 사회로의 진입은 우리의 경제적·사회구조적 문제를 개인적인 문제로 떠넘기고 사회적 국가적으로 외면하고 있는 현실이 한 원인일 것이다.

가장 현실적으로 외면하고 싶은 것은 부채 과잉의 시대에 이러한 과잉에 대하여 제대로 된 현실적 자기 진단을 내리지 못하게 되는 것이다. 한국 자본 시장의 거대한 전환기에 우리는 이러한 현재의 과잉적이고 파괴적인 자기모순을 제대로 쳐다볼 수 있을 것인가? 비정규직이나 임시직으로 누군가의 삶을 소모품처럼 써서 버리는 구조, 하청업체에 대한 원청 수탈의 구조는 노동 생산성, 산업 생산성 하락의 주된 원인이 되어 왔다. 이러한 문제로 인해 한국 경제의 잠재 성장률과 실질 성장률의 지속적 하락과 함께 오는 자산시장의 붕괴 현상, 그리고 부채 폭발로 인한 역자산 효과 등 복합 불황에 시달리고 있는 현실 속에서 지금의 현상을 제대로 말할 수 있을 것인가 하는 의문이 든다.

소비와 투자가 감소하고 하고 있으며, 수출 각 분야에서 국제 경쟁력은 후퇴하고 있는 중이다. 비즈니스 마인드를 지닌 전문경영인 중심 경제의 역동성이라고 믿어 왔던 신화도, 세습구조의 전문직 고소득 귀족 신화도 국제적인 경제 금융규제의 도입으로 이제는 종말을 향해 달려가고 있는 중이다.

이 책에서는 이러한 비관적인 현실에 대해서 그 사실 자체를 담담하게 기술하고자 한다.

디레버리징
DELEVERAGING
바 젤 3 세 번 째 이 야 기

1

뉴 노멀 시대의 등장

———

 IMF 이후 사실상 사회·경제적인 혼란기를 거치며 계급적 격변도 치렀다. 또한 경제에 대한 인식이 크게 변화하면서 뉴 노멀의 시대가 시작되었다.

 합리적인 인식과 세계관을 가진 사람은 구체적인 목표를 세우고 체계적인 준비를 할 것이며, 이러한 준비를 한 사람은 이 혼란한 기간에도 더 큰 부와 성공을 움켜쥐게 될 것이다. 단지 신화와 귀족주의만을 선망하는 사람들은 눈에 보이는 것만을 추구하는 인간의 욕망 때문에 파산과 비극과 고통의 시간을 경험하게 될 것이다.

 보통의 인간은 보이는 것에 욕망과 더 큰 욕구를 느끼게 되어 있다. 그러나 합리적인 인간은 보이지 않는 진실에 접근하려고 하며, 문제의 원인을 파악하려고 한다.

이번 한계기업의 파산은 구조적인 원인 속에서 문제를 찾아야 하겠지만, 자산시장의 침체와 불황 속에서 파산 대상의 주요 계급이 1, 2분위 고소득 전문직에 집중된 것은 아마도 눈으로 보고 귀로 들리는 것에만 욕심을 부렸기 때문일 것이다. 그러나 합리적인 인간이 아닌, 욕구와 욕망에 의한 자본주의의 선택은 결국은 거의 대부분 파산과 경매, 그리고 기나긴 고통을 겪게 될 것이라는 사실을 아무도 주지하지 않고 있을 뿐이다.

저성장·양극화를 넘어 침체와 구조조정 그리고 복합 불황의 시기를 겪으며, 이제는 이러한 욕망과 욕구를 통제해야 한다. 한국의 미디어 환경은 기업의 지배를 받고 있으며, 이러한 기업에 의한 언론 지배는 현실을 왜곡하게 만든다.

2차 세계대전 이후 전 세계는 성장과 분배 문제에만 집중하여 왔다. 이러한 정세 속에서 한국은 성장을 최고 가치로 여기는 신화 각인과 세습에 대한 침묵을 강요받아 왔다. 이러한 세습은 소득의 분배보다는 세습구조 아래 기득권과 귀족화의 고착화를 선전·선동해 왔을 뿐이다.

자본주의 국가는 수정자본주의의 기치 아래 완전 고용과 소득 재분배를 통해 모두가 행복한, 경제적으로 보다 평등한 사회를 추구하였다는 사실을 우리는 배운 적이 없다. 우리는 외부의 진실보다는 신화를 강요받아 왔으며, 이러한 신화는 끊임없는 신분 상승 욕구를 불러일으켜 왔을 뿐이다. 외부의 세계, 즉 발전된 선진국들은 60년 가까이 경제 평등을 최우선의 가치로 내걸고 달려왔다는 사실을 현재 한국의 상황에서는 절대 받아들일 수 없겠지만 그것은 진실이다.

이러한 신화와 세습 구조를 위해서 기만과 거짓으로 점철된 서열 기회주의를 통한 끊임없는 욕망과 욕구의 성공학 마케팅은 또 다른 비극적인 욕망을 꿈꾸는 인간의 추락을 보게 될 것이다. 우리가 진정 놓치고 있는 것은 아마도 인간의 자유로운 욕구이자 위대성인 창발현상의 소멸일 것이다.

신화를 통한 초양극화로 전진하는 한국 사회의 새로운 계급 파탄의 시간은 다가오고 있다. 고소득 전문직으로 대표되던 고·중상층들도 대규모 몰락을 경험하게 될 것이다. 사람들은 초양극적인 계급의 고착화와 인간의 더 크고, 또 다른 성공을 갈망하고, 성공한 것처럼 보이는 거짓 신화를 믿어 왔다. 하지만 우리는 2021~2024년경까지 자산 하락으로 인한 파산과 경매의 시대를 직접 눈으로 확인하게 될 것이다.

2

금융시스템의 변화와 진화

———

　인류 역사상 해상 강도질로 성장한 아테네는 현대 금융시스템의 모태가 되는 금융업이 가장 먼저 발전한 나라이다. 펠로폰네소스 전쟁 이후 아테네에서는 전쟁을 통한 대금업자의 활발한 활동뿐만 아니라, 상인들의 무역거래 또한 증가하면서 모험에 대한 대차 등 전문 금융업이 활발하게 전개되었다.

　금융업자들이 성장하자 이들은 상인들에게, 환전 및 모험자본을 빌려주고 고리의 이자 장사를 시작하였다. 거대한 부가 집중될수록 금융 수요 또한 폭발적으로 성장하였고, 금융업자들의 대금업이 또다시 재생산되고 확대되면서, 아테네는 풍요로운 국가로 성장할 수 있었다. 이러한 금융의 편리성과 모험자본의 풍요를 이용하여 3, 4계급 시민들이 해상 무역업에 서로 뛰어들면서 상업 문화가 절정기에 다다르게 되었다. 그들은 그렇게 해서 번 돈으로 아테네의 징병 의무에서도 자유롭기를 바랐다. 즉, 돈으로 징병제를 피할 수 있는 방안을 찾게 되었고, 돈이 있는 3~4계급 시민들은 외국의 용병을 고용하여 징병제에서 자유로워질 수 있었다. 또한 아테네는 거지와 부랑자가 창궐하는 초양극화의 도시로 재탄생하게 되었다.

그런데 스파르타와의 전쟁이 재개되자 부랑자와 거지가 증가한 아테네에는 전염병이 창궐하게 되었으며, 이러한 전염병과 함께 현실에 대한 허무주의가 만연하였다. 그리고 국가의 방위를 용병들에게 맡긴 결과, 국가를 수호하고자 하는 사명감이나 자부심이 없기 때문에 더 이상 전쟁을 승리로 이끌 수 없었다. 결국 그리스의 패권은 스파르타에게 강탈당했으며, 아테네 제국은 주변의 여러 도시 국가 중 하나로 전락하게 된다.

지금의 한국 사회는 세계화를 통하여 성장하여 왔다. 현재 우리 사회는 아테네 제국의 전성기 모습과 많이 닮아 있다. 수출 대기업의 성장이나, 사회 구성원들이 병역을 기피하기 위해 다양한 수단을 동원하는 현상들은 그 시기 아테네의 모습과 흡사하다. 군 면제를 위해 국적을 포기하는 이들의 수가 한 해 1,000명 수준에서 2018년에는 7,000명 규모로 증가하였다. 양심적 병역 거부자까지 포함하여 앞으로 병역 기피자가 더 급증하게 된다면, 조만간 2020년 이후에는 1만 명 이상을 상회하게 되리라는 전망이다.

이러한 문제에 더하여 한국의 젠더 문제, 이른바 포스트모더니즘이라는 제3세대 여성운동이 나타나고 있다. 이러한 여성주의 운동은 성

역할에 대한 차별을 없애고 사회적 경계를 넘어서고자 하는 것이다.

아테네는 해상무역으로 부자가 된 상인 계급들이 용병을 고용하여 군대 문제를 해결하였으나, 한국의 경우는 재벌과 기득권층들이 군대 문제와 노동·고용 문제를 다시 여성에게 떠넘기는 구조로 가고 있다. 2,000년 전에 세계화를 추구하던 아테네와 한국은 놀랍도록 닮아 가고 있는 것이다. 그러나 포스트모더니즘 운동이 유럽 국가에서는 남녀 징병제 확대와 남녀 임금 차별을 없애는 방향으로 나아가고 있지만, 우리나라처럼 재벌과 기득권층의 자녀가 기본적인 군역과 납세를 회피하지는 않으니 대한민국 사회가 2,000년 전의 공화정 사회보다 더 문명한 사회인지는 잘 알지 못하겠다.

한편 유대인은 같은 민족 구성원끼리는 세금과 노예제가 없다. 유대인들은 자신들이 주도하는 세계 금융시스템 안에서 자민족에게는 관대함을, 타 구성원에게는 고리대금업으로 부를 쌓아 왔다는 역사적인 발자취를 바라본다면, 우리나라가 끊임없는 획일화 교육을 받아 온 자국민들에게 경제발전이라는 미명 아래 비정규직, 계약직 일자리를 양산하고 갑질을 행하고 있는 현실이 무엇을 말하고 있는지 생각해 봐야 한다. 우리는 2000년 초반 이후 세계화 금융의 확대가 일반화되는 한국 사회에서 문제를 야기해 왔다는 점은 분명한 사실일 것이다.

가장 큰 문제는 아테네와 마찬가지로 우리 사회에 확산되고 있는 패배의식이다. 아테네의 3, 4계급 시민들 사이에 팽배했던 금권만능주의가 병역과 노동력을 다른 계층에 전가함으로써 공화정의 몰락을 가져왔던 것처럼, 우리 사회의 주류에서 소외된 계층들이 어느 정도 자부심을 느낄 수 있을지 의문스럽다.

한국의 금융산업은 1990년대 들어 김영삼 정권 시절, 금융자율화 정책을 통해 민간 중심 시스템으로 전환을 시도하였다. 하지만 1997년 외환위기를 맞아 정부 주도의 구조조정이 진행되면서 금융산업은 정부의 영향력 아래 놓이게 되었다.

정부의 금융시장에 대한 적극적인 개입은 정부의 체제에 따라 금융산업의 행태가 바뀌는 계기가 되었다. 즉, 관치금융의 국가로서 자산과 대출의 운영이 정부의 개입으로 진행되어 온 것이다. 이러한 시장은 지난 10년간 대기업 수출 불황형의 내수 적자 구조를 부채를 통해 유지해 오고 있는 중이다.

한국 사회 또한 세계화 덕분에 금융의 규모면에서 자산 운용시장이 폭발적으로 그 규모가 커지고 있다. 무역 국가로서 세계적인 금융시스템인 바젤3 시스템으로 통합되고 있으며 국제 금융제도, 국제 회계제도, 국제 노동제도, 국제 기업제도 등을 급속하게 도입하고 있다. 국제 금융제도 도입의 핵심은 이제 관치금융시대의 국가에 의한 구조조정 영향력이 약화되고, IFRS9과 같은 국제 회계 IS시스템을 이용, 금융권 자체의 데이터를 통해 미래 손실에 대한 자체 구조조정의 시스템으로 변환하는 것이다.

3

바젤3 시스템

———

 바젤3는 2008년 리먼 브라더스 파산 사태로 정한 바젤2의 자본규제를 세분화하고 항목별 기준치를 상향 조정한 은행 자본 규제 시스템이다. 자본의 질과 투명성을 강화하기 위해 바젤2의 세 가지 권고사항 필라1, 2, 3를 세분화하였다.

 세계금융안정보고서에 따르면 IMF의 정책들은 사실상 공식 실업률뿐 아니라 절대 빈곤율을 급격하게 상승시켜 온 것이 지금까지 부인할 수 없는 사실이다. 그 결과 인도네시아, 필리핀 도시 거주민들은 생존을 위해 농촌 지역으로 이주하게 되었다. 인도네시아, 태국, 한국의 경우 중소 규모의 산업과 중소 자영업의 경제 기반을 몰락시켰다는 것도 사실이다. 이는 국내총생산(GNP)을 급격히 후퇴시키는 결과로 나타나고 있다.

대부분의 나라들은 빈곤과 양극화를 20년 이상 경험하고 있으며 약탈적인 세계 헤지펀드에 늘 노출되어 있는 것 또한 사실이다. IMF에 반발하고 자본 통제를 실시한 말레이시아만 제대로 살아남았다는 평가를 받고 있다. 기업의 연구개발 투자뿐만 아니라 설비 투자율도 외환위기 이전의 지속적인 상승 추세는 끝이 나고 있다. 노동시장은 전체 임금 노동자 가운데 60% 이상이 비정규직, 또는 계약직이라는 기형적인 경제구조를 가지고 있다.

우리나라는 이러한 기형적인 재벌의 기득권화된 시장 구조와 관료적인 금융산업의 취약 속에서 바젤3*가 시행되고 있다. 은행은 국제결제은행(BIS) 기준에 맞춰 총자본 비율 8% 이상, 기본 자본 비율 6% 이상, 보통주 자본 비율 4.5% 이상을 충족해야 한다. 이와 더불어 손실 보전 완충자본과 가계대출 부문의 경기 대응 완충자본을 확보할 의무도 주어진다.

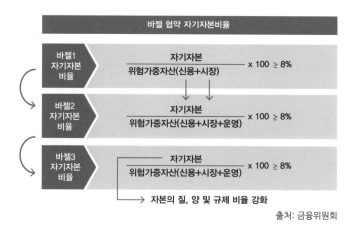

<그림1. 바젤Ⅲ 자기자본 비율 변화>

디레버리징(DELEVERAGING)

은행은 예금 금리보다 높은 금리로 대출을 함으로써 이윤을 남기는데, 만약 대출을 받은 고객이 파산하게 되면 은행은 충격을 받을 수밖에 없다. 이로 인해 은행이 파산하면 경제 전체에 심각한 충격을 미칠 수 있다는 과거의 인과관계를 기반으로 각국이 합의한 금융감독 규정이 바젤3이다.

그에 따라 전 세계 은행 감독 당국은 은행 경영이 항상 건전하도록 건전성 규제를 실행하고 있다. 그러나 이것은 엄연하게 주요 금융권을 금융충격에서 최대한 방어하는 방법이다. 이른바 다른 노동, 서비스, 제조업, 사회복지, 금융기관, 노동자에 대한 구체적인 방법은 없다.

＊ 읽어두기

- 바젤은행감독위원회(BCBS, Basel Committee on Banking Supervision)이란?
1974년 독일의 헤르슈타트은행의 파산을 계기로 국제 금융시장이 불안해지자 주요 10개국의 중앙은행 총재들이 국가별로 서로 다른 은행 감독 기준에 대한 국제적인 공조를 강화하기 위해 설립한 기관이다.
2008년 글로벌 금융위기 당시 세계적으로 많은 은행들이 부실화되고 세계 경제의 급속한 침체기를 겪으면서 이를 정상화시키기 위해 각국 정부는 엄청난 공적자금을 투입하였다. 이후 G20(주요 20개국)에서 은행의 건전성 강화를 촉구하면서 BCBS에서 구체적인 방안을 마련하였다.

- 바젤3
BCBS는 은행의 건전성 및 금융시스템의 안정성 제고를 위해 「은행의 지배구조 원칙(Corporate Governance Principles for Banks, 이하 '바젤기준' 또는 '바젤원칙')」을 개정하였다. (2015년 7월 발표)

기업 지배구조는 공공의 이익과 부합하는 범위 내에서 기업의 지속가능성을 보장하고 이해 관계자들의 이익을 보호하는 역할을 수행한다.

기업 지배구조란 회사의 이사회, 경영진, 주주, 기타 이해관계자 사이의 일군의 관계로서 회사의 목표 설정, 목표 달성 수단, 성과 모니터링에 필요한 구조를 제공하고, 권한 및 책임의 분배 및 의사결정 방식을 결정한다.

금번 기준은 이사회의 은행 감시 책임과 위험지배구조(risk governance)의 기능을 강화하는 것이다.

위험지배구조란 이사회 및 경영진이 ① 전략 및 위험 관리 방법을 결정하고, ② 전략 대비 위험 성향 및 위험 한도의 적정성을 모니터링 하고, ③ 위험을 식별·측정·관리·통제하기 위한 지배구조 시스템이다.

바젤기준은 국가별로 법률 및 규제 체계 등이 다양한 점을 감안할 때 실제 적용 시에는 국가별로 조정이 필요하고, 동일 국가 내에서도 은행 규모, 업무의 복잡성, 위험 프로파일(risk profile), 영업 모델 등에 따라 은행별로 달리 적용될 수 있다는 점을 강조, 특정 시점에서 평가한 기업의 위험 익스포저(risk exposures) 바젤 기준은 중요 은행의 경우에는 국내외 금융시스템의 안정성에 미치는 잠재적 충격에 상응한 수준의 지배구조 체계와 관행을 구축해야 한다는 점을 강조하고 있다.

미국의 경제학자 스티글리츠(Joseph E. Stiglitz)는 해외 자본의 단기화 때문에 모든 금융의 불안정성이 진행되어 왔다고 주장해 왔으며, 그의 주장은 많은 곳에서 사실로 확인되고 있다. 해외 자본이 생산적인 장기 투자에 기여할 수 없다면, 투자 자본을 각국 중앙은행에 일정 기간 동안 예치해 두도록 하는 조치를 취하는 것이 중진국에 가장 합당한 방법이라고 결론을 내리고 있다. 한국의 경우 이미 해외 투자 은행은 2018년 상반기 모두 철수했으며, 이미 관료와 시장의 합작은 많은 부실자산 대출에 그대로 노출되어 2019년 IMF 세계금융안정보고서에서 브라질,

터키와 동급의 부실자산 대출국으로 취급받고 있다.

(1) 바젤3 규제의 핵심 내용

1) 자본비율

최소 보통주 자본 비율은 2%에서 4.5%, 신종자본증권을 포함한 최소 자본 비율(Tier1)은 4%에서 6%, 총자본 비율(Tier1+Tier2)은 현행 8%를 유지하며, 미래 위기 발생 가능성 대비를 위한 고정 완충자본(capital conservation buffer)[1]은 2.5%, 보통주 자본(capital stock-common)은 2.5%로 한다.

2) 유동성 커버리지 비율

유동성 커버리지 비율(Liquidity Coverage Ratio)은 보통 LCR로 표기하는데, LCR의 목적은 은행의 유동성 리스크에 대한 단기 복원력을 제고하기 위한 것이다. 이를 위해 은행은 30일간의 유동성 스트레스 시나리오 하에서 유동성 부족을 충당할 수 있도록 민간 시장에서 쉽고 빠르게 현금화가 가능하고 처분 제한이 없는 고유동성 자산을 적정 규모로 보유해야 한다. 이를 통해 LCR은 금융 또는 실물 위기 발생 시 은행 부문의 충격 흡수 능력을 제고함으로써 금융부문의 위기가 실물 경제로 파급되는 위험을 줄이는 데 기여할 것이다.

---

1) 고정 완충자본은 위기 시 사용이 가능하나, 이 경우 자본비율이 목표수준(2.5%) 이상이 될 때까지 이익 배당 등의 제약을 받음. 신용이 과도하게 팽창할 경우 0~2.5%, 보통주 자본의 경기대응 완충자본(counter cyclical capital buffer) 추가 부과

(2) 바젤3의 도입 과정

1) 바젤1

1980년대 들어 미국 저축대부조합들은 대출로 막대한 부실 손실을 입게 되었고, 결국 예금주, 주주, 공동 신탁자가 막대한 피해를 떠안게 되었다. 수백만 명의 미국인들에게 내 집 마련 자금을 대출해 주었던 저축대부산업은 완전히 허물어지기 일보 직전으로 1930년대 경제대공황 이래 최대 규모의 파산 사태였다. 이 사건은 미국 전체를 뒤흔들기에 충분했다. 경기가 침체된 지역에서부터 활발한 성장세를 기록했던 지역에 이르기까지 모든 지역을 막론하고 수백 개의 저축대부조합이 관련되어 있었다.

이 조합들을 구제하기 위해 무려 수천억 달러의 세금이 투입되었으며, 경영자들은 정치권을 비난하며 피해자 행세를 하기도 하는 등 한국의 관치금융과 기업의 부동산 대출행태와 유사한 프로파간다라고 이해하면 편할 것이다. 이른바 우리는 부동산 기사에 선동성 및 여러 유명 인사들의 정치권 비난을 현실에서 보고 있으니, 더 이상 이해를 돕지 않아도 될 것이다. 매수된 전문가들은 위기의 발생 원인이 경영진보다는 외부환경에 기인한다고 1990년대 중반까지 선동하였을 정도이다.

그들이 정치권의 책임이라고 주장하던 주요 내용은 자기자본 비율 제한을 완화하고 경기 부양책으로 업계의 위험을 가중시켰다는 것 등이다. 특히 부동산 가격과 실물 디플레가 진행된다는 등의 이유를 들면 모두가 금융과 경제는 어렵고, 그 책임을 정치권의 무능으로 돌리는 선동에 쉽게 놀아나게 되어 있다.

이러한 영미식 금융사기는 보험과 금융권 투자 증권업계에 1980년대부터 2010년대 초반까지 미국뿐만 아니라 전 세계 자본주의를 뒤흔들기에 충분하였고, 엔론(Enron) 회계 사태 등은 국제회계 기준 정립에 중요한 사안으로 부각되는 계기가 되었다. 미국에서는 이러한 여파에 대한 규제정책들로 2012년 도드 프랭크법(Dodd-Frank) 등이 제정되었다.

이러한 일련의 과정은 중남미, 멕시코, 일본 헤이세이 불황 등도 설명할 수 있다. 일본과 독일은 중국이라는 거대하고 새로운 경제적인 호재가 오기 전까지 최악의 상황에 직면해 있었다.

미국은 이러한 금융사기 행태에도 불구하고 많은 경험을 축적하며 금융의 선진국식 진보를 일구어 왔다. 수백 개의 저축대부조합이 파산했지만 다른 수백 개 이상의 조합들은 살아남았고 오히려 건전성 또한 전보다 더 상승한 것 등은 미국 자본주의 성장에 영향을 미쳤다는 점에서 부인하기 어려운 부분이 많다. 이러한 미국 금융산업의 진보는 국제 자본 규제에도 상당 부분 영향을 끼쳐 왔다.

금융기관이 돈을 빌려주는 경우, 채무자의 신용등급 및 지불능력을 심사·평가하게 된다. 이러한 일련의 과정 속에서 보통 담보를 요구하게 되는데, 보통 1980~1990년대 담보물은 부동산이었다. 그런데 금융기관이 담보의 가치를 지나치게 높게 평가할 경우 거품이 발생하게 된다. 1980년대, 1990년대 금융역사의 부실을 가져온 거품 붕괴가 바로 여기에 기인한 것이다.

북미 선진국은 1970년대 미국의 달러 유동성을 바탕으로 남미 국가에 대한 고금리 대출을 경쟁적으로 진행하였고, 세계적인 경기 침체가 진행되면서 남미는 과도한 채무를 지고 연쇄적으로 도산하게 되었던 것이다. 이것이 유명한 멕시코 디폴트 연쇄부도 사태이다. 1980년대 국가 간 자본의 이동면에서 철저한 분석을 거치지 않고 적당한 수준의 신용 평가에 기대어 온 그때까지의 거래는 매우 위험하다는 결론에 이르게 되었던 것이다.[2]

또한 대외적으로 1980년대 국제 금융위기의 원인은, 채무자가 제3세계 국가들이었기 때문에 담보물이 없는 상태였다. 이러한 상황을 극복하기 위한 방법은 국가 부채 비율을 어떻게 낮추는가가 관건이었는데, 이렇게 담보가 없는 상태의 평가를 시행해 온 것이 국제 신용 평가기관들이었다. 이러한 미국의 내부적·외부적인 금융불안의 원인을 해결하기 위한 고심은 국제적인 합의를 이끌어내는 데 지대한 영향을 주게 된다.

이렇게 금융위기를 극복하기 위해 1988년 7월에 국제적으로 합의하고 제정한 것이 바젤1이었다. 주요 내용은 은행의 자기자본에 대한 국제적 통일 기준을 마련하는 것으로, 10개 주요국이 참여한 가운데 1992년까지 8%의 최소 자본금 규정을 준수하기로 합의하였다. 또한 리스크가 높을수록 위험 가중치(0%, 10%, 20%, 50%, 100%)를 높게 적용하기로 하였다.

이전까지 일본과 한국은 은행의 자기자본 비율이 4~6% 수준에 불과하였다. 우리나라의 경우 OECD 가입 이후 1997년부터 이를 도입해 시행하였는데, 그 영향으로 1년 만에 IMF를 맞이하였다. 그리고 바젤1 예대율(예금 잔액 대비 대출금 잔액)과 유동성 기준이 책정된 이후 일본도 자

---

[2] 1980~1985년까지의 기간 동안 남미 국가 1인당 국민소득은 연평균 10%의 마이너스 성장을 하였다.

기자본 확보 전쟁으로 헤이세이 불황이 시작되었다.

1998년 동남아 금융위기 이후에도 위기의 원인에 대하여 자기자본과 시장 리스크에 대한 기준이 강화되기 시작하였다.

〈표1. 일반은행의 BIS비율 및 당기순이익 추이〉

구분	1997	1998	1999	2000	2001
BIS비율	7.04	8.23	10.83	10.59	10.81
당기순이익	-39,198	-125,106	-59,960	-28,405	41,671

출처: 한국은행

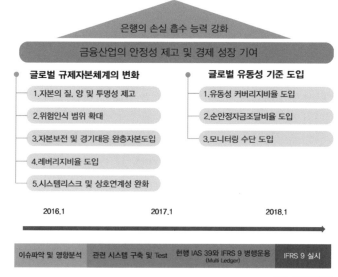

출처: 금융위원회

〈그림2. 바젤Ⅲ 금융기준 도입 과정〉

1996년 1월, BIS 바젤은행감독위원회는 시장 리스크를 감안한 자기 자본 규제제도를 도입한다고 합의하였다. 신용 리스크 이외에 트레이딩 목적의 자산·부채에 대해 가격 변동성에 기초한 시장 리스크를 산출하고 그에 상응하는 자기자본을 부과하는 기준을 합의하였다.

한편 1998년 2월에는 현행 BIS협약이 은행이 직면하는 리스크를 제대로 반영하지 못한다는 문제점이 제기됨에 따라, BIS 바젤은행감독위원회는 이를 개선하기 위한 새로운 자기자본 규제제도의 도입을 공식적으로 추진하였다. 금융기법의 발달, 은행 영업 활동의 다양화 등으로 현행 제도가 요구하는 규제자본(regulatory capital)과 은행의 영업 및 자산 구성 내용을 실질적으로 반영하는 경제적 자본(economic capital) 간 괴리 발생을 사전에 막고 국제 금융시스템 신뢰성을 제고하기 위함이었다. 또한 은행의 리스크 관리기법 발달로 자기자본 규제제도 운용에 은행이 자체 개발한 리스크 평가모형을 수용·활용할 필요성도 증대되었다.

이에 BIS 바젤은행감독위원회[3]는 2004년 6월 24일, 감독 당국과 은행, 시장 참가자 및 관련 단체 등의 의견을 종합한 최종 협약안을 확정, 발표하였다.[4]

2) 바젤2

2007년 시작된 금융위기 시 초기 유동성 경색국면에서 많은 은행들이 충분한 자본을 보유했음에도 불구하고 유동성을 제대로 관리하지 못해 어려움을 겪은 바 있다. 이번 금융위기를 통해 금융시장과 은

---

3) 바젤은행감독위원회는 아르헨티나, 호주, 벨기에, 브라질, 캐나다, 중국, 프랑스, 독일, 홍콩, 인도, 인도네시아, 이탈리아, 일본, 한국, 룩셈부르크, 멕시코, 네덜란드, 러시아, 사우디아라비아, 남아공, 스페인, 스위스, 터키, 영국 및 미국의 은행감독기구 및 중앙은행의 고위급 대표로 구성되어 있으며, 통상 회의는 상설사무국이 소재한 스위스 바젤의 국제결제은행(The Bank for International Settlements, BIS)에서 개최하고 있다.

4) 신 협약의 정식 명칭은 'International Convergence of Capital Measure-ment and Capital Standards: a Revised Framework'이다.

행 부문의 기능이 원활하게 작동하기 위해서는 유동성 관리가 중요하다는 점을 인식하게 되었다. 국제 금융의 규칙이나 권고, 가이드라인 기준 등 다양한 형식의 국제 소프트 로(soft law)의 규범력은 부정할 수 없었다. 그러나 국제질서의 정치적·경제적 관계에서 강대국이나 주변국 이해 당사국 간의 양자적 합의, 또는 공격적인 현실주의(offensive realism)[5] 프로세스에 의해 언제든지 그 위력을 잃을 수 있다.

미국은 의회의 비판적 입장과 금융위기 연장 필요성을 주장, 바젤2라는 국제적 합의를 이끌어 냈다. 바로 강대국의 필요에 의해서 조정될 수 있었던 좋은 사례이다. 위기 전에는 자산시장의 호황으로 인해 낮은 금리로 자금 조달이 용이하였으나 시장 상황이 급격하게 반전되면서 유동성이 급격히 고갈되고, 신용 경색이 장기간에 걸쳐 지속되었다. 은행 시스템이 심각한 스트레스 상황에 처하게 됨에 따라 자금시장과 일부 개별 금융기관의 원활한 작동을 위해서는 중앙은행의 자금지원(central bank action)이 필요했다. 이러한 금융시장 상황과 국제적 관계 속에서 2004년 6월, 바젤1의 취약점을 보완하여 바젤2를 시행하게 되었다. 우리나라를 포함한 많은 국가들은 2008년부터 바젤2를 도입하였다.

유동성 관리의 어려움은 리스크 관리의 기본원칙을 간과한 데 기인한다.[6] 이에 대한 대응으로 바젤위원회는 유동성 리스크 관리의 기

---

5) 공격적 현실주의: 국제사회는 무정부 상태이다. 국가는 '생존하는 것'을 목표의 하나로 삼고 합리적으로 행동한다고 본다. 존 미어셰이머는 이 이론의 주요한 지지자로 공격적 현실주의는 고전적 현실주의와 달리, 국제사회의 무정부 상태가 대립의 원인이 된다고 보는 구조이론이다.

6) 임직원 능력 리스크, 지배 구조·내부 통제 리스크, 지배 주주·그룹 리스크, 경기 변동 리스크, 시장 경쟁 리스크, 사회·기술·정치·법률·조세 등 리스크, 거대 재해 리스크, 데이터 리스크, 회계 리스크, 기술 리스크, 판매 채널 리스크, 관리 리스크, 기타 운영 리스크, 투자·자산·부채 관리 리스크, 재보험 리스크, 비용 리스크, 보험 인수 리스크, 사업 리스크, 시장 리스크, 신용 리스크, 보험금 이탈 리스크, 비용 이탈 리스크, 기타 부채 리스크, 평판 리스크, 준비금 평가 리스크, 기타 부채 평가 리스크, 자산 평가 리스크

본원칙으로서 2008년 '건전한 유동성 리스크 관리 및 감독을 위한 원칙'(Principles for Sound Liquidity Risk Management and Supervision, 이하 Sound Principles)을 공고하였다. 동 원칙에는 리스크 관리 및 자금 조달 유동성 리스크 감독과 관련한 구체적인 지침이 포함되어 있어, 은행과 감독 당국들이 동 원칙을 완전히 이행할 경우 유동성 부문의 리스크 관리체계를 개선할 수 있을 것이라고 보았다. 그래서 감독 기능의 강화를 위해 바젤위원회는 은행들이 동 원칙을 준수하도록 관련 감독 당국의 이행 현황을 지속적으로 모니터링 하기로 하였다.

그리고 바젤위원회는 Sound Principles를 보완하기 위하여 유동성 조달에 대한 두 가지 최저 기준(two minimum standards)을 개발하여 유동성 규제 체계를 보다 강화하였다. 이들 기준은 서로 상이하지만 보완적인 두 개의 목표를 달성하기 위해 개발된 것이다.

첫 번째 목표는 은행들로 하여금 1개월간 지속되는 심각한 스트레스 상황을 견뎌 내기에 충분한 고유동성 자산을 보유토록 함으로써 유동성 리스크에 대한 단기 복원력을 제고하는 것이다. 이를 위해 바젤위원회는 LCR(Liquidity Coverage Ratio, 유동성 커버리지 비율)을 개발하였다. 두 번째 목표는 은행들이 영업활동에 필요한 자금을 안정적인 자금 조달원을 통해 지속적으로 확보할 수 있도록 유도함으로써 장기 복원력을 제고하는 것이다. 본 문서에서 다루지는 않지만, 순안정자금 조달비율(NetStable Funding Ratio, 이하 NSFR)은 LCR을 보완하고 1년의 시계(time horizon)를 가지고 있으며, 자산·부채의 지속 가능한 만기 구조를 유지하도록 하기 위해 개발되었다.[7]

---

7) 출처: 한국은행, 2012

바젤1을 개편한 바젤2는 다음과 같이 세 개의 축으로 구성된다. 첫째, 기존에 제시했던 8%의 최저자본금 규제는 그대로 유지한다는 원칙이다. 둘째, 감독 당국이 최저자본금 규제를 점검하는 의무를 가지되 은행은 자체적으로 평가 모형을 구축하여 신용 위험을 평가할 수 있고, 감독 당국은 은행이 이를 제대로 지키고 있는지 점검하고 감독한다. 셋째, 은행의 리스크 수준과 자본 적정성에 관한 정보를 시장에 공시하도록 의무화하여 금융시장을 통한 시장 규율을 강화하였다.

3) 바젤3

2008년 글로벌 금융위기가 발생하였다. 리먼 브라더스를 비롯한 선진국의 세계적 금융회사들이 부실화되거나 도산했고 이로 인해 전 세계 금융시장이 마비되는 사태였다.[8] 월가의 롱텀 캐피탈 사건과 러시아 모라토리엄 사건 그리고 리먼 브라더스 CDO 구조화 채권의 신용 평가 사기 사건 등은 복잡한 금융공학적 접근 방법이 구조화된 레버리지 위험성(채권자를 위험에 빠트리는 사기)이 매우 크다는 사실을 알려 줬다.

그에 따라 LCR 그 자체로는 은행 유동성 관리의 모든 측면을 측정하기에는 불충분하다고 판단한 바젤위원회는 유동성 리스크 감독에서의 국제적인 일관성을 보다 강화하기 위해 일련의 모니터링 수단(monitoring tools)을 개발하였다. 이 수단들은 LCR을 보완하고 은행의 유

---

8) 2007년 리먼 인수: 조선일보 등은 리먼 인수를 강력히 주장하다 나중에는 발을 빼고 리먼의 파산 가능성 및 잠재적인 리스크를 직시할 것을 주장하기도 했다. 한편 산업은행 총재는 2008년 6월 취임한 민유성이였는데, 그는 산업은행 총재로 취임하기 직전까지 리먼 브라더스 서울사무소 소장이었다. 특히 리먼 브라더스의 인수를 추진하는 과정에서 산업은행 총재인 민유성이 리먼 브라더스의 스톡옵션을 가지고 있었다. 즉 리먼을 인수하면 국책은행이 모두 파산했을 것이다. 한국 원화 환율로 환산하면 무려 700조 원 상당의 파산이었다. 2008년 당시 국가 예산은 250조 원이었다.

동성 리스크 익스포저를 상시 모니터링 하며, 본국 및 진출국의 감독 당국 간에 이들 익스포저에 대한 정보를 공유할 수 있도록 하였다.

LCR(Liquidity Coverage Ratio) 기준은 국제 영업을 영위하는 은행의 최저 유동성 수준을 설정하기 위한 것인데, 은행들은 LCR 기준과 함께 Sound Principles를 준수하여야 한다. 바젤위원회의 자본 적정성 기준과 마찬가지로 각국의 감독 당국은 유동성 수준을 바젤위원회가 제시한 최저 수준보다 높게 요구할 수 있다. 특히 감독 당국은 LCR의 가정이 모든 시장 상황 또는 스트레스 상황의 전 기간을 포착할 수 없음에 유의하여야 한다. 따라서 은행들이 직면한 유동성 리스크를 LCR이 적절히 반영하지 못한다고 판단되는 경우, 감독 당국은 유동성 수준을 최저 수준보다 높게 요구할 수 있다.[9]

〈표2. LCR: 커버리지 비율 규제 일정표〉

	2015.1.1.	2016.1.1.	2017.1.1.	2018.1.1.	2019.1.1.
LCR 최저규제수준	60%	70%	80%	90%	100%

출처: 금융위원회

이러한 내용을 담은 바젤3 기준이 2009년 9월에 발표되었다. 특히 유동성 기준과 금융감독 기준 강화가 주요 목적으로, 자기자본에 대한 투명성 강화를 통하여 세계금융안정보고서(IMF)에 따른 국제 회계 기준 측정이 세계 주요 각국의 합의사항이 되었다.

리먼 브라더스를 비롯한 선진국의 세계적 금융회사들이 부실화되거나 도산한 원인 중의 하나로 기존의 바젤2 은행 감독 기준에 많은 문제

---

9) 출처: 한국은행, 2012

점이 있다고 지적하고 새롭게 보완된 바젤3의 내용은 다음과 같다. 첫째, 은행 자본금의 질을 높이고 최저 자본금 기준을 대폭 상향 조정하였다. 둘째, 은행들이 일정 부분 이상의 자산을 국채 등 쉽게 현금화할 수 있는 자산으로 보유하도록 하는 유동성 규제를 새로 도입하였다. 셋째, 자본금에 비해 너무 많은 자산을 보유하지 못하도록 하는 레버리지 규제를 새로이 도입하였다.

금융위기 이후 국제 통상 분야의 세계 기구인 WTO의 위상과 비슷한 세계금융기구 설립의 필요성이 논의되어 왔다. 현재 FSB(Financial Stability Board, 금융안정위원회)가 그 역할을 수행 중에 있으며, FSB를 중심으로 국제 금융질서에 대한 논의가 기준이 되고 있다.

(3) 바젤3는 자본의 질을 제고[10]

1) Part 1: 국제영업 영위 은행에 적용할 LCR의 정의 및 적용 관련 사항

LCR은 다음 두 가지 요소로 구성되는데, 한 달 기준의 고유동성 자산을 순현금 유출액으로 나눠서 산출한다. LCR은 감독 당국이 설정한 심각한 스트레스 시나리오 하에서 은행이 30일 간의 유동성 수요를 충당

---

10) 자본의 질 제고: 영업권(goodwill), 이연법인세 자산(deferred tax asset) 등을 분자 항목에서 차감한다.
모기지 서비스 권리(Mortgage Serving Right), 시차에 의한 이연법인세(회계기준과 세무기준의 차이 등으로 발생하는 금액), 타 금융회사 투자지분은 보통주 자본의 15%까지만 인정하는 것을 말한다. 분모 항목인 위험가중자산 계산 시 유동화 익스포저, 트레이딩 계정에 대한 자본 부과가 강화된다.

할 수 있도록 현금 또는 가치 손실이 거의 없이 현금화가 가능하고 처분 제한이 없는 고유동성 자산을 적정 수준으로 유지하도록 하는 것이 주목적이다. 30일은 은행의 경영진 또는 감독 당국이 적절한 시정조치(corrective actions)를 취하거나 은행이 정상적 절차에 따라 문제를 해결하는데 필요한 최소한의 기간을 의미한다. 또한, 이를 통하여 중앙은행이 적절한 조치를 취하는 데 필요한 시간을 확보할 수 있을 것이다.

Sound Principles에 명시된 바와 같이 불확실한 현금 유출입 시기 하에서 은행은 30일 기간 중 발생 가능한 잠재적 현금 흐름 불일치를 예측하여 모든 현금 흐름 갭을 보전할 수 있는 충분한 고유동성 자산을 보유해야 한다.

〈표3. 유동성 커버리지 비율〉

$$LCR = \frac{고유동성자산보유규모}{향후30일간순현금유출액} \geq 100\%$$

출처: 금융위원회

2) Part 2: 은행 및 감독 당국이 유동성 리스크를 모니터링 하는 데 사용할 수단

국제금융협약은 외환위기 이전부터 국내에 도입되었다. 1995년~2002년의 기간 중 국내은행의 필요 자기자본 규모를 기초 내부 등급 방식에 의해 산출할 경우, 동 규모가 경기변동에 따라 어떻게 변화하였을 것인지 분석하여 위험을 산출하는 방식으로 진화해 왔다.

그 결과 국제결제은행(BIS)의 바젤은행감독위원회는 2004년 6월 24일, 현행 BIS 자기자본 규제제도(이하 '현행 협약')를 대폭 수정·보완한 신

BIS 자기자본 규제제도를 최종적으로 확정·발표하고, 2006년 말부터 회원국 은행을 대상으로 시행해 왔다.

현행 BIS 협약은 차주별 신용 리스크의 차이를 적절하게 반영하지 못하고, 최저 자기자본 산출 시 은행 간 리스크 관리 능력의 차이를 인정하지 않는 등의 문제점이 있었기 때문에 바젤위원회에서는 2007년 초부터 신 BIS 협약을 추진키로 결정하였다. 신 BIS 협약은 은행의 자본 충실화 및 리스크 관리 시스템의 선진화를 위한 종합적인 자기자본 규제제도라고 할 수 있는데, 그 주요 내용은 다음과 같다.

• **필라1:** 최저 자기자본 산출방식을 개선하여 신용 리스크 측정 시 차주의 신용 리스크가 잘 반영되도록 보다 정교화하였으며 운영 리스크를 측정 대상에 추가하였다. 신 BIS 협약에서도 운영 리스크는 부적절하거나 잘못된 내부업무 처리 절차, 인력, 시스템 및 외부 사건으로 인해 발생하는 손실 리스크이며, 법률 리스크는 포함되지만 전략 리스크와 평판 리스크는 제외된다고 정의한다. 이는 전략·평판 리스크가 운영 리스크의 일종이지만 여타 운영 리스크와 달리 은행의 재무제표에 기록되는 재무적 변동 사항으로 쉽게 파악하기 힘든 점을 반영한 것인데, Pillar2에서 감안하여야 한다고 규정하고 있다.
• **필라2:** 다수의 리스크 측정방식을 제시하고 은행이 자행의 리스크 특성과 관리능력에 맞는 방식을 선택할 수 있도록 한다. 감독 당국은 각 은행이 산정한 자본의 적정성을 양적 및 질적 측면에서 점검하고 필요 시 최저 자기자본 비율(8%) 이상의 비율 유지를 요구해야 한다.

• **필라3**: 은행의 자기자본 내역과 리스크 측정 방법 등에 관한 공시를 확대하여 시장 규율을 강화한다.

신 협약은 현행 협약인 최소자기자본 규제(필라1) 이외에, 감독 당국의 점검(필라2) 및 시장 규율(필라3)이 포함된 3가지 부분으로 구성되어 있다. 필라2와 필라3은 필라1이 리스크 측정 등에 있어 은행의 자율성을 크게 확대한데 따른 부작용을 방지하기 위하여 신설한 것이다.

〈표4. 바젤1, 2, 3 규제 비교〉

	바젤1	바젤2	바젤3
합의	'88년 7월	'04년 6월	'10년 12월
회원국 이행 시기	■ 신용리스크 '92년 ■ 시장리스크 '97년	■ 신용 리스크 '07년 ■ 운영 리스크 '08년	■ 자기자본 규제 '13년 ■ 레버리지 규제 '18년 ■ LCR(단기유동성) '15년 ■ NSFR(장기유동성) '18년
주요 내용	■ 최초의 자기자본규제 (BIS비율 8% 이상) ■ 차주군별(정부, 기업 등 RW 차등부여, 기업대출은 일괄 100% RW 적용)	■ 기업신용등급별 RW 차부과(20~150%) ■ 표준방법 이외에 은행 자체 내부모형 허용 ■ 필라1(최저비율규제) 이외에 필라2(감독기능 강화), 필라3(공시) 도입 ■ 운영리스크 추가	■ 자본 인정요건 강화 ■ 위험가중자산 산출방법 강화 ■ 완충자본, 대형은행 규제, 레버리지규제 도입 ■ 유동성(LCR, NSFR)규제 도입 등

출처: 한국은행

필라1은 리스크의 유형 및 계산에 관한 것으로, 자기자본의 범위와 최저 자기자본 비율(8%)은 현행과 동일하나 위험가중자산에 운영 리스크가 추가되고, 신용 리스크 측정 시 은행의 내부등급 방식이 새로 허용된다.

필라2는 감독 당국이 은행의 위험 수준을 측정하고 자기자본의 적정성 여부를 평가하는 것을 말한다.

필라3은 리스크 수준 및 자본 적정성의 공시에 관한 것으로, 금융기관은 자행의 리스크 규모 및 특성과 자기자본의 내역 등을 공시해야 한다.

〈표5. 현행 BIS 협약과 신BIS 협약내용〉

구분	현행 BIS협약	신 BIS협약
최저 자기 자본 규제 (Pillar1)	신용리스크 (모든 기업에 대해 일률적으로 100% 위험 가중치 적용)	① 표준방법(승인불필요, Standardised Approach)적격 외부신용평가기관이 평가한 신용등급에 따라 위험가중치 차등 적용 (0~1,250%)
		② 내부등급법(감독 당국의 승인 필요) (IRB: Internal Ratings-Based Approach) 은행 자체의 내부신용평가모형 활용 i) 기본내부등급법(Foundation-IRB) 은행 자체적으로 PD만 추정하고 LGD, EAD, M은 협약에서 제시 ii) 고급내부등급법(Advanced-IRB) 은행 자체적으로 PD, LGD, EAD, M을 추정
	시장리스크	- 현행BIS협약과 동일 (금리, 주식, 외환의 시장가격 변동에 따른 리스크)
		- 운영리스크 추가 (부적절한 내부절차, 직원, 시스템 또는 외부의 사건으로부터 초래되는 손실리스크)

		표준방법(승인불필요)
		총이익을 기준으로 운영리스크 산출
		i) 기초지표법(Basic Indicator Approach)
		총이익의 15%를 운영리스크로 산출
		ii) 표준방법(Standardised Approach)
		8개 사업부문별 총이익의 일정비율(12~18%)의 합을 운영
		리스크로 산출
		② 고급측정법(감독 당국의 승인 필요)
		(AMA: Advanced Measurement Approaches)
		자체의 손실자료와 리스크측정시스템을 활용하여 운영리
		스크 산출
감독기능 강화 (Pillar2)		감독 당국은 은행의 내부 자본적정성평가절차를 점검하고 리 스크가 높은 은행에 대해서는 최저비율(8%) 이상의 자본 보유 요구
시장규율 강화 (Pillar3)		자기자본 세부내역과 리스크별 측정방법에 대한공시 확대

종합적인 자기자본규제 제도로서 필라1: 정량적 평가, 필라2: 정성적 평가, 필라3: 금융감독 기준을 준수하는 것을 의미한다.

경기변동 진폭 확대 원인

— 신협약의 내부등급법에서 보유자산의 위험가중치와 필요자기자본 규모는 당해 자산과 관련된 4개의 리스크 요소(PD, LGD, EAD 및 M)에 의해 결정되도록 되어 있고, 이들 리스크 요소값이 상승할 경우 위험가중자산과 필요자기자본이 증가한다.

— 그런데 이들 4개의 리스크 요소 중 3개(PD, LGD 및 EAD)는 일반적으로 경기상승(하강)기에는 감소(증가)하는 특성을 갖고 있으므로 위험가중치와 필요자기자본 규모는 경기상승(하강)기에 감소(증가)하는 경향을 보이게 된다.

ㅇ PD(부도확률)는 경기상승(하강)기에는 하락(상승)함

ㅇ LGD(부도시 손실률)는 부실자산 또는 담보권 실행으로 유입된 자산의 매각이 경기상승(하강)기에 용이하기(어렵기) 때문에 경기상승(하강)기에 하락(상승)함

ㅇ EAD(부도시 익스포저)는 대출약정한도 중 미인출분의 추가인출 규모에 의해 결정되는데 통상 경기상승(하강)기에 감소(증가)하는 경향을 보임

→ 이에 따라 경기상승(하강)기에는 금융기관들이 신용공급을 확대(축소)시키려 할 것이므로 경기는 더욱 확장(위축)되는 결과를 초래

출처: 한국은행

디레버리징(DELEVERAGING)

신 협약[11]에서 새롭게 합의된 감독 규정은 다음과 같다. 현행 협약인 최저 자기자본 규제(2015년 필라1)에 최소 보통주 자본 비율이 2%에서 4.5%로 강화되었다. 또한 신종자본증권을 포함한 Tier1 최소자본비율은 4%에서 6%로 강화되는 것이다. 그리고 총자본비율(Tier1+Tier2)은 현행 8%를 유지하도록 권고하고 있다.

미래 위기 발생 가능성에 대비하기 위한 고정완충자본(capital conservation buffer)은 25%와 2.5%의 보통주 자본 적립을 의무화한다. 고정완충자본은 위기 시 사용이 가능하나, 이 경우 자본비율이 목표 수준(2.5%) 이상이 될 때까지 강화하는 것을 목적으로 한다. 신용이 과도하게 팽창할 경우 0~2.5% 보통주 자본의 경기대응 완충자본(counter cyclical capital buffer)[12]을 추가로 부과한다.

---

11) 신 협약은 "금융기관의 자기자본은 해당 금융기관이 보유하고 있는 리스크에 따라 달리 설정되어야 한다."(risk-based capital charge, 이하 RBC)라는 원칙에 따라 신용리스크에 대한 위험가중치 및 필요자기자본이 차주의 신용도 등에 따라 달라지도록 설계되었다. 예를 들어 신 협약의 기초내부등급방식을 이용할 경우 예상부도율이 0.5%인 대기업 여신의 위험가중치와 필요자기자본은 각각 69.5%와 5.57%이나, 경기침체 등으로 동일한 기업의 예상부도율이 1.5%로 높아질 경우 위험가중치와 필요자기자본은 각각 105.6%와 8.45%로 상승함을 말한다.
반면, 현행 협약에서는 위험가중치 및 필요자기자본 규모가 차주의 신용리스크와 관계없이 각각 100%와 8%로 일정하다. 신 협약의 RBC 제도는 미시적 측면에서 금융기관의 지나친 위험자산 수취행위를 예방함으로써 금융부문의 안정성을 제고시킬 것으로 예상되나, 거시적 측면에서는 위험가중치 및 필요자기자본이 경기상황과 밀접하게 연관되어 있기 때문에 경기변동의 진폭을 확대시킬 우려가 있다.

12) 완충자본이란 위기상황에서도 최저 자본비율을 유지하고 자기자본 규제의 경기 순응성을 완화하기 위해 도입될 자본 적립 기준이다. 이는 자본보전 완충자본(conservation buffer) 및 경기 대응 완충자본(countercyclical buffer)으로 구성된다. 자본보전 완충자본은 모든 은행에 대해 상시적으로 보통주 자본 기준 2.5%를 추가 보유토록 의무화하는 것이고, 경기 대응 완충자본은 신용 확장기에 최대 2.5%까지 자본을 추가로 부과하는 것이다. 완충자본을 포함한 자본 비율을 충족하지 못할 경우 은행의 배당 등 이익 배분을 제한함으로써 실질적 자본 규제 효과를 발휘할 수 있도록 하였다.

과도한 신용 팽창기 이후 경기 하락은 은행 부문에 심각하게 큰 손실을 초래할 수 있다. 이러한 손실은 은행 부문을 불안정하게 만들어 금융시스템의 문제가 실물경제를 더욱 위축시키고 이는 다시 은행 부문에 부정적 영향을 초래하는 악순환을 야기한다. 이와 같은 악순환을 막기 위해서는 시스템 차원의 리스크가 현저히 증가하는 시기에 은행 부문의 추가적인 자본 축적을 통한 대비가 필요하다. 경기 대응 완충자본은 은행을 둘러싼 거시금융환경에 상응하는 자본량을 은행 부문이 보유토록 하는 것을 목적으로 한다. 이를 위해 감독 당국은 시스템 리스크 축적의 징후를 나타내는 신용 증가 및 여타 지표를 모니터링 하고 신용 증가 정도와 시스템 리스크 연계 가능성 여부를 평가하여, 필요한 경우 경기 대응 완충자본 적립을 요구한다. 그리고 시스템 리스크가 줄어들 경우, 적립된 경기 대응 완충자본 적립의무를 해제한다.[13]

한국의 경우 앞으로 도입될 자본 규제 시행을 이해하면 앞으로 일어날 일들이 어느 정도 예측하기 쉬울 것이다.[14]

---

13) 자본의 양과 질 제고 효과(국제적인 평균 수준) 및 자본 품질 강화: 평균적으로 기존 자본의 50% 감축 효과를 기대하고 있다.
자본 품질 강화+보통주, Tier1 자본의 절대수준 상승: 실질적으로 4~6배 상승효과를 기대하고 있다.
자본 품질 강화+보통주, Tier1 자본의 절대수준 상승+완충자본: 7배 내외 상승효과를 기대하고 있다.

14) 자본의 질 제고하는 것을 목적으로 영업권, 이연법인세 자산 등을 분자 항목에서 차감, 모기지 서비스 권리(Mortgage Serving Right), 시차에 의한 이연법인세(회계기준과 세무기준의 차이 등으로 발생하는 금액), 타 금융회사 투자지분은 보통주 자본의 15%까지만 인정한다. 또한 분모 항목인 위험가중자산 계산 시 유동화 익스포저, 트레이딩 계정에 대한 자본부과를 강화하는 것이 골자이다. [금융전문가 이해]

(4) 바젤3 도입의 영향

최저 자기자본 규제(2018년 Pillar1)는 리스크의 유형 및 계산 방법에 관한 것으로, 자기자본의 범위와 최저 자기자본 비율은 현행 협약과 동일하다. 그에 더하여 위험가중자산에 운영 리스크가 새로 추가되고 신용리스크 측정 시 금융기관의 내부 측정 방식을 허용하는 등 금융기관의 자율성을 크게 확대하였다. IFRS9 시스템, 정량성 평가 방식으로 도입되었다. 감독 당국의 점검(2020년 Pillar2)은 금융기관의 위험 수준을 측정하고 자기자본의 적정성 여부를 평가하는 것으로, 감독 당국은 필요 시 금융기관으로 하여금 Pillar1에서 규정하고 있는 최저자기자본을 상회하여 자기자본을 보유토록 지도하여야 한다. [15]

예대율 규제는 정성적 평가 방식으로 진행된다. 시장 규율(2022년 Pillar3)은 리스크 수준 및 자본 적정성의 공시에 관한 것으로, 금융기관은 자행의 리스크 규모 및 특성과 보유 자기자본의 내역 등을 공시하여야 한다. 이때 국제적인 공시 기준을 도입하여 공시한다.

바젤3로 인하여 유동성 기준이 강화된 자본금 규제 등과 서로 상승작용을 일으킬 우려가 높으며, 예대율 규제 vs. 유동성 규제(기간 개념)에 의하여 복합적인 금융불안이 야기될 가능성이 높다. 이로 인한 금융권 전체가 대출 경쟁에서 예대율 규제와 유동성 규제의 동시 충족을 위한 예금 확보 경쟁이 야기되는 생존싸움이 벌어지게 될 가능성마저 예상

---

15) 위험가중자산 산출방식은 금융기관이 측정한 리스크 요소의 활용 정도에 따라 기초내부등급방식(Foundation IRB approach)과 고급내부등급방식(Advanced IRB approach)으로 구분된다. 그중 기초내부등급방식은 위험가중자산 산출 시 4개의 리스크 요소(PD, LGD, EAD, M) 중 부도율(PD)만 금융기관이 자체적으로 산정한 값을 사용하고, 나머지 3개 요소는 바젤위원회가 정한 값을 사용하는 방식이다. (출처: 금융감독원 금융용어사전)

되기도 한다. 즉, 금융권 전체가 대출자들에게는 상환을 압박하고, 단기적 생존을 위해서 예금 유치 경쟁이라는 금융권 돈맥경화 현상이 생기게 된다. 또한 이로 인하여 실물 시장에서는 자금난으로 인한 구조조정과 파산 경매가 급증하게 될 가능성마저 높아질 수 있다고 판단이 된다. 즉, 시중에 대한 수신금리 인상, 예금금리 인상이라는 한국 자본사에서 겪어 보지 못한 내환위기를 겪게 될 가능성이 매우 높아지고 있는 것이다. 특판 예금과 내환위기로 인한 고신용 등급 회사채 시장이 2020년 하반기부터 본격적으로 형성되게 될 것으로 예상한다.

참고로 예대율 규제 이후에는 2022년 단기 유동성 규제(LCR)와 장기 유동성 규제(NSFR) 강화가 예정되어 있다. 자본 비용이 상승하고, 자산 증가세가 급격하게 둔화되며 금융권의 영업 규제가 2021년 이후 더욱 더 강화될 것이다. 중장기적으로는 장단기 유동성이 규제되며, 외환 영업에 관해서도 투명성과 영업 규제 또한 한층 강화될 전망이다.

즉, 바젤3는 자산에 대한 평가 방식이 바뀌기 때문에 실물 부분에서 부동산 대출 규제에 대해서는 한층 강화될 수밖에 없는 구조이다, 이러한 위기에 금융권은 베일인 제도(bail in Regulation, 채권자 손실 부담)에 대해서 여론을 형성하고, 영업 마진 축소를 해결하기 위하여 수수료 수익의 구조를 바꾸게 될 전망이다. 그리고 안정적인 수익 확보를 위하여 500만 다중채무자에 대한 중금리 대출 시장을 형성해 나갈 것으로 본다. 500만 금융권 채무 노예의 시작을 예고하고 있는 것이며 새로운 돈맥경화 현상, 내환위기를 우리는 경험하게 될 것으로 예측한다.

바젤3 도입되기 직전 국제적 합의안의 경기반영을 도식화하면 다음과 같다.

FCL 예상손실률 적용 → 경기하강(연체 가능성 상승) → 차주에 대한 부도 확률 등 리스크 증가(감소) → 차주 앞 여신에 대한 위험가중치 상승(하락) → 금융기관의 자기자본 및 충당금 보유 부담 증가(감소) → 금융기관의 대출 규모 축소(확대) 및 대출이자율 상승(하락) → 투자 또는 소비 감소(증가) → 경기하강(상승) 심화

4

2019년 국내은행의 재무 상황

———

2017년 세계경제포럼의 국가경쟁력 평가에서 우리나라의 금융산업은 세계 74위를 기록하였다. 리먼 사태 이후에는 세계 98위에 링크되기까지 하였다. 우리나라가 가장 대외적인 경쟁력이 약한 산업이 바로 금융산업이다.

이에 따라 금융산업의 건전성을 위해 최소한 다음과 같은 3가지 기능이 제대로 작동되어야 한다. 차주의 건전성을 심사하는 사전 심사기능(현재 도입되고 있는 것이 정량성 평가제도 IFRS9 프로그램이다) 그리고 대출 이후 차주의 부실 발생 여부를 감시하는 사후 심사기능(개인의 경우 신용 평가 감시제도, CSS)이며, 정부에서 지급보증 이후 대출해 주는 보증부 대출의 기능이다. 이런 3가지 심사 평가 기능을 금융의 중개 기능이라 말한다. FSB(금융안정위원회) 국제 기능은 필라1 정량성 평가 도입, 필라2 정성적 평가 도입, 필라3 규제 당국 감시 기능 도입으로 설명할 수 있다.

이러한 금융의 중개 기능 분야에 국제적인 감시와 유통이 도입되고 있는 것이다. 이러한 중개기능이 과거에는 제대로 동작되지 않아 금융에 대한 부실이 발생하고, 그것은 다시 금융부실로 이어져 왔다.

보통 가계는 저위험 저수익을 추구하는 대출 방식이며, 기업의 경우에는 고수익 고위험을 추구하는 모험자본의 성격이 강하다. 즉, 중개기능에서 가계는 저수익이지만 비교적 위험 부담이 적었던 반면, 기업대출은 개인이 아닌 금융회사가 온전하게 그 부실을 흡수할 수밖에 없는 것이다. 98%의 손실이 바로 기업 대출에서 발생되는 원인이 바로 여기에 있는 것이다.[16]

한국 금융의 경우 이러한 가계와 보증부 대출로 금융위 생태계 시장을 조성해 왔으며, 이러한 확장성이 사라지면서 이번처럼 장기적인 금융부실의 확장성을 가질 수밖에 없는 구조이다.

2019년 3월 말 현재, 한국의 은행 총자산(은행계정)은 2,490조 원으로 전년 말 대비 78조 원 증가하였다. 국채 투자 증가(+6.9조 원) 등 유가증권이 전년 말 대비 27조 원 증가하였으며 일시적인 미결제 현물환(미수금) 증가(+36조 원)로 기타자산이 40조 원 증가하였다.

대출채권은 1,811조 원으로 전년 말 대비 11조 원 증가하였고, 이 중 기업 대출은 853.4조 원, 가계 대출은 717.7조 원으로 각각 전년 말 대비 13조 원, 5.6조 원 증가하였다.[17]

---

16) 2017년 이후 은행권 18개사 대출 증가분은 연 평균 100조 원이다. 이에 따라 이자 마진도 증가하는 특징을 보인다.
17) 18개 국내 부보은행(케이뱅크 및 카카오뱅크 포함) 기준

〈표6. 국내은행 재무현황〉

■ 국내은행(은행계정) 재무현황 (단위: 조 원)

구분	'18년(A)	'19.3. 말(B)	증감(B-A)
자산	2,412	2,490	78
유가증권	308	425	27
대출증권	1,800	1,811	11
기타자산	214	254	40
부채	2,225	2,303	78
예수부채	1,587	1,620	33
차입부채	490	498	8
기타부채	148	185	37
자본	187	187	-
자본금	51	51	-
신종자본증권	8	9	1
이익잉여금등	128	127	▽ 1

자료: 부보금융회사 업무보고서

■ 기업 및 가계대출 현황 (단위: %, 조 원)

구분	'18년(A)	'19.3. 말(B)	증감(B-A)	증감률
원화대출금(a)	1,600.4	1,618.1	10.7	0.6
기업대출	840.4	853.4	13.0	1.5
가계대출	712.1	717.7	5.6	0.8
기타 원화대출	47	47.9	△ 0.9	△ 1.9
외화대출금, 매입외화 등(b)	199.6	192.6	▽ 4	-
총 대출채권(a+b)	1,800	1,811	11	0.6

자료: 부보금융회사 업무보고서   출처: 예금보험공사 금융리스크 리뷰 2019. 여름

총 부채는 2,303조 원으로 자산 성장과 더불어 전년 말 대비 78조 원 증가하였다. 저축성 예금(+32조 원)을 중심으로 예수부채가 33조 원 증가하였고, 일시적인 미결제 현물환(미지급금) 증가(+36조 원)로 기타부채가 37조 원 증가하였다.[18]

총 자본은 187조 원으로, 2019년부터 전면 도입되는 바젤3 기준 준수를 위한 선제적 자본 확충으로, 자본금 및 신종자본증권이 각각 0.6조 원, 0.8조 원 증가하였으나 배당 실시 등으로 이익잉여금이 1.7조 원 감소하고 있다.[19]

2019년 3월 말 현재 국내 16개 은행(인터넷 전문은행 제외)의 총 기업 및 공공대출은 1,052조 원으로 이 중 부동산 관련 업종 대출이 21%(219.7조 원)를 차지하고 있으며, 2015년 이후 2018년 말까지 연평균 8%씩 빠르게 증가하는 모습을 보이고 있다.[20]

금융권 전세 가격이 하락하면 1년 이후 주택가격 하락하는 상관관계 특성으로 볼 때, 2020년 이후 수도권 전세 가격 하락이 2021년 이후 수도권 부동산 주택가격 하락을 가져오는 것은 불가피한 일이다.[21]

---

18) 전체 대출채권 1,811조 원 중 원화 대출금이 1,618조 원으로 대부분(89%)을 차지하며 이외에 외화 대출금(48조 원), 매입외환(27조 원), 콜론(17조 원) 등으로 구성되어 있다.

19) 국내은행은 '16년 이후 점진 상승된 자본 보전 완충자본 비율 기준이 '19년부터 최종 2.5%로 적용되면서('16년 0.625% → '17년 1.25% → '18년 1.875% → '19년 2.5%) 총 자본 비율 8%와 합산한 10.5%를 필요 자본 비율로 유지하여야 한다. (예금보험공사 금융리스크 리뷰 · 2019년 여름)

20) 총 대출 1,771조 원 중 가계대출 719조 원을 제외한 기업대출(1,025조원) 및 공공부문 등 기타대출(27조 원) 합계를 말한다.

21) 은행권 전세 대출 잔액(단위: 조 원): '15년 말: 41.4, '16년 말: 52.0, '17년 말: 66.6, '18년 말: 92.3

(1) 유동성 위험 관리능력

2019년 3월 말 유동성 커버리지 비율(LCR)은 114.7%로 전년 말(108.6%) 대비 6.1%p가 상승하였으며, 18개 은행 모두 최소준수비율(100%)을 상회하였다. 이는 2019년부터 LCR 최소 준수비율이 100%로 상향 조정됨에 따라 은행이 국채 등 고유동성 자산 보유 규모를 늘렸기(+17.7조 원) 때문으로 보인다. 2018년부터 도입된 순안정자금조달비율(NSFR)은 113.0%로 전년 말(113.2%) 대비 0.2%p로 소폭 하락하였으나 16개 은행 모두 최소 준수비율(100%) 기준을 상회하였다. 예대율은 신규 예대율 도입에 대비한 선제적 대응 등으로 전년 말 대비 소폭 감소(96.2% → 95.1%)하였다.[22]

〈표7. 16개 국내은행 부동산 업종 관련 대출 현황〉

(단위: 조 원, %)

구분	'15. 말	'18. 말	'19.3. 말	증감율[1]	
				직전 3년	직전 1분기
부동산임대업	101.6	152.7	155.0	16.8	6.1
부동산서비스업	3.3	4.1	4.2	8.1	9.9
건설업	40.0	30.8	32.4	△7.7	21.1
부동산개발업	29.0	28.2	28.1	△0.9	△1.4
합계	173.9	215.8	219.7	8.0	7.3

주 1) 연환산 증가율   출처: 부보금융회사 업무보고서

---

22)   2019년 국내 18개 은행들이 벌어들인 순이자 이익이 45조 원이 넘어설 것으로 예측되고 있다.

한편 개인 사업자 대출의 경우 부동산 임대업 편중이 심하고 대출 중 가율이 평균 10%를 상회하였기 때문에 대규모 개인들의 파산은 개인 사업자 대출 부분에서 증가하는 사회적 현상으로 피할 수 없는 일이다. 이에 대한 정부의 대책은 경매 유예, 세일즈 앤 리스백(Sale & Lease back), 공공기관 매입 등으로 사실상 공적자금 투입 외에는 방법이 없다. 개인 사업자 대출 부실화가 진행되면 상호금융, 저축은행, 일반은행 순으로 빠르게 부실이 확대될 것이다.[23]

가계 부채 증가율을 2021년 말까지 명목 GDP성장률 수준(5%대)으로 낮추겠다는 정부의 목표를 실행할 경우(2020년 가계 부문 경기대응 완충자본 의 시행, 가계 대출 가중치를 상회하는 예대율 규제 도입), 2019~2021년 지방 파 산과 경매시대에서 2021~2024년에는 수도권에도 파산과 경매가 확산 되리라는 것은 어쩌면 당연한 일이다. 상환능력에 기반을 둔 대출심사 프로그램이 작동하고 있는 중에 부채 가구의 10%는 파산하게 되는 인 과관계는 피할 수 없을 것이다.[24]

또한 Stress-DTI 등 금리 상승까지 감안한 상환능력 심사 체계를 보다 정교하게 가다듬고 데이터가 수집되고 있는 2019년 현재,[25] 개인의 신 용정보 변동은 파산자의 대열에 낄 것인지 아닌지를 판가름하여 금융

---

23) 업권별 증가율(전년 동기 대비, '18년 9월 말): 상호금융 38.0%, 저축은행 37.6%, 은행 9.6%
　　 업종별 대출액 비중('15년 말 → '18년 9월 말 잔액 기준): 부동산업·임대업 33% → 40%, 제조업 19% → 15%, 도·소매업 16% → 14%

24) 은행권 신규 가계대출 DSR: ('18. 6)72% → ('18. 11~12)47%
　　 DSR 90% 초과 가계대출 비중: ('18. 6)19.2% → ('18. 11~12)8.2%

25) 2019 Stress-DTI: '실제금리+스트레스 금리(최소 1%p)' 기준으로 산출한 DTI를 80% 이내로 관리하는 것이 목표이다.

노예의 삶을 결정짓는 이 시대의 가장 중요한 지표가 되고 있다.

은행의 부도 여부를 결정짓는 투자 목적의 부채가 전체 대출의 60%를 차지하고 있는 금융권으로서 이 문제는 생사가 걸려 있는 사안이다. 결국 은행의 대출 태도는 2021년 이후 빠르게 은행의 유동성이 하락하면서 정부 주도의 구조조정 프로그램을 마련할 수밖에 없는 현실이다. 가계부채 파산 속도 증가가 수면 위로 부상할 경우, 시장에 의한 자발적 구조조정은 기대할 수 없으며 신용 경색과 같은 위기 상황으로 몰릴 수밖에 없는 구조이기 때문이다.

과거의 위기 때를 돌이켜 본다면, 국내 금융업은 주로 국내 기업과 가계를 대상으로 영업을 하고 있다. 국내 은행 수는 1997년 말 32개였으며 IMF, 리먼 사건 이후 통폐합으로 규모의 경제 국제화를 추구하면서 17개로 감소하였다. 점차 부실이 금융사의 통폐합화를 촉진시키고 있음을 알 수 있다.

이번 금융부실화 사태 이후 보험사와 증권사, 그리고 은행 산업의 경우 이러한 통폐합 과정으로 가는 과거의 전철을 밟게 될 것이다. 그리고 이러한 금융통폐합 과정은 D-SIB(Domestic Systemically Important Banks, 자국 내 시스템적 중요은행) 5대 은행 중심으로 재편되어 갈 것이다. 또한 체제의 안정성을 담보하는 커맨딩 하이츠(Commanding Heights)[26]는 자본주의 위기 이후 거대화되는 경향이 강하다. 결국은 금융업의 경우도 20~30%는 부실로 흡수 합병되게 될 것이다.

---

26) 한 국가의 경제를 주도하는 기간산업 또는 주도 세력

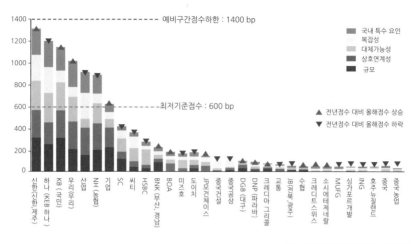

출처: 2019년 금융위원회 보도자료

〈그림3. 바젤Ⅲ 기준 D-SIB 5대 은행〉

　지금까지 한국의 금융은 경제활동으로 축적된 자본이 생산적 부분에 유입되어 시장경제 질서에 이바지하는 순수한 본래 기능의 역할을 하지 못했다. 지난 20년간 대부분의 자본은 부동산과 경쟁력이 낮은 좀비 기업, 정치적인 프로파간다 영역으로 흘러들었다. 이러한 관행은 대외적인 수출 경쟁력 하락 현상에서 국내의 금융과 실물시장에 큰 충격을 주어 왔다.

　한국의 현재 금융권, 기업권, 대출권의 상당 부분이 낮은 경쟁력을 유지하기 위한 위장자본에 의해 손실을 흡수·포장하는 현상을 보이는 이유가 바로 여기에 있는 것이다. 국민의 금융에 대한 정보 비대칭성으로 수많은 가계가 파산하고 있는 이유도 또한 맥락을 같이 하고 있다.

(2) 은행의 손실능력 강화 방안과 그에 따른 국내 부동산 시장 전망

금감원은 2022년(바젤위원회 합의)부터 금번 규제 개편안이 차질 없이 도입·시행되도록 금년 4월 중 은행 등과 T/F를 구성·운영하고 있다. 또한 규제 영향 분석 공개 협의안을 발표, 관련 규정 등의 개정작업을 추진해 나갈 계획이다. 바젤 규제는 은행이 보유하고 있는 모든 종류의 손실 발생 위험에 대비하여 평상시 충분한 자기자본을 확보토록 요구하는 규제이기 때문이다.

(3) 코코본드와 신종자본증권(영구채)

코코본드(contingent conertible bond)는 유사시 투자금이 강제로 주식으로 변환되거나 상각되는 은행 발행 자본증권으로 이자율은 일반 채권에 비해 약 2배가량 높으나 원금 손실 위험이 높다. BIS 비율이 일정 수준 이상으로 떨어지면 강제로 전환 또는 상각해 버림으로써 자본금으로 전환할 수 있기 때문이다. 그래서 바젤3에서는 이 코코본드를 자기자본비율(BIS)에 포함시켜 주기로 결정, 자본 건전성을 높이기 위해 은행들이 줄을 이어 코코본드를 발행하였다.

> *** 읽어두기**
>
> 코코본드(Contingent Convertible Bonds)는 유사시 투자원금이 주식으로 강제 전환되거나 상각되는 조건이 붙어 발행되는 자본증권이다. 만기가 되면 상환해야 하는 부채의 성격을 띠지만, 회계상 자기자본으로 인정받을 수 있다. 코코본드는

발행한 은행의 이자 지급 능력에 따라 리스크가 좌우된다. 지난 2월 대규모 손실로 코코본드 이자 지급 능력이 떨어졌던 도이체방크가 대표적인 사례다. 국내 은행들도 바젤3 기준을 충족하기 위해 코코본드를 꾸준히 발행해 왔으며, 발행 잔액은 14조 원(후순위채 13조 원, 신종자본증권 1조 원) 정도로 추산된다. 다만 국내 은행과 유럽 은행이 발행한 코코본드는 채무 우선순위와 전환·상각 요건이 다르다. 유럽 은행이 발행한 코코본드는 바젤3 기본자본으로 인정되는 신종자본증권이 많은 반면, 국내 은행은 보완자본으로 인정되는 후순위채 형태를 선호해 왔다.

채무 상환순위를 기준으로 볼 때 후순위채가 신종자본증권보다 안정적이라고 할 수 있다. 국내 비금융 영구채 발행액은 2012~2017년까지 44개사 12조 원을 모두 국내 10조 원, 해외 2조 원 사모펀드 형식으로 발행하였다. 발행 금리는 평균 4%에서 5%로 국내 5년 만기 수익률보다 200% 이상 높다. 조기상환 영구채는 2017년부터 3조 원씩 조기상환 콜 옵션이 들어오고 있는 중이다. 평균 1그룹 부채비율은 900%이며 3그룹의 경우 100% 정도이다.

신종자본증권(영구채=하이브리드채권)은 높은 확정금리가 보장되는 대신 만기가 없는 채권이다. 주식과 채권의 중간적 성격을 가지면서도 은행의 자기자본으로 인정해 주므로 은행들의 자기자본비율(BIS)를 높이기 위한 수단으로 이용되고 있다. 이 신종자본증권 발행방식은 배당에 있어 우대를 받으나 의결권이 부여되지 않는 우선주를 발행하는 직접방식과 자회사를 설립해 우선주를 발행하고 자회사에서 모회사의 채권을 매입해 주는 간접방식이 있다.

코코본드와 신종자본증권은 바젤3의 자기자본 강화에 따라 자기자본비율을 높이는 자본 조달 수단으로 이용되고 있다. 그런데 금융기관이 발행한 코코본드와 신종자본증권으로 자본 확충은 달성했다 해도 운용자산 이익률이 쫓아가지 못하는데다 코코본드와 신종자본증권이 달러

표시 부채가 대부분인 점을 감안하면 환율의 영향성을 배제하지 못한다.

한편 바젤3에 따른 자본 확충으로 인해 부실대출(자산 가치 하락, 연체 등)에 대한 미래 손실을 반영하는 여신의 대손충당금을 추가 적립해야 하므로 은행들은 대출심사에 보수적 판단을 강화하고 있다. 특히 완충자본적립, 즉 미래 손실이 예상되는 대출에 대해서는 은행에서 완충자본인 대손충당금을 추가 적립해야 한다. 특히 2019년부터 시스템적 중요은행인 D-SIB 5개 은행은 추가 1%의 자본을 적립해야 하므로 D-SIB 은행에서는 대출심사에 더욱 보수적이다.

바젤3와 IFRS9에 따른 대출규제로 은행에서 돈을 빌리지 못하는 대부분의 사람들은 중·고금리의 대부업, 제2금융권에서 대출을 받아야 하지만 제2금융권에서도 DSR이 도입됨에 따라 부동산 시장이 장기적이고 지속적으로 하락할 것으로 예상된다.[27] 결국은 국제금융에서 합의된 것은 은행의 건전성이다. 이러한 건전성은 '투자=책임'이라는 베일인 제도의 도입을 말하고 있다. 즉, 채권자 손실분담 제도의 확대 적용을 주문하고 있는 것이다.[28]

---

27) BIS비율=은행 자기자본÷은행이 보유한 위험가중자산 합계 금액
　　바젤위원회는 BIS비율 산출에 필요한 자기자본(분자 금액) 및 위험가중자산(분모 금액) 산출 방법을 바젤1 → 바젤2 → 바젤3 기준으로 계속 개선하여 왔으며, 금번에 바젤3 기준을 최종 마무리한다. 자산별 위험 수준에 따라 표준 RW를 차등화, 저위험 자산은 RW를 하향 조정하고, 고위험 자산은 상향 조정한다. (RW:위험가중자산 또는 위험가중치를 말한다. 주택담보대출의 경우 표준 RW 35% 일괄 부과에서 LTV 수준별 차등 적용(20~70%)하였다.)

28) 감독 당국은 2015년 10월 '금융회사 회생·정리 제도 도입 기본방향'을 발표한 뒤 2017년 말 도입을 목표로 채권자손실분담(Bail-in) 제도를 준비해 왔다. 이를 위하여 국내 시스템적 중요 은행(D-SIB: Domestic Systemically Important Bank)을 선정하고 제도 도입 관련 공청회, 국내외 신용 평가사 대상 간담회 등의 절차를 밟아 왔다. 국제금융감독 기구인 FSB(금융안정위원회)에도 진행 경과를 보고한 상태이다. 현 정권은 금융권 부실과 보험업 부실이 드러난 이후에 예금자 분담 제도를 개선할 것으로 파악된다. 즉, 일본식 베일인제도 도입을 검토하고 있을 가능성이 매우 높다.

5

2017년 FSB(국제 금융안정위원회)[29]의 평가

오늘날 국제적인 자본주의 질서체제는 WTO와 FSB 체제로 이해할 수 있다. 그러나 FSB는 국제 합의 기구일 뿐 규정에 대한 강력한 집행력은 부여되어 있지 않다. 표면상으로 국제 외교적인 자발적 준수가 FSB가 보유한 집행수단일 뿐이다. 미국에서 반대하면 그만이다. 그러나 한국에서 반대하면 한국은 국제적인 신뢰를 손상받게 될 것이다.

규범의 준수는 멤버들의 정치적 약속 차원에 머무르는 문제이지만 사실상 강대국에게는 그들 입장의 문제일 뿐이며, 다른 국가의 경우는

---

29) FSB(Financial Stability Board, 금융안정위원회)
- FSB는 '08년 금융위기 대응 차원에서 '09년 4월 설립된 글로벌 금융규제 협의체로, G20의 요청에 따라 글로벌 금융시스템의 안정성을 제고하기 위한 금융규제 국제기준 및 권고안을 개발하였다.
- 24개국+EU의 중앙은행·금융당국 및 국제기구(BCBS, IOSCO, IAIS, IMF, WB 등)가 회원기관으로 참여하고 있다. (한국의 경우 금융위원회와 한국은행이 참여)

국제적인 신뢰가 달린 문제이다. 즉, 주요 강대국의 결정이 규범으로 작용하는 것이다.

우리나라의 경우 보험은 유럽의 솔벤시2(SolvencyII) 체제로, 금융은 미국 기준의 합의를 받아들이고 있다. 결국 국제적인 영향력을 가진 국가들이 금융기준을 지배하며 강대국의 이해와 정치력과 외교력에서 합의되고 집행된다고 볼 수 있다.

FSB는 OECD 25개국 정부의 54인의 대표체제이며, 모든 의결 사항은 BIS, IMF, OECD, 세계은행 등 4개 국제금융기구의 6인의 대표, 바젤위원회, CGFS(Committee on the Global Financial System), CPMI(Committee on Payments and MarketInfrastructures), IAIS, IASB, IOSCO 등 6개 국제 조직의 9인 대표가 참여하는 총회에서 결정한다. 이러한 합의는 결국 국제적인 평가로 마무리되며, 국제 금융시장의 평판과 평가로 리스트화된다.

〈표8. EU Solvency II의 체계〉

Pillar 1	Pillar 2	Pillar 3
자본금요건규제 (정량적요건)	감독평가과정규제 (정성적요건)	시장원리 및 공시규제 (시장규율강화)
• 자산, 부채의 가치평가 • 책임준비금 • 가용자본 • 요구자본(SCR, MCR)	• 자체리스크 평가(ORSA) • 지배구조 • 리스크관리 • 내부통제(감사)	• 영업 및 보험활동성과 • 지배구조, 리스크특성평가 • 리스크별 익스포져, 민감도 • 자본부채 평가근거, 방법

출처: 한국회계 기준원

디레버리징(DELEVERAGING)

(1) FSB 동료평가 개요

FSB는 2010년부터 24개 회원국의 금융제도 및 감독정책에 대한 동료 평가를 진행해 왔다. 우리나라는 2017년 12월 6일 처음으로 FSB의 동료평가를 받게 된 바[30] 위기 관리, 금융기관 정리체계 및 비은행 예금 취급기관 감독 · 규제 체계 등에 대해 평가가 실시되었다. 평가팀은 한국 정리체계 개혁에 상당한 진전이 있었으며, 비은행 예금 취급기관 관련 리스크에도 선제적으로 대응해 왔다고 평가했다. 다만, FSB의 정리체계 권고사항 적기 도입, 저축은행 · 상호금융자본규제 개선 및 상호금융중앙회에 대한 감독 강화 등을 추가적으로 권고하였다. 그 외 주요 합의 사항은 채권자 손실부담제도의 주문이다.

권고안 중 회생 · 정리 계획(RRP), 채권자 손실분담(bail-in),[31] 조기 종결권 일시정지(temporary stay) 권한 등의 도입도 추진 중이다.

---

30)   평가팀은 네덜란드, 미국, 인도, 이탈리아, 호주 중앙은행 및 금융당국으로 구성.
      FSB '효과적 금융기관 정리를 위한 핵심요소(Key Attributes, '11년)'상 대부분의 정리권한(자산 부채 이전, 가교금융회사 설립 등)이 정리제도에 기반영되었다.

31)   일명 채권자 손실부담 제도라고도 한다. 대형 은행이 부도가 나면 정부의 공적자금이 투입되는데 그 금액을 줄이기 위한 대처방안이다.

금융안정위원회(FSB)를 중심으로 2011년 '금융사의 효과적인 정리제도 핵심원칙'이라는 권고안이 발표되었으며 이 권고안에 따라 유럽연합 등은 베일인 제도를 포함한 회생·정리계획 제도를 도입하였다. 미국 역시 이 법과 유사한 효과를 내는 도드-프랭크법을 시행 중에 있지만 1997년 외환위기 이후 베일아웃 제도를 통해 총 168조 7,000억 원의 공적자금이 투입돼 금융사 등의 부실금융을 지원하였다.

- 시스템리스크 모니터링 및 위기상황 대응 관련 유관기관 간 협력을 위해 거시경제 금융회의 및 비상 상황실을 운영 중에 있다.
  거시경제금융회의: 기획재정부, 금융위원회, 한국은행, 금융감독원 등 참여
  비상상황실: 금융위원회 및 금융감독원이 참여

- 예금보험공사의 예금보험기금 적자 감축을 위한 노력도 진행 중에 있다.(2023년경 부실이 증대할 가능성이 높다. 채권을 보유하는 금융시장 참가자들이 손실을 분담토록 하는 방안이다. 채권의 형태뿐만 아니라 보통주 이외의 모든 자본금(후순위채, 하이브리드 채권 등)에 대해 공적자금이 투입되는 사건을 전환요건으로 하여 보통주로 전환토록 하는 조항(contingent clause)을 의무화하도록 하고 있다.)

- 저축은행과 상호금융의 자산 건전성 분류 및 대손충당금, LTV·DTI 기준 등을 은행 수준으로 강화하는 것이 골자이다.(2020년 지방 및 지역경제 침체로 부실화될 전망이다.)

- 대형 저축은행(자산 1조 원 이상)에 대한 BIS 비율 기준도 2018년 1월부터 보다 강화(7% → 8%)되었다. (고금리 위주의 부실이 다중채무자 중심으로 전반적으로 높아지고 있다.)

(2) FSB 권고안의 주요 내용

1) (위기관리·정리체계) FSB 권고안의 적기 도입 및 위기상황 대비 강화

- **권고 1**: FSB 정리체계 권고안(RRP, bail-in 등)을 적기에 도입하고, 정리 절차 조기 개시 요건 마련 및 공공기금 손실을 산업에서 회수할 수 있는 규정 정비 등을 검토할 것
- **권고 2**: 위기대응 전담 협의체(forum) 설립 필요성을 검토하고, 대형은행(systemic bank) 정리를 가정한 주기적 시뮬레이션을 실시할 것

2) (비은행) 상호금융감독 관련 금융위·금감원의 역할 확대 및 중앙회 감독 강화, 저축은행·상호금융자본규제 개선 등

- **권고 3**: 상호금융기관 간 규제 일관성 제고를 위해 금융위·금감원의 역할을 제고하고 검사 인력 확대 및 리스크 중심 감독 강화 추진
- **권고 4**: 저축은행[32] 및 상호금융건전성 규제를 개선하고 일정 규모 이상 상호금융조합에 대한 자산·부채 관리체계(asset-liability management framework) 도입
- **권고 5**: 상호금융중앙회에 대한 감독 강화를 위해서는, 중앙회의 조합 감독·검사 업무 지침을 마련하고, 지배구조 관련 규정 검토, 시스템 리스크 분석 대상에 중앙회를 포함할 것

---

32) 저축은행 BIS 비율 기준 상향(현행 7% → 8%) 대상을 (대형 저축은행 규제강화 경과 관찰 후) 점진적 확대 검토 및 동일인 지분 소유(현행 100%) 제한 고려

- **권고 6**: 상호금융조합 및 저축은행 권역 내 체계적 통합을 지원하기 위한 방안 마련[33]

■ 읽어두기

- bail-in 제도

일명 채권자 손실부담제도라고도 하는 bail-in 제도는 대형 은행이 부도가 났을 때 정부의 공적자금의 투입을 축소하기 위한 대처방안이다. 바젤3 기준을 준수하는 모델로서 바젤3 기준을 충족하게 된다. 즉, 은행 손실이 발생되면 은행 이자를 배당받는 채권자와 투자가가 손실을 분담하는 제도이다. 이미 2016년 1월에 유럽연합(European Union)은 산하의 각국에 bail-in법을 발효하도록 강제하였다. 어떠한 은행도 공적인 자금으로 은행의 구조조정을 할 수 없다는 것이다. 이러한 법의 발효 이전인 2015년 말 이탈리아 정부는 지방 중소은행 네 곳을 구제하는 과정에서 이 은행의 채권에 투자하거나 예금을 갖고 있는 기관과 개인 투자가들도 손실을 부담하도록 했다.

한국의 경우 금융당국이 올해 채권자 손실부담(bail-in)이 빠진 회생 · 정리계획(RRP) 법제화를 추진하고 있다. 회생 · 정리계획은 시중은행이 유동성 위기를 겪게 될 경우 그 파장을 최소화하기 위해 만든 정상화 및 청산 계획을 말한다. 현재 정부는 최대 5,000만 원(선순위 채권)까지 보장해 주는 예금자보호 제도를 유지하고 있다. 만약 FSB 권고에 따라 모든 채권이 손실범위에 들어가면 '은행도 더 이상 안전하지 않다.'라는 인식이 강해진다.

금융당국 관계자는 '회생 · 정리계획의 도입은 불가피하지만, 베일인 제도를 포함하게 될 경우 그 파장이 더 커진다는 우려가 지배적'이라며 일단 단계적 도입을 목표로 베일인 제도가 빠진 회생 · 정리계획을 추진하고 있으나 국제사회 합의가 될지는 알 수 없다.

---

33) 예시: 공동의 기술 기반(technology platforms) 혹은 신용 평가 시스템 이용, 지원부서(back office) 기능 공유 등을 통한 비용분담의 장려 등을 말한다.

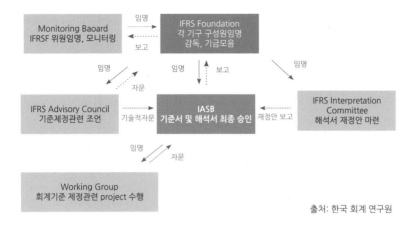

출처: 한국 회계 연구원

<그림4. IFRS 국제기구 조성도>

(3) IASB(국제회계기준위원회)과 IFRS9 도입

IASB[34]는 1973년 영국에서 설립된 국제회계기준을 제정, 배포하고 있는 단체로 한국은 한국회계기준연구원이 가입되어 있다. 국가 간의 자본시장이 개방되면서 국가 간 상이한 회계기준을 통일할 필요성이 증대되었다. 한국은 GAAP(기업회계기준)을 사용하여 오다가 2011년부터 IASB에서 제정한 국제회계기준인 IFRS[35]를 도입하여 상장기업의 경우 GAAP가 아닌 K-IFRS를 의무 적용하고 있다.

2018년 1월 1일부터는 전 은행에서 IFRS9[36]가 전면 시행에 들어갔다.

---

34) 국제회계기준위원회(IASB, International Accounting StandardsBoard): IFRS 기준서와 해석서 재·개정을 최종 승인하는 역할을 하는 가장 핵심적인 기구이다.

35) 우리나라는 2013년부터 상장기업의 경우 GAAP가 아닌 K-IFRS를 의무 적용하고 있다. 비상장 일반기업과 공공기관은 K-IFRS와 일반기업 회계기준 중 선택 적용할 수 있고, 중소기업은 K-IFRS, 일반회계기준, 중소기업회계기준 중 선택 적용할 수 있다.

36) IFRS의 가장 큰 특징은 측정, 표시, 공시 방법에 있어서 '공정가치'이다. 즉, 측정방법에서 '원가측정(장부가액) → 시가측정', 수익표시(인식)에 있어서 '실현주의 → 미래손실 반영'하여 현

바젤3에 의해 상향되는 은행의 자기자본 비율이 강화(금융당국은 BIS비율을 14% 이상 유지하도록 권고하고 있다)되고, 또한 SI시스템은 2018년부터 연계 작동되고 있다. 이에 따라 경기 민감 업종 위주로 기업 구조조정이 지속되고 있으며 가계부채 증가 누증은 부실 위험성을 높이고 있다. 이러한 데이터는 수집되어 앞으로 가계와 기업의 신용 평가 담보대출 평가의 대출 및 상환 평가에 적용될 것이다.

이렇게 변경된 회계기준이 적용되고, 담보대출의 별제권 제한에 대해서도 주택담보 대출 채무 활성화 방안으로 대규모 경매 대란에 대비하여 은행 건전성에 미치는 구조조정 프로그램을 최대한 준비 중에 있다.[37]

재의 정당한 가치를 반영하는 공정 가치를 추구한다. 따라서 기업에서 계약에 의해 미리 급부(대가)를 받았더라도 수익으로 인식할 수 없고, 의무 이행이 완료된 시점에서야 수익으로 인식할 수 있다. 의무 이행이 완료되지 않은 상태에서는 미리 수취한 금전에 대해서는 부채로 인식을 하게 된다.

37) 주담대 채무자의 재기 지원과 채권자 회수가치 제고를 동시에 고려하기 위해 다양한 주담대 채무조정 방식 도입
- 채무자 여건에 따라 차등적 조정방식을 적용함으로써 채무조정 참여에 따른 채권자의 회수가치 훼손을 완화
- 유동성 지원 효과를 가진 분할상환은 기본으로 적용하되, 상환 유예(거치기간 부여)와 금리 감면은 채무자 상황에 따라 선택 적용(신복위 채무조정 신청 이전에 누적된 연체이자 감면도 기본적용)
- 상환기간만 늘려주면 거치기간 부여나 금리 감면 없이 정상 상환이 가능한 경우 거치기간 부여와 금리 감면은 미적용소득에서 생계비를 뺀 가용소득으로 최대 상환기간 20년(35년) 내 원리금 변제 가능하다.
- 상환기간 연장만으로 정상 상환이 어려울 경우 거치기간 부여와 금리 감면을 순차적으로 추가 적용
  ※ 최대 상환기간(20년 or 35년), 최대 거치기간(3년 or 5년), 최저 금리수준(4.0% or 5.0%)은 현행대로 유지할 수 있다.
  → 채권자의 회수가치 감소를 완화함으로써 신복위 주담대 채무조정의 성사율을 높여 서민 주거생활 안정에 기여를 목적으로 한다.

출처: 수출입은행

〈그림5. IFRS9 금융 시스템 운영 SI〉

〈표9. IFRS와 현행 회계기준의 주요 차이점〉

항목	국제회계기준	국내기준	관련 항목
회계처리 원칙	- 원칙중심, 회계처리 선택권 넓게 허용	- 규정중심, 구체적인 회계처리방법 제공	기업에 적합한 회계처리선택 가능
공시체계 차이	- 연결재무제표를 기본재무제표로 함	- 개별재무제표를 원칙으로함	연결재무제표 작성범위, 지분법 등
자산·부채의 평가방법 차이	- 공정가치 평가를 강조함	- 객관적 평가가 어려운 항목은 취득원가 평가	투자부동산, 금융상품, 유형자산 등
정책적 목적에 따른 기준의 차이	- 거래의 실질에 맞는 회계처리방법을 규정	- 일부 항목에 대해 특정회계 처리를 규제	금융회사 대손충당금, 상환우선주의 자본처리

출처: 한국 회계 기준원

(4) 2018년 필라1 시작(IFRS 9, 예상 손실까지 반영)

채무상환 능력 중심의 건전성 분류 방식을 적극적으로 도입함으로써 개인사업자, 가계여신에까지 점차 확대될 수밖에 없다. 이렇게 금융시스템과 금융감독원 퇴출 프로그램이 정상 작동하게 된다면 단기적으로 대규모 충당금 발생에 따른 이익 감소 요인으로 금융업종의 부실이 수면 위에 떠오르게 될 것이다. 채무 상환의 중심이 자산에서 현금 흐름과 보상 비율로, 부도 확률 중심이 한계기업과 한계가구로 옮겨 가면서 구조조정이 급박하게 이루어지게 될 것이다.

국제회계기준인 IFRS9의 가장 큰 특징은 충당금을 산출하도록 SI가 자동 데이터로 동작하는 것이다. 기존에는 보유채권에 부실이 발생한 경우에만 대손충당금을 적립하도록 되어 있었지만, 이제는 미래의 기대손실까지 선제적으로 반영해서 충당금을 적립해야 한다. 시간이 갈수록 충당금 규모가 늘어나고 금융권의 당기순익이 줄어들 수밖에 없는 구조로서 한국의 금융권은 이러한 상황이 현재 진행형으로 진행되고 있다.

미래손실까지 감안해 충당금을 쌓도록 한 것은 기존 방법으로는 경기 불황 시에 은행들이 한꺼번에 많은 충당금을 적립해야 했기 때문이다. 그런데 IFRS9은 경기상황을 반영하는 시스템으로, '경기 후퇴 → 은행 대손충당금 예상 증가 → 대출 여력 위축 및 축소 → 대출 축소의 과정을 거치게 된다.

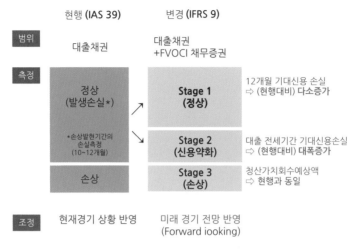

〈그림6. 금융권 미래경기 전망 반영 대출채권 변경〉

이에 기존에는 연체 발생, 거래처의 재무상태 취약 등 부실이 현실화
된 채권에 대해서만 대손충당금을 적립했다면 이제는 정상채권에 대해
회수가 불가능할 것으로 예상되는 금액을 포함해 대손충당금을 적립하
게 된다. 이렇게 IFRS16 Lease 같은 IFRS 구조 자체가 선제적인 위험을
대비하는 신용 시스템을 구축하고 있는 것이다.

외감기업이나 비외감기업뿐 아니라 장기 공실 상태인 임대사업자,
부동산 과다 투자자에 대한 구조조정을 동시에 대규모로 진행하게 될
것이다. 금융권 또한 이에 대비한 자본설정으로 영구채 부채를 발행하
여 건전성을 위장해 왔으며, 지방이나 상호금융권은 과다 법사가 산정
방식으로 이 문제를 위장해 왔다고 본다. DSR 기준으로 서울 지역 아파

트를 구매할 수 있는 서울 거주자는 전체 거주자의 15% 내외로 추정되고 있다. 강북 기준 및 강남 기준은 상이하다.

6

DSR(Debt Service Ratio)의 적용과 그에 따른 영향

2022년 금융권에서는 바젤3의 기준인 DSR 40% 비율을 실시하게 된다. DSR은 '총부채원리금상환비율(Debt Service Ratio)'로 대출을 받으려는 사람의 소득 대비 전체 금융부채의 원리금 상환액 비율을 말한다. 이러한 유동성 규제를 적용하게 되면 과거와는 완전하게 다른 시스템에 적응하고 살아야 한다. 개인 대출의 경우 상환기간과 소득구조를 평가받아 담보대출을 받게 된다. 또한 보유세 및 재산세 또한 공정시장가액 비율로 단계적 상향 조정 프로그램이 적용될 것이다. 이미 2018년부터 2022년에 걸쳐 차등으로 적용할 수 있도록 발표와 규제감독이 상정되고 통과되었음을 숙지해야 한다.

또한 전 금융권에 시행되는 LTV(자산)에서 DSR(소득증빙) 대출 심사 프로그램이 적용되면 채무 재조정을 신청하는 채무자가 대규모로 급증하여 저축은행, 캐피탈, 지방은행 등 은행의 건전성이 급격히 악화될 가능성이 높아질 수밖에 없는 구조이다. 2020년부터는 이른바 필라2의 저주 3종 세트가 시작될 것이다.

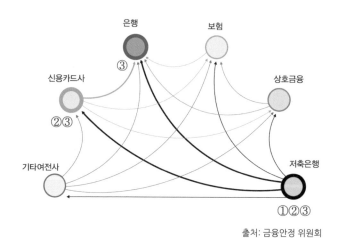

출처: 금융안정 위원회

〈그림7. 저축은행 부실 발생시 금융권 손실 전이도〉

가계부채는 그동안 고신용·고소득 차주를 중심으로 대출 증가율이 상승되어 왔다. 2018년 금융안정보고서의 통계로 볼 때 2012년 이후 전체 가계대출 보유 차주의 신용등급과 소득 수준별 대출 비중을 보면 고신용(1~3등급) 차주의 점유 비중이 18.8% 상승(2012년 말 50.9% → 2018년 2/4분기 말 69.7%)하였다. 소득 상위 30%인 차주의 대출 점유 비중은 최근 소폭 낮아졌으나 여전히 65% 내외 수준을 기록하고 있다.

정부 정책 기조의 핵심은 주택을 투자 자산 대상에서 주거 대상으로 변경하는 것이다. 따라서 합법적 자금만으로 주택 구매가 가능하도록 불법적 증여나 상속을 차단하고 RHMS(주택임대차 정보시스템)을 통하여 각종 편법으로 주택을 구매하는 것을 억제하는 방향으로 흐르고 있다. 임대소득 과세 강화, 양도세 비과세 요건 강화, 의무 미준수 과태료 강화 등 각종 부과세금까지 구간별 20% 이상씩 부담을 증가시키고 있는 중이다. 모든 것이 데이터로 수집되고 집계되는 금융시스템은 '금융+세금징수'의 결합으로 나타나는 진화의 길을 밟고 있다.

세금의 경우 RHMS 시스템을 통하여 2020년에는 2,000만 원 이하의 임대소득도 차등적으로 종합소득을 통해 세금이 부과된다. 또한 금융권의 빅데이터 공유도 더 가속화되고 있는 중이다.

일반 소득자의 경우도 종합과세가 될 경우 13~20% 이상의 세 부담이 생길 수밖에 없다. 이번 예상 경매대란에 대한 대처로 인해 금융권의 별제권 제한이 합의될 경우, 필라2 프로그램에 의한 2021년 DSR을 적극적으로 반영하는 시점부터 서울 주택 투기자의 약 40% 이상이 한계로 내몰릴 것으로 예상할 수 있다.

2019년 평균 주택가격은 9억, 강남 기준 15억을 상회하기 때문에 최소 연소득 1억 2,500만 원에서 1억 8,000만 원이 가능해야 본연세금 및 재산세 그리고 대출 프로그램 이용이 가능하다. 즉, 연소득 1억 2,000만 원 이하인 사람은 서울에서 주택 구매가 사실상 불가능한 상황이다.

서울 가구의 주택 구매 가능 추정치는 상위 5~13% 구간을 실수요자로 보고 있으며. 사실상 이 계층의 주택은 거의 모두 구매된 상태로 봐도 무방하다. 즉, 2022년은 서울 파산의 전주곡이 시작될 수밖에 없는 시기이다.

(1) 2018년 회계기준 변경

한국은행의 '금융안정 상황(2019년 9월)' 자료에 따르면 2018년 기준 한계기업이 외감기업에서 차지하는 비중은 14.2%로, 13.7%였던 전년 대비 0.5%p 상승했다. 즉, 2016년 이후 대규모 기업들이 파산되고 퇴출되고 있는 중이다.

바젤3 기준 시행계획에 따라 2018년부터 도입된 순안정자금조달비율(NSFR; NetStable Funding Ratio)과 레버리지 비율 규제는 장기적인 자금조달 리스크를 축소시키고 과도한 레버리지 영업을 제한시킴으로써 은행의 재무안정성 제고에 기여할 것으로 보인다. IFRS9이 적용되어 충당금을 누중하여 적립할 수밖에 없는 기업의 경우, 수익성은 3~5년간 30~40% 저하될 것이다. 또한 IFRS16 리스에 관한 회계 기준이 적용되게 된다면 장치산업 렌탈업과 부동산 유통과 관련된 금융권의 경우도 수년간 적자를 면할 수 없는 구조이다. 미래 렌탈과 임대료는 회계에 부채로 반영되기 때문이다.

〈표10. 순안정자금조달비율(Net Stable Funding Ratio, 이하 NSFR)〉

$$NSFR = \frac{가용안정자금조달}{필요안정자금조달} \geq 100\%$$

출처: 한국은행

국내 금융권과 기업 그리고 특수 국책기관의 경우 역시 이 기준을 맞

디레버리징(DELEVERAGING)

추기 위해 2016년부터 코코본드라는 조건부자본증권과 신종자본증권이라는 만기가 없는 영구채를 발행하여 자금을 확충하고 있는데, 금융권의 자기자본 전체는 2018년 현재 12조 원을 넘어서고 있다. 즉, 1금융권의 경우 자기자본의 10% 가까운 자본이 임금과 유지 배당을 위하여 자기자본이 아닌 채권을 자기자본의 콜옵션으로 계속 증가시켜 왔다.

영구채와 코코본드는 장기 저금리 기조 하에서 상대적으로 금리가 높아 투자자들에게 인기가 많았다. 그렇지만 만기도 길고 위험도가 높아 금융이 취약한 스페인과 포르투갈에서는 코코본드 리스크가 부각되고 있다. 앞으로 금융권의 자기자본은 믿을 수 없는 위장술일 수밖에 없는 것이다.

신종자본증권은 돈을 빌리면서도 빚은 지지 않은 것 같은 효과를 낸다. 기관시장 RISK 측정 및 적용방법, 단기-중기 신용변동 주기, 추정 신용/유동성 손실 발생 경로로 계산된다.

(2) 2022년 기업과 금융기관의 파산 행렬

한국 금융산업의 취약성은 낙하산 인사로 요약할 수 있다. 경영권의 책임에 있어서도 지주회장과 자회사 은행장과의 관계가 불분명하다. 즉, 이사회와 경영진, 노조의 밀월 관계로 장기집권이 가능한 시스템은 정·관계와 모피아 집단의 낙하산 인사의 방패막이 역할을 하고 있다. 이른바 위장자본의 위험성에도 불구하고 이렇게 장기간 고임금과 배당이 지속될 수 있었던 원인은 금융의 정치화에서 찾는 것이 가장 수월할 것이다.

부실기업과 정상기업의 분류로 잠재적인 위험성을 낮출 수는 있지만, 신 외감사법, 국제회계 기준 등 국제화는 위험성 있는 기업의 분류를 1단계 변경하여도 충당금의 800% 이상의 폭탄을 피할 수 없다. 국제금융제도의 특이성은 '각 금융에 관계된 주체의 분담 제도'라는 한 문장으로 요약할 수 있다.

〈표11. 자산건전성 분류〉

구분	채무상환능력 기준	연체기간	적립 비율(%)
정상	채무상환능력이 양호해 대출에 문제가 없는 것으로 판단되는 자산	1개월 미만	0.85
요주의	즉각적인 문제가 발생하지 않았지만 상환능력이 떨어질 수 있는 요인이 잠재된 것으로 판단되는 자산	1개월 이상~3개월 미만	7
고정	상환능력을 악화시키는 요인이 가시화되어 채권회수에 상당한 위험이 발생하는 자산	3개월 이상 연체한 자산 중 회수할 수 있는 예상가액	20
회수 의문	상환능력이 현저히 악화해 채권회수에 심각한 위험이 발생한 자산	3개월 이상 12개월 미만 연체한 자산 중 회수 예상가액 초과 부분	50
추정 손실	회수가 확실히 불가능한 자산	12개월 이상 연체 자산 중 회수 예상가액 초과 부분	100

출처: 금융위원회

즉, 대출자에게 은행의 부실을 이자로 분담시킬 수 있으며(IFRS9+CSS), 예금자에게는 은행 손실분 분담(베일인 제도)을, 최종적으로는 예금보험공사에 공적자금 투입의 분담을 떠넘길 수 있다는 의미다.

국제회계제도를 도입한 원래의 취지는 정부의 공적자금 투입과 금융시장 개입을 최소화하여, 금융취급기관의 경쟁력을 향상시키는 데 목적이 있다. 그러나 한국의 경우 낙하산 인사와 모피아로 지칭되는 세력에 의해 금융권 전반이 통제되고 지배되는 상황에서 정부의 공적자금 투입은 예정되어 있는 당연한 수순일 수밖에 없는 것이다. 조선 해운의 천문학적인 부실에 대해서 공적자금 투입이 1차로 이루어져 왔기 때문에, 앞으로 기업의 대규모 충당금이나 부실 사태에 대해서도 공적자금 투입은 당연한 귀결로 연결될 것이다.

표에서 나타난 바와 같이 금융권의 채권을 자기 자본화한 기업이나 보험사, 증권사의 경우를 본다면, 앞으로 수도권의 개인사업자 대출 부실화, 임대 사업자 대출 부실화, 다주택 소유자의 부실화를 감당할 수 있을지 의문이 든다. 예금보험공사의 자기자본은 16조 원에 불과한데, 2,500조 원 가까이의 부실을 책임져야 한다.

〈표12. 국내 기업의 신종 자본증권 발행 현황 2018년 9월 기준〉

구분	업체수	신종자본 증권(a)	신종자본 증권 (조건부자본) (b)	RCPS (c)	합계 (a+b+c)	자기자본 대비비중	부채분류시 부채비율 상승폭
일반기업(A)	34	94,759	-	14,204	108,963	6.2%	15.6%p
은행	11	25,570	59,616	-	85,186	7.1%	107.6%p
은행지주	6	-	37,445	-	37,445	5.8%	8.1%p
보험	10	39,265	-	-	39,365	13.2%	187.2%p
기타금융	12	16,570	-	7,910	24,480	18.4%	156.5%p
금융기업(B)	38	81,405	97,061	7,910	186,376	8.2%	88.0%p
합계(A+B)	73	176,163	97,061	22,114	295,338	7.3%	51.9%p

출처: 한국기업 평가

신종자본증권은 주식과 채권의 중간 성격을 띠는 증권으로 만기의 영구성, 이자·배당의 임의성, 후순위성 등 자본적 특성을 고려하여 회계상 자본으로 분류되어 왔다. 또한 기업이나 기관의 신용등급 강등 시 일반주 전환 여부가 비적격 자본증권의 판단 기준이 되기도 한다.

지금까지 신종자본증권은 기업의 구조조정 회피수단으로 그리고 기업의 분식회계 수단으로, 대표적인 모럴 해저드인 대주주 배당과 주식 가격 유지를 위해서 발행되어 왔다는 것이 국제 시장의 평가이다. 그러나 이제 기업 발행 신종자본증권은 신용등급 평가 시 채권으로 분류될 예정이다. 바젤3 자본 규제 강화 내용과 신용 평가사 평가 방침이 신종자본증권 발행에 대해서는 부채로 보아야 한다는 의견이 다수이다. 또한 IASB(국제회계기준위원회)는 '영구채는 자본이 아니라 부채로 인식해야 한다.'라는 의견을 전달한 것으로 알려졌다.

이제 2018년 기준 신종자본증권이 부채로 분류되는 자본 분류 원칙이 확정되어 공표됨으로써 최소 3~4년 후면 그 여파를 맞게 될 것이다.

우리나라는 기업과 금융권 거의 전체가 이러한 신종자본증권 폭탄을 안고 있다고 해도 과언이 아니다. 대부분 만기가 30년이고 발행일로부터 5년 후 콜옵션을 행사해 조기 상환이 가능한 구조로 발행되었다. 2018년 한국기업평가에 따르면 작년 3분기 말 기준 영구채를 발행한 국내 기업은 모두 73곳으로 발행 금액은 총 29조 5,338억 원에 달한다. 신종자본증권(채권형 신종자본증권, 조건부자본증권, 누적적 우선주인 RCPS 포함) 영구채를 부채로 분류할 경우 이들의 부채비율은 평균 51.9%p 상승할 것으로 추산된다. 대기업 중 두 곳은 부채비율이 200% 이상을 상회하는 곳도 있다. 이제 바젤3 체제의 국제회계 감독 기준으로 감독 영역이 재조정된다면 신종자본증권으로 자기 자본인 양 위장된 기업의 파산은 불가피할 전망이다.

현재 IMF 이후 사상 최대의 외감사기업의 파산 행렬이 예견되고 있으며, 확산될 수밖에 없다는 사실이다. 영구채를 부채로 인식하게 되면 부채 비율이 급증해 자본 잠식에 빠지는 기업이 속출하게 되며 주식 투자자와 기업, 고용인들은 사실상 한국 자본시장 자체의 혼돈에 휩싸일 수밖에 없게 될 것이다.

이렇게 신종자본증권 발행 시에는 재무 건전성을 개선하는 위장의 효과가 있으나 중장기적으로 볼 때 콜옵션 행사에 따른 조기 상환 및 이자 지급 시 자본 비율 하락을 가져올 수밖에 없다. 그리고 이제는 신종자본증권이나 타이거2라는 완충자본에 대한 인식이 자본이 아닌 부채라는 의견이 지배적이다. 즉, 5년 만기 옵션을 행사하지 않을 경우 만기 옵션마다 이자 지급 비율과 배당이 상승하게 되는 것이다.

이러한 현실은 앞서 말한 국제금융회계기준 IFRS9 적용 이후 가계 한계차주에 대한 선제적인 충당금 적립 방식 구조로 변경하게 되면 닥쳐올 현실이며, 가계 기업 구조조정의 시발점이 될 것이다.[38] 2019년 1월

---

38) 월소득 300만 원, 주택담보대출 2.2억 원, 신용대출 1억 원을 보유한 2인 가구가 법원에 주택담보대출 연계 개인 회생을 신청할 때('18년 기준 법원 인정 2인 가구 최저생계비 상한은 170만 원에 해당한다.)
　① 신용회복위는 5년간 거치기간을 부여하고 거치기간 중 매월 73만 원(2.2억×4%/12개월)씩 거치이자를 상환하는 주담대 채무조정안을 마련해야 한다.
　② 법원은 생계비 및 주택담보대출 거치기간 이자를 제외한 채무자의 잔여 소득으로 신용 채권자가 일반 개인회생과 동일한 4,680만 원(78만 원×60개월)을 상환할 수 있도록 상환기간 연장(3년→5년) 및 생계비 축소(170만 원→149만 원)하여 회생안을 마련해야 한다. (일반 개인회생이었다면 가용소득 130만 원(300만 원-생계비170만 원)으로 3년간 회생 채무를 상환하므로 상환액은 130×36개월=4,680만 원)
　③ 개인회생 절차에 따른 신용채무 상환이 종료된 이후 주택담보대출 채무를 21년간 원리금 균등 분할상환(매월 130만 원씩 상환)

에 금융위원회가 발표한 주택담보대출 채무조정안 활성화 방안에 관한 자세한 내용은 개인 회생 연계형 채무 재조정 프로그램 도입 및 변경안을 보면 이미 정부와 금융권이 대규모 경매 대란에 대비해 2017년부터 준비해 왔음을 알 수 있다. 2021년, 채무 연계 프로그램이 완성되면 본격적인 가계부채 구조조정에 들어가게 될 것으로 예상된다.

또 채무자 회생 및 파산에 관한 법률에는 별제권에 관한 조항이 있는데, 금융권의 파산 재단에 속하는 특정재산에 대해 다른 채권자보다 우선하여 변제를 받을 수 있는 권리인 별제권을 부분적으로 제한한 점을 보았을 때 개인회생 신청자의 폭발적인 증가에 대비해 이미 사전에 금융권과 조율도 끝내 놓은 것으로 볼 수 있다. 즉, 중금리 대출로 전환을 검토한 후 연체가 발생되면 경매 유예 또는 세일즈 앤 리스백에 따라 처리하며, 연체가 지속되는 고위험 가구가 파산할 경우 별제권 제한이 없으면 연체자는 금융권 프로그램에 의하여 최대한 35~40년에 걸쳐 사실상의 신용불량자로서 대출을 프로그램대로 갚아야 한다. 생애주기로 본다면 30대 이전은 40년, 40대 이전은 35~40년, 50대는 23~30년 동안 채무 조정 프로그램에 따라 성실하게 부채를 갚아 나가야 하는 것이다.

과거 채무 프로그램 개인 해당자는 2013년 기준 740만 명이었으며 신용불량자는 320만 명이었다. 현재 신용불량자는 180만 명, 다중채무 대상자는 420만 명에 이르고 있다. DSR이 시행되면 다중채무자가 500만 명에 이를 것으로 전망되며, 중금리 대상은 2018년 기준 500조 원에서 2023년에는 개인사업자 대출과 연체로 인하여 600조 원을 넘어설 것으로 예측되고 있다. 그에 따라 2021년부터 급격한 파산 경매, 자산

가격 하락 공포를 경험하게 될 것으로 예측된다.

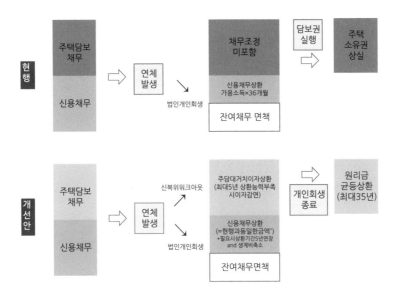

출처: 금융위원회

〈그림8. 2019 주택담보대출 채무조정 활성화방안〉

게다가 수도권이 80% 가까운 자산을 점유하고 있으며, 거품을 겪고 있는 서울의 대표적인 10대 상권인 강남 및 홍대 등은 이미 초토화되고 있는 중이다. 이른바 20년 만에 내환위기에 의한 수도권의 파산과 경매의 시간이 다가오고 있는 중이다.

그러나 한편 기업에 대한 거품은 조정이 될 전망이다. 신용등급이 없는 중소기업 대출에 대한 위험가중치가 100%에서 85%로 낮아지고, 기업대출 중 무담보 대출과 부동산 담보대출의 부도 시 손실률(LGD)은 각각 45% → 40%, 35% → 20%로 하향 조정한다. 이렇게 규정을 바꾸면 기업대출 위험량이 줄어 현행 자산 기준으로 국내 은행의 BIS 비율이 약 0.5~0.7%p 올라갈 것으로 보인다. 금감원은 '은행의 BIS 비율이 올라가면 자본 부담이 줄어들어 은행들의 기업대출 취급 여력이 지금보다 나아질 것'이라고 전망했다.

(3) 외국계 투자은행, 거의 모두 철수

2017년 6월 14일, 금융위원회는 보도자료를 통해 RBS, 골드만삭스, BBVA 3개 외국은행 국내 지점에 대한 폐쇄 인가안이 의결되었음을 알렸다. 3개 외은 지점은 지점 폐쇄를 위해 그간의 모든 금융거래를 정리하고, 근무 직원과의 퇴직 협의도 완료한 상황이다. 이제 국내에서 영업 중인 외은 지점은 43개 은행 50개 지점에서 40개 은행 47개 지점으로 축소될 예정이다.[39]

〈표13. 2017년 RBS, 골드만삭스, BBVA 3개 외국은행 국내지점〉

	RBS	골드만삭스	BBVA
본점소재지	영국	영국	스페인
설립 인가일자	'13.5.15.	'6.6.23.	'11.7.20.
영업기금('17.1Q)	2,741억 원	819억 원	520억 원
임직원 수(폐쇄 결정 시)	61명	25명	21명

출처: 한국은행(2018)

---

39) 국내 철수 예정 지점들은 모두 유럽계 은행으로 본점 영업환경 악화에 따른 비용축소 노력, 국내 지점 수익성 저하가 철수의 원인이다. 한편, UBS·Barclays도 지난해 국내 철수 계획을 발표한 바 있으며, '18년 이후 폐쇄 인가를 신청하였다.

디레버리징(DELEVERAGING)

과거 1994년 이후, 외국계 은행이나 투자사들은 한국의 대외 충격이 오기 전에 2~3년 앞서 철수해 왔다. 기업과 국가의 상당한 혼란이 발생되면 신용 평가 이후 투자사나 벌처(vulture)[40]들은 또다시 한국에 대한 하케다카를 실행한다.

IMF 이후 한국의 공적 자금은 당시 168조 원이 투입되었는데, 물가 인상률을 감안하여 2019년 기준으로 본다면 현재가치로는 280조 원에 상당하는 금액이다. 모든 자산의 가격이 하락했으며, 모든 기관은 헐값에 인수가 가능하였다. 이번 금융과 실물경제의 부실화 속에서 많은 정치적인 기업들의 목적은 얼마만큼 부실을 감추고, 그에 대한 책임을 정치권과 과거 정부의 무능으로 몰아 자신들의 이익을 침해당하지 않느냐 하는 것이다. 전관예우와 관료독재의 잔재가 만연되어 있는 한국의 금융상황에서 생존을 위한, 또는 재도약을 위한 몸부림은 어쩌면 당연한 일일 수도 있다. 기업은 지배구조가 취약하며 이 취약한 지배구조에 대하여 장치산업에 대한 이익을 이른바 지배구조가 확실한 비상장사를 통하여 이익을 편취해 온 것이 일반화된 사실이다.

한편 2019년 상반기 한국은행의 금융서베이 결과는 한국의 경제 위기를 보여 주고 있다. 조사에 따르면 미·중 무역 분쟁 및 국내 경제 성장세 둔화가 주요 리스크 요인(응답 비중 50% 이상)으로 조사된 가운데, 수출 감소 등에 의한 기업 실적 부진, 부동산시장 불확실성, 가계부채 누증 등에 대한 응답 비중이 비교적 높은 것으로 나타났다.

---

40) 파산하였거나 파산 직전인 기업을 인수하여 회생시킨 후 높은 가격에 되팔아 차익을 남기는 일을 전문으로 하는 투자자

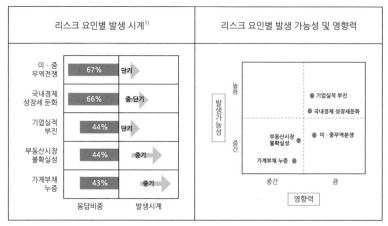

주: 1) 단기는 1년 이내, 중기는 1~3년

출처: 한국은행

〈그림9. 한국은행 2019년 3월 금융 서베이 조사 결과〉

1순위 응답 빈도수 기준으로는 국내경제 성장세 둔화(22%), 미·중 무역분쟁(21%), 글로벌 경기 둔화(11%), 가계부채 누증(9%) 등의 순으로 나타나고 있다. 즉, 3년 이내의 경제 불안 요인에 대하여 평가한 것이다. [41]

---

41) 가계부채 누증 및 부동산시장 불확실성을 단일 항목으로 간주하여 응답 비중을 시산해 보면 단순 및 1순위 응답빈도수 기준 각각 70% 및 14% 수준이다.

디레버리징(DELEVERAGING)

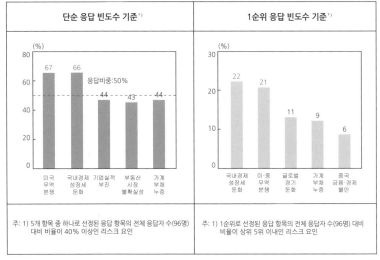

〈그림10. 주요 리스크 요인〉

2015~2018년 금융권은 취약 기업 비중이 높은 부동산 임대업, 도소매 등에 대해 여신 공급을 확대해 왔다. 부동산시장 호황 지속에 따라 담보 가치 안정비율을 높이고, 가계의 대출 투자 수요를 보증으로 인위적으로 확장시켜 왔던 것이다. 또한 이를 통해 여신 공급 증가에 따른 연체율 하락을 유도하여 경기 활성화를 지탱하는 방법을 택하였다. 또한 기업의 채무 상환 능력보다는 부도율, 회수율 등 경험치를 기준으로 건전성을 분류한 결과 한계기업 대부분이 정상기업으로 분류되었다. 이러한 경기 활성화 방안으로 금융기관 또한 과도한 관리비용과 배당을 외부에 효과적으로 위장하기 위하여 자본채권을 늘려 오고 있는 중이다.

차주의 채무 상환 능력을 평가하여 충당금을 적립하는 IFRS9 시스템을 금융권이 자발적으로 적용한다면 특정 시기 이후 금융 관료적인 통제를 벗어날 가능성이 매우 높다. 이 중 증권사의 부동산 PF대출과 금융권의 임대업 대출이 IFRS9 시스템에 의한 충당금 설정으로 각 기관의 부도 증가율을 높일 것이기 때문이다.

또한 경기 침체가 구조적인 불황에 직면했다는 지적이 계속될 경우, 대출 회수가 가속화되면서 한계기업에 대한 구조조정 요구도 점차 증가할 수밖에 없다. 경기 침체 속도가 빨라질 경우 은행 주도의 기업 구조조정 속도 역시 더 빨라질 수밖에 없는 구조이다.

한편 서베이 응답자들은 미·중 무역 분쟁, 기업 실적 부진, 국내 경제 성장세 둔화는 대체로 단기(1년 이내)에, 부동산시장 불확실성, 가계부채 누증은 중기(1~3년)에 부동산시장 가계부채 폭탄으로 현실화할 가능성이 있는 리스크 요인으로 답하였다. 특히 기업실적 부진, 국내경제 성장세 둔화는 발생 가능성이 높은 리스크 순[42]으로, 판매 급감 → 가동률 추락 → 설비투자 위축으로 이어질 것이다.

2018년 현재 50대 상장사 재고는 150조 원을 넘어서고 있으며 전체 상장사 재고는 205조 원을 돌파하였다. 몇 년간 넘치는 재고와 이에 대한 관리비용 증가, 생산성 하락 그리고 저가 경쟁 구도로 고착화될 수밖에 없는 구조이다.

이러한 관리비용, 생산성 하락, 경쟁력 하락은 기업의 흑자부도 시대

---

42) 1998~1999년 중 선정된 83개 워크아웃 적용 기업 중 2002년 2월 말 현재 47개 기업만이 정상화되었을 뿐이다. 화의법, 회사정리법, 파산법 등의 복잡다기한 기업 정리 절차가 부실기업의 신속한 정리에 장애요인으로 작용하여 현재 P-PLAN 방식으로 변경되고 있다.

디레버리징(DELEVERAGING)

의 여건이 조성되었음을 우리에게 알려 준다. 이러한 재고지수와 돈맥
경화 현상 등 모든 지수는 IMF 지수에 근접하고 있는 중이다. 제조업
가동률은 60%대에 불과하며,[43] 2019년 악성 재고율은 사상 최대치를
기록하고 있다.

---

43) 한국산업단지공단에 따르면 남동공단의 가동률(생산능력 대비 생산실적)은 올 8월 기준으로
     61.0%를 기록했다.

7

2019년, 부동산 임대업 RTI에 의한 자영업 구조조정

———

(1) 임대업 대출에 대한 RTI 현황 및 문제점

2018 3월부터 은행권 '개인사업자 대출 가이드라인'을 시행하면서 부동산임대업 대출 관련 이자 상환 비율 규제를 은행 자율적으로 운영 중에 있다.

---

* 읽어두기

- RTI(Rent to interest, **임대업 이자 상환 비율**)

- RTI=연간 임대소득÷(해당 임대업 대출의 연간 이자비용+해당 임대건물 기존 대출의 연간 이자비용)

- 임대소득: 임대차계약서, 공신력 있는 시세자료, 감정평가서 등 근거로 산출

- 이자비용: 모든 이자비용 합산, 금리상승 대비 스트레스 금리(최저 1%p) 가산

RTI는 주택 1.25배, 비주택 1.5배 이상인 건에 대해 대출을 취급하는 것이 원칙이나, 이 조건에 들더라도 1억 원 이하 소액 대출, 상속 등 불가피한 채무 인수, 중도금 대출 등은 RTI 심사 대상에서 제외된다. 그런데 2018년 금감원이 주요 4대 은행을 점검한 결과, 모든 은행이 RTI 규제 관련 가이드라인 준수 정도가 상당히 미흡한 것으로 드러났다. 대표적인 부적절 운영 사례로는 다음의 네 가지를 들 수 있다.

- RTI 예외 취급 한도를 전년 신규 취급액의 30%로 높게 설정한 경우이다. 4개의 은행 중 세 곳이 예외 취급 한도를 1조 원 수준으로 설정한 것으로 조사되었다.
- RTI 기준 미달을 이유로 한 거절 사례가 없으며(RTI 0인 경우도 대출 취급), 상환 능력에 대한 충분한 검증 없이 대출을 승인하였다.
- RTI 산출 시 임대차계약서 확인 없이 추정 임대소득을 사용하고 있었다.
- 임대건물의 기존 대출 이자비용 미반영 사례가 다수 발견되었으며, 일부 은행은 전산시스템 미흡으로 타행 대출에 대한 이자를 누락하였다.

(2) 금융감독원의 RTI 개선 방안

여러 부적절 운영 사례에도 불구하고 RTI 기준 강화 시에는 임대료 상승을 초래하여 서민과 자영업자의 어려움을 가중할 우려가 제기된다. 예상되는 부작용의 사례는 ① 주택임대업자가 연간 임대소득 증대를 위해 전세를 월세로 전환 → 전세 공급 축소 → 서민층 주거비 부담 및 주거 불안 확대 등 우려, ② 상가, 사무실 등 임대료 인상 → 자영업자의 생계부담 증가 등을 들 수 있다. 따라서 RTI 규제 비율은 기준 조정 시 임대시장에 미칠 영향과 9.13대책 임대업 대출 규제 강화 효과 등을 고려하여 현행 수준을 유지하도록 하였다.

한편으로는 2018년 9월 13일 주택시장 안정대책 시행으로 주택 임대업 대출에 대해 담보 인정 비율(LTV) 40%[44] 기준이 도입되는 등 규제가 강화되었다. 그간 금융회사에서 자율적으로 운영해 왔던 RTI 기준 미달 임대업 대출 예외 취급 한도를 폐지하도록 하였다. 이에 따라 RTI 기준 미달 임대업 대출의 예외 사유를 원칙적으로 폐지하기로 하였다. 다만, 임대소득 이외의 기타소득으로도 상환 능력을 증명할 수 있는 차주에 한해 여신심사위원회의 승인을 받아 취급하도록 하였다.

한편 개인 사업자 대출 LTV규제 적용 대상 확대에 대한 상세한 내용은 다음과 같다.

적용 대상은 주택매매업을 영위하는 개인사업자가 주택을 담보로 대출을 받는 경우(LTV 40% 기준)이다. 다만, 주택 매매업자가 이미 건축되어 있는 주택을 담보로 받는 대출이 아니라, 주택을 신규 건설[45]하여 매매하기 위해 해당 주택을 담보로 대출받을 때는 적용 대상에서 제외한다. 또 투기지역, 투기과열지구 내 고가주택(공시가격 9억 원 초과)을 신규 구입하기 위한 주택담보대출은 취급이 불가하도록 하였다. 주택담보대

---

44) 대책 이전 주택 임대사업자는 담보가치의 70~80% 수준까지 대출 가능
45) 등기부등본 및 건축허가증 등을 통해 주택 건설 사실을 입증하는 경우에 한함

출을 이미 보유한 주택 매매업 개인사업자에 대하여도 투기지역 내에 서의 주택 구입 목적의 주택담보대출 취급이 불가하게 된다.

또한 투기지역, 투기과열지구의 주택 임대업·매매업 법인의 주택담 보대출에도 LTV 40%를 적용한다. 투기지역, 투기과열지구, 조정대상 지역의 부동산 담보신탁 수익증권 담보대출에도 LTV가 적용된다. (투기 지역, 투기과열지구 40%, 조정대상지역 60%) 즉, 투기지역의 갭 투자자들의 꼼 수 대출이 2019년에 모두 막히게 된다. 주택 대출의 경우 경매 법인대 출까지 50% 이하로 대출을 받게 되어, 앞으로 진행될 2021~2024년 수 도권 경매대란 시기에 법사가 산정에 의한 대출마저 대폭 감소될 것으 로 예상할 수밖에 없다.

수익증권 담보대출에 대하여도 LTV 규제가 도입된다. 적용 대상은 주택이 포함된 신탁에 대해 신탁업자가 발행한 수익증권을 담보로 대 출을 취급하는 경우에 적용한다. 즉, 규제지역(투기지역, 투기과열지구, 조 정대상지역) 내에 소재한 주택이 신탁재산에 포함된 경우, 신탁업자가 발 행한 해당 수익증권을 담보로 신청한 대출에 대해 LTV 40%(투기지역, 투 기과열지구), 60%(조정대상지역)를 적용한다.

〈표14. 개인사업대출 지역별 LTV규제 현황〉

차주 유형	업종	규제지역			비규제지역
		투기지역	투기과열지구	조정대상지역	
개인 사업자대출	주택임대업[1]	(현행) 40%			규제 없음
	주택매매업[2]	(현행) 규제 없음 → (개정) LTV 40% 도입			

출처: 금융위원회(2019.7.)

주: 1) 주택임대업: 한국표준산업분류체계상 코드 68111(주거용 건물 임대업)
　　2) 주택매매업: 한국표준산업분류체계상 코드 68121(주거용 건물 개발 및 공급업)

(3) 2019~2020년 지방 파산 시대의 현실

전체 가계대출 중 지방 비중이 2012년 말 39.4%에서 2019년 2/4분기 말 43.5%로 상승하고 있다. 이러한 상황에서 주택가격 하락이 가속화될 경우 주택가격이 전세가격에 근접하거나 역전되는 사례가 초래될 수 있다. 2018년 기준 다주택자 자금 압박이 확대될 것으로 예상되는 가운데 전체 1/3 지역이 전세가격과 주택가격이 동시에 하락하고 있는 것으로 나타나고 있다. 이런 추세가 지속된다면 2020년 하반기부터 지방 저축은행 부실이 드러날 것이다.

일반적으로 가계부채 부실화 사태는 다음과 같이 진행되는 것이 주요 패턴이다. 카드사 → 캐피탈 → 지방 저축은행 → 상호저축은행 → 증권 → 지방은행 → 특수은행 → 일반은행 순이다.

또한 불황 경기의 영향성은 통상 6~8년의 시간이 걸리며 다음과 같은 순으로 진행된다. 불황 시작 → 실업 증가 → 가계 신용등급 하락 → 대출 한도 감소 → 대출상환 독촉 증가 → 개인 파산자 증가 → 기업 및 가계 경매물건 증가의 순이다.

2018년 10월 발표한 DSR[46] 관리지표 도입 방안 보도자료에 의하면 2019년 2/4분기 말 지방 차주의 연소득대비 가계대출 비율(LTI)은 207.7%로 수도권의 232.4%보다 낮은 수준이나, 2012년 말 이후 상승

---

46) DSR(총부채원리금상환비율): 대출을 받으려는 사람의 소득 대비 전체 금융부채의 원리금 상환액 비율을 말한다. 연간 소득에서 주택대출 원리금 상환액과 기타 대출 원리금 상환액을 더한 값을 나눠서 산출한다.

폭(+55.5%p)은 수도권(+40.1%p)을 상회하고 있다.

〈표15. 차주의 연소득 대비 가계대출 비율[1]〉

(단위: %, %p)

	'12.(A)	'14.	'16.	'18.	'19.2/4.(B)	B-A
수도권	192.3	188.0	217.4	230.6	232.4	**40.1**
지방	152.2	160.9	194.9	207.9	207.7	**55.5**
전국	168.7	174.6	204.8	217.1	218.2	**49.5**

주 1) LTI, 기말 기준　　　　　　　　　　　　　　　　　출처: 한국은행(가계부채(DB))

　지방 가계부채의 차주 특성 및 부채 분포를 보면, 2019년 2/4분기 말 각각 61.7%, 69.7%를 기록하고 있는 고소득·고신용 비중이 수도권(67.3%, 77.4%)에 비해 낮고 비은행 비중(54.1%, 수도권 32.6%)은 높다. 대출 종류별로는 수도권과 비슷하게 담보대출이 74% 수준이다. 다만 지방 특성상 농지, 임야 등을 담보로 한 대출이 많아 주택 이외 담보 비중(19년 2/4분기 말 23.3%)이 수도권(16.3%)보다 높다.

　비은행의 경우는 상호금융 36.0%, 여전사 6.9%, 보험사 3.8%, 저축은행 1.9% 등으로 2019년 통계를 본다면 부실 전염 가능성이 매우 높은 편이다. 즉, 경매 대란이 진행되고 파산 속도가 빠르게 진행되면서 부실은 더 급속하게 진행될 수밖에 없다.

　건설사·러스트 벨트화되는 공단, 유령화되고 있는 상가와 공실 등의 2019년 현재 경매 가치는 상가의 경우 통상 20~40%대에 진행되고 있다. 대규모 주택시장 경매가 2년 정도 진행된 이후에는 정부의 세일즈 앤 리스백 프로그램과 미분양 주택 매입, 부실화된 금융권 지원과 지방 경기 활성화 방안이 논의될 것이며, 입법도 예고되어 있다.

참고로 DSR을 기준으로 대출심사를 하면 연소득은 그대로인 상태에서 금융부채가 커지기 때문에 대출 한도가 대폭 축소된다. DSR은 신용대출, 자동차 할부, 학자금 대출, 카드론 등 모든 대출의 원금과 이자를 모두 더한 원리금 상환액으로 대출 상환 능력을 심사하기 때문에 더 까다롭다.

여러 수치를 살펴보았을 때 자산(LTV) 및 소득(DSR) 측면에서 지방 차주의 채무 상환 능력은 대출 규제 강화 등에도 불구하고 수도권보다 여전히 취약하다. 주택담보대출의 평균 LTV 비율은 수도권의 경우 2017년 이후 규제 강화 및 주택가격 상승으로 하락하였으나, 주택가격 하락세가 지속되고 있는 지방은 55~56% 수준을 유지하면서 수도권과의 격차가 확대되고 있다. 지금까지는 담보가치, 또는 신용등급만을 믿고 소득에 대비하여 무리하게 대출을 제공한 것이 한국 가계부채 문제의 근원적 배경이라는 것은 누구도 부인하기 힘든 사실이다.

2019년 2/4분기 말 지방 가계대출 평균 DSR도 37.1%로 수도권의 36.3%를 소폭 상회한다. [47] DSR 100% 초과 대출 비중은 2019년 2/4분기 말 32.6%로 수도권의 27.3%보다 높은 수준이다. [48]

---

47) 2019년 수협중앙회가 제출한 국정감사 자료에 따르면, 2019년 8월 기준 상호금융 연체율은 전년 말 대비 0.96%p 상승한 3.01%로 나타났으며, 연체금액은 6,993억 원에 달한다. 연체율이 가장 큰 폭으로 증가한 지역은 경남 지역으로, 전년 대비 1.5%p 증가한 4.42%로 나타났으며, 연체금액은 전체의 39.4%인 2,753억 원이다.

48) 가계대출 연체율(금융권 전체): 2019년 6월 말 0.89%('08~12년 평균 1.88%)

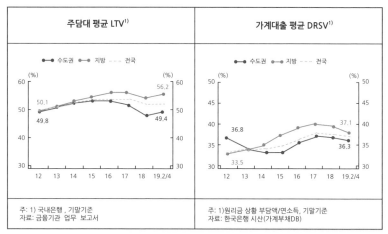

출처: 금융기관 업무보고서, 한국은행 시산(가계부채DB)

〈그림11. 가계주택담보 대출 평균 LTV. DSR 〉

〈표 16. 지역별 가계대출 대비〉

(단위: %, 기말기준)

	'12.	'14.	'16.	'18.	'19.2/4.
수도권	33.2	28.9	29.5	28.4	27.3
지방	32.4	33.1	35.3	34.1	32.6

출처: 한국은행

한편 취약차주[49]의 DSR 상승폭도 수도권을 크게 상회하고 있다. 최근 지방 가계부채의 증가세가 둔화되고 있는 가운데 아직까지는 주택가격 하락과 가계부채의 건전성 저하가 일부 지역, 금융권역을 중심으

---

49) 다중채무자이면서 저소득(하위 30%) 또는 저신용(7~10등급)인 차주를 가리킨다. 2019년 2/4분기 말 기준 수도권 74만 2,000명(46조 1,000억 원), 지방 68만 6,000명(39조 8,000억 원)으로 전국 합계 142만 8,000명(85조 9,000억 원)이다.
2012년 말에서 2019년 2/4분기 말의 취약차주의 DSR 상승폭은 수도권이 +2.2%p(65.5%→67.7%), 지방이 +9.0%p(58.3%→67.3%)로, 전국적으로는 +6.7%p(60.7%→67.4%) 증가하였다.

로 제한적인 수준에서 나타나고 있다. 지역 금융기관의 자본적정성도 비교적 양호한 수준을 유지하고 있는 점에 비추어, 지방 가계부채 문제가 금융시스템 리스크로 전이될 가능성은 제한적으로 보인다.[50]

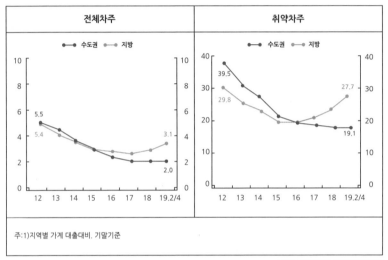

〈그림12. 가계 연체대출 비중 자료〉

---

50) 2019년 지방 가계대출 연체율(금융권 전체): 2019년 6월말 0.89%('08~12년 평균 1.88%) 2008년 금융위기 사태와 비교하여 더 느리지만 같은 유사성의 추이를 보이고 있다.

(4) 지방 가계부채의 건전성 문제

주택가격 하락에 따른 담보가치 감소, 소득 여건 악화 등으로 차주의 부채 상환능력이 약화되면서 지방 가계부채의 건전성이 2017년부터 점차 저하되고 있다. 현재 지방 주택의 평균 가격은 2016년 2월 대비 30% 이상 하락하였다. [51)]

일부 지역의 주택시장 위축 등으로 지방 주택담보대출의 부실도 최근 증가세에 있다. 2017년 이후부터 지방 주담대 중 연체 비중('17년 말 1.6% → '19년 2/4분기 말 2.1%)이 상승한 가운데 경매 주택 건수도 수도권에 비해 빠르게 증가하는 모습을 보이고 있다. [52)]

가계대출 중 연체차주가 보유하고 있는 대출(이하 '연체대출') 비중이 수도권과 달리 상승('17년 말 2.5% → '19년 2/4분기 말 3.1%)한 가운데 특히 지방 취약차주의 연체대출 비중 상승('16년 말 20.5% → '19년 2/4분기 말 27.7%)이 두드러지는 특징을 안고 있다. 즉, 지방은 저소득층 파산에서 고소득층의 파산으로 진행되리라는 가정을 할 수 있다.

지방 가계부채는 최근 증가세가 둔화되고 있으나, 그동안 수도권보다 높은 증가세를 보이면서 소득 대비 부채 비율도 빠르게 상승 중에 있다. 전체 가계대출 중 지방 비중이 2012년 말 39.4%에서 2019년 2/4분기 말 43.5%로 상승하였다.

---

51) 2021년 하반기부터 입주를 시작하는 서울 물량으로 전세가격 하락폭이 클 수밖에 없다.

52) 입주물량 증가+주택 구매 가능 가구 수 감소가 전세가격 하락 장기화 요인이며 경매 증가와 가격 하락 현상이 일반적으로 지방 부동산 시장에서 나타나고 있다.

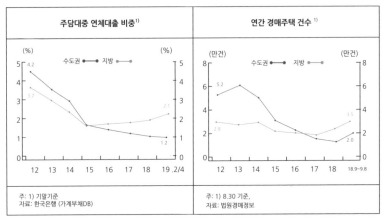

<그림13. 주담대중 연체대출 비중 및 연간 경매주택 건수>

한편 주택가격 하락 충격 시에는 은행, 상호금융조합 및 신용카드회사의 경우 업권별 평균 자본비율 하락폭은 상대적으로 작았으나 저축은행 및 증권회사의 경우 동 자본비율이 큰 폭으로 하락하였다.

8

2020년, 개인 신용등급 점수제 전 금융권 시행

———

금융위원회는 2020년부터 개인 신용등급을 점수제로 전환한다고 밝혔다. 신용 점수제를 도입하면 점수를 활용한 보다 유연한 여신심사가 가능하여 과거 신용등급제에서 나타나는 등급 간 문턱효과가 완화될 것이라고 하였다.

신용점수제를 도입하게 되면 신용 평가 회사(CB사)가 제공한 자료를 토대로 여신 승인 및 기한 연장 심사, 금리 결정 등에 있어서 유연화, 세분화가 가능하다. 또 금리 결정에 있어서도 신용점수에 따라 금리 할인 수준을 보다 세분화하여 점수가 일정 이상인 사람에게는 금리를 할인해 줄 수 있다. 등급제 하에서 불이익을 받던 7등급 상위자들도 점수제가 시행되면 제도권 금융사의 혜택을 받을 수 있을 것이다.

다만, 현재 신용등급이 널리 활용되는 점을 감안하여 금융소비자 불편과 시장 혼란을 최소화하기 위해 단계적으로 점수제로 전환하기로 하였다. 자체 신용위험 평가 역량이 높은 5개 시중은행(국민·신한·우리·하나·농협)에서 우선적으로 신용점수제를 시범 적용한다.

2020년 도입될 CSS(Credit Scoring System, 개인신용 평가시스템)[53]는 인적 사항과 직장, 소득현황, 개인재무상태 등 신용과 관련된 모든 사항을 항목별로 점수화해 종전의 10등급으로 나누던 것을 1,000점제로 자동 변경한다. 대출신청 시 작성하는 이 점수에 따라 대출 가능 여부와 대출 금액을 산정하게 된다.

(1) 한국의 현 상황과 가계 부채

인류는 수렵·농경시대로부터 시작하여 오늘날 세계화, 자유무역의 시대까지 약 4,000년 가까운 역사를 기록하고 있다. 그중 무역은 부의 생산과 교환 그리고 전염병의 급속한 확대 같은 여러 가지 좋은 작용과 좋지 않은 작용으로 세계 경제와 역사를 기술해 왔다. 오늘날 이 시점에서 우리가 우리 내부를 바라보아야 할 문제는, 과연 우리는 어느 시대에서 어느 시대로 가고 있는가 하는 것이다.

농경민족이 권역화된 자유무역을 하게 되고, 그러한 자유무역이 더 큰 권역별 세계 무역으로 확대되는 현상은 국가의 절정기이자 외부의 침입 및 내부의 모순이 극대화되는 시기이기도 하다. 무역의 확대로 공

---

53) 개인신용평가시스템. 개인의 신상, 직장, 자산, 신용, 금융기관 거래정보 등을 종합 평가하여 대출 여부를 결정해 주는 자동전산 시스템

동체는 파괴되는 반면 세계화 시민이 출현하면서 사람들은 세계화에 적응하게 된다. 또한 기득권 계급의 출현으로 인한 초 양극화의 과정 중 내부 모순의 확대와 대외 경쟁력의 또 다른 상실 같은 문제와 맞닥뜨리게 되는 과정이 바로 세계화 무역의 역사이다.

그런데 오늘날 가장 극단적인 모순으로 나타나는 현상은 바로 기득권자들의 끊임없는 구조적 세습과 함께 자신들의 기득권 유지를 위해 자국민을 채무적 노예의 길로 내모는 일일 것이다.

로마의 포에니 전쟁 이후 '라티푼디움' 대농장이나 지금의 기업형 대농장 시스템 또한 외국인 노예와 자국민 채무 노예화를 기반으로 성장하였다. 우리나라의 역사에서도 통일신라 때 당나라의 세계 경제권 유입에 따른 대농장 제도 또한 자국민 노예제 확대와 지방 분권제 확대, 당나라 상인에 의한 신라인 노예무역 같은 현상으로 나타난 바 있다. 고려 역시 몽골제국에 의한 세계 무역의 시스템 통합으로 100년간 자국의 시민을 채무노예와 예속의 상대로 삼아 무슨 일이 벌어졌던 것인가? 이런 자국민 채무 착취에 대한 역사에 대해서 진보된 정보통신의 시대를 사는 자유로운 시민으로서 우리는 무척이나 흥미로운 경제적 사색을 할 수 있다. 그리고 앞으로 어떠한 일들이 벌어질 것인지에 대한 단초를 제공해 준다.

농경국가에서 세계화된 자유무역 국가로 진화되던 로마에서도 이러한 자국민 금융노예화와 착취는 심각한 문제였다. 물론 고려시대의 상황도 원나라와의 관계를 통해 그들의 화폐인 지원보초(至元寶鈔), 중통보초(中統寶鈔)를 사용하던 국제무역의 경험 축적과 확대는 국가 존립의 기반을 흔드는 문제로 나타나게 된다. 이러한 문제는 무인시대, 몽고

간섭기에 더욱더 자국민 수탈 구조가 확대되어 진행되었다. 소수의 귀족들 외에는 백성들 거의 모두가 대농장의 노예가 되었고, 사회는 초양극화가 될수록 더더욱 위험과 내부적인 모순이 팽배했다. 로마 시민이 다른 민족에 비해서 책임 의식이 강했다는 것은 병역의무를 성실하게 수행하고 자랑스러워했다는 것에서 찾을 수 있으며, 권력 또한 의무에서 나왔다는 것은 부인할 수 없는 사실이다.

앙리 피렌느의 말처럼, 시민계급에게 결코 없어서는 안 될 것이 개인의 자유이다. 60%가 노동 예속의 상태인 계약직, 비정규직 또는 1인 빈곤 자영업의 현실에서 사실상 한국의 중산층인 30% 구간의 경우 이번 재테크 투기판의 탐욕은 거의 정점에 이르고 있다. 자유가 없다면 행동도, 영업도, 사랑도, 낭만도, 상품 판매 같은 경제 행위도 존재할 수 없다.

우리나라의 비정규직은 약 750만 명이다. 최근 수도권 대규모 아파트의 관리사무소 직원에게 막말을 하는 등 이른바 갑질로 을에 대한 착취가 일상화된 나라이다. 이른바 이곳저곳의 교통세 그리고 성공학 갑질로 인한 착취와 유명세 또한 착취에 한몫을 하고 있다. 이러한 착취 구조 속에서 하위 40% 가계가 월 100만 원 이하의 예금을 가지며, 60% 구간의 가계는 월 1,000만 원 이하, 80% 구간은 2,000만 원 이하, 90% 구간은 4,000만 원 이하의 예금 유동성을 가진 것으로 나타나고 있다.

금융감독원에서 받은 자료에 따르면 올해 7월 말 현재 18개 시중은행의 개인고객 예금 잔액은 623조 341억 원이다. 이 중 잔액 기준 상위 1%에 해당하는 계좌에 예치된 금액은 283조 2,544억 원이었다. 상위 10%의 예금 잔액은 약 450조 원으로 추정하고 있다. 상위 1%가 예금 전체의 45.5%를 차지하고 있는 것이다.

자본소득의 경우 상위 1%가 69%, 상위 10%가 94% 이상을 받아 가는 반면 대한민국 국민의 90%는 현재 통장에 잔고가 없다시피 한다. 참고로 상위 0.1%의 통합소득은 15억 이상으로 일용직 근로자 소득의 150배를 넘어서고 있다. 우리나라 대부분의 자산과 소득은 상위 1%에 집중되어 가고 있는 중이다.

현재 자산 배분은 80:20을 넘어 90:10에 가까우며 조만간 99:1까지 육박할 것이다. 1987년 노동자 대투쟁세대의 주역인 586세대의 백만 은퇴가 시작되는 2020년부터 우리는 중산층 세대의 대규모 파산을 보게 될 것이다. 이러한 초양극화의 원인은 성장은 느려지고, 중·저소득층의 소득 정체로 인한 소비의 감소에 있다. 초 양극화는 결국 돈맥경화 현상을 수반할 수밖에 없다.

이러한 돈맥경화 현상을 단적으로 보여 주는 것이 중산층의 대규모 환급금의 증가와 예·적금 해지이다. 2018년 생명보험협회에 따르면 9월 말 기준 25개 생보사에서 가입자에게 내어준 돈은 20조 3,878억 원이었다. 보험을 해약한 해지 환급금 19조 1,018억 원과 보험료를 내지 못해 발생한 효력 상실 지급금 1조 2,860억 원을 포함한 수치이다. 2019년에는 26조 원에 이를 것으로 전망되고 있다.

그런가 하면 2019년 해지된 정기예금은 40조 원에 육박한다. 특히 중산층이 집중된 수도권과 5대 광역시의 경우 대부분의 국민들은 이른바 손에 돈이 없는 실정이다. 보험도 다 해지했으며 적금도 거의 다 해지하였다. 특히 다중 주택 대출 소유자와 1인 빈곤 자영업의 경우 중산층을 넘어 빈민층 아니 극빈층, 또는 삶이 끝날 때까지 부채를 짊어지고 금융에 예속된 금융노예로 살아갈 시간이 다가오고 있는 것이다.

현재 280만 명이 금융 예속상태로 신용불량자 180만 명, 7등급 이상 고금리 대출자 100만 명이다. 40년 금융부채 노예 500만 명의 탄생이 눈앞에 다가오고 있는 중이다. 연 수익 28조 원의 이자 수익 시장에서 55조 원에서 60조 원을 넘는 이자 수익 시장이 대한민국에서 새롭게 열릴 것이다.

(2) 500조 원 다중채무 다주택자 수도권 파산의 도화선

우리나라 전체 가계의 대출 규모는 2018년 3분기 말 기준 1,514조 4,000억 원으로 사상 처음 1,500조 원을 넘어선 가운데 일부에서 실제 가계부채 규모에 대한 논란이 일고 있다. 가계 신용은 금융권 가계대출과 미결제 카드 사용 금액(판매신용)을 합한 금액이다. 여기에 개인 사업 대출까지 합한다면 2,000조 원에 육박한다.

〈표17. 2018년 6월 말 가계부채 보유자와 주택담보대출 보유자 현황〉

	가계부채 보유자	주택담보대출 보유자
채무자 수(명)	19,032,923	6,314,392
전체 채무 보유금액(억 원)	15,308,949	9,778,744
주택담보대출 보유금액(억 원)	7,409,751	7,409,751

출처: 국회 김병욱 의원실주택담보대출 건수별 주택담보대출 현황(2018.10.)

이번 바젤3 도입으로 대출구조 변경에 의한 다중채무자의 채무액과 그 수는 2018년 기준 500조 원, 422만 명이며 2021년까지 500만 명을 돌파할 예정이다.[54] 바젤3에 의한 IFRS9[55]를 적용하게 되면 회계상 미래 손실반영 측정으로 소득 규모를 파악하므로 DSR, LTI, RTI 대출 규제를 시행하게 된다. 이에 제1금융권은 중금리 대출로 전환 중이며 2023년경에는 기업의 경우 P2P 추진점을 통하여 매년 수십조에서 수백조로 커지는 시장에 대해서 투자하겠다고 공언하고 있는 중이다. 참고로 금융권 익스포저는 2,800조 원이며 우리은행은 380조 원이다. 위험가중자산이 가장 많은 곳은 KDB산업은행으로서 215조 원을 차지하고 있다.

〈표18. 다중채무자의 부채 현황〉

구분	2016년	2017년	2018년	2019년 추정
다중 채무자 차주	384만 명	412만 명	422만 명	435만 명
다중 채무자 금액	430(조 원)	481(조 원)	500(조 원)	550(조 원)

한편 2019년 IMF의 금융안정보고서는 한국에 대한 우려를 내놓았는데, '한국은행 시스템이 브라질, 인도, 터키와 함께 취약한 자산(vulnerabilities)에 많이 노출돼 있다.'라고 평가했다.[56]

다중채무자는 지난 1년 사이에 1주택자에서 9만 명, 다주택자에서

---

54) 금융감독원이 국회 정무위원회 소속 최운열 더불어민주당 의원실에 제출한 '나이스평가정보 다중채무자 분석' 자료에 따르면 3개 이상 금융사(대부업체 포함)에서 돈을 빌린 채무자의 부채는 2018년 9월 말 기준 500조 906억 원을 기록했다.

55) LTI(소득대비대출비율), DSR(총체적상환능력비율), RTI(임대업이자상환비율) 시행, 자영업자 대출 규제로 자영업자의 모든 소득 대비 사업자대출과 주택담보대출 등 모든 대출을 따져 대출 심사를 하겠다는 것이다.

56) IMF는 2019년 '금융안정보고서'를 통해 미국, 중국, 일본, 독일, 영국, 프랑스, 이탈리아, 스페인 등 8개국에서 채무 불이행(디폴트) 위험이 있는 기업부채가 2021년에 19조 달러(한화 약 2경 2,553조 원)에 이를 것으로 분석했다. 이는 이들 8개국 전체 기업부채의 40%에 육박하는 규모이다.

5천 명이 늘어 6.9%의 증가율을 기록했다. 증가한 전체 다중채무액은 21조 7,000억 원(6.9%)인데, 그중 주택담보대출이 11조 7,000억 원(5.8%), 신용/제2금융권 대출이 9조 9,000억 원(9.9%)이다.

부동산은 전체 자산에서 차지하는 비중이 높고 소득 내에서도 자산소득 의존도가 높아 자산 가격 하락에 상대적으로 영향을 많이 받는다. 따라서 대기업과 공기업에서 586세대의 은퇴와 함께 DSR 구조조정 시행 시 파산 프로그램은 확정적일 수밖에 없다.[57] 그 결과 다주택자 130만 명 중 43만 명(33.3%)이 다중채무자[58]로 3명 중 1명꼴이다. 그 중 32만 명은 신용대출을, 15만 명은 카드론 대출을 받았다. 저축은행 신용대출과 대부업 대출을 받은 사람도 각각 1만 7천 명과 2만 명에 달한다.

2채 이상 주택에 투자한 가계는 총 87만 3천 명으로 전세보증금 포함시 400조 원 이상의 부채를 보유하고 있는 것으로 추정되고 있다. 전세가율이 70~80%까지 상승하면서 전세보증금 LTV(담보 인정 비율)가 주택담보 대출 LTV보다 높아진 점이 다주택자 증가의 요인으로 작용한다면 다주택자가 보유한 가계부채가 전체 부채의 절반 이상을 차지하는 것으로 집계되고 있다.[59]

---

57) 2018년 4분기 이후 하락세가 지속되던 아파트 가격이 5월 이후 강남 재건축 중심으로 상승세로 전환되었다. 그러나 보유세 부담 강화, 재건축 초과이익 환수 등의 변화에 시장이 적응한 이후 상승 반전 의견이 분분하다. 국토부는 강남권 재건축 가격이 강남권 일반 아파트, 서울, 전국 등으로 순차적으로 영향을 줄 것으로 판단하고 있어 전국적인 주택가격 불안정에 대한 사전 차단 차원에서 정책을 실시하고 있다.

58) 순수 주택담보대출 비중이 낮고 전세보증금, 집단대출, 임대사업자 대출, 전세자금 대출 등의 비중이 높아 이자만 상환하는 구조이다. 이미 수도권에 수백 채 다주택 갭 투기는 2018년부터 파산 중에 있다.

59) 주택시장 및 전세시장 침체는 다주택자 중심의 가계부채 구조조정을 가속화할 것으로 전망된다.

1주택자 502만 명 중 20.6%를 차지하는 103만 명도 다중채무자다. 빚내서 내 집 한 채를 산 사람이 5명 중 1명인 셈이다. 그중 84만 명은 신용대출을 받았으며 45만 명은 카드론을 이용했다. 저축은행 신용대출과 대부업체 대출을 받은 사람은 각각 8만 명과 10만 명이었다.[60]

주택임대차 정보시스템의 조사 결과에 따르면 주택을 보유한 1천 4백만 명 가운데 45%인 6백 20만 명이 투기 및 투기 목적으로 임대하는 주택을 보유하고 있는 상태이다.

2019년 경실련의 조사에 따르면 2008년에 1,060만 세대이던 주택 보유 가구는 2018년에 1,300만 세대로, 240만 세대가 증가했다. 같은 기간 전체 주택은 1,510만 세대에서 2,000만 세대로 늘었다. 주택 공급량은 490만 세대가 증가했지만, 250만 세대는 주택 다주택자가 사들인 것이다. 판교신도시(3만 세대) 80개 규모에 해당하는 세대를 다주택자(투기세력 등)들이 사들였다는 통계다. 그중 54만 3,000세대는 상위 1%가 독식했다. 이들의 1인당 보유 주택 수는 평균 7채로 10년 전 3.5채에 비해 2배로 증가했다.

상위 10%의 주택 보유량도 증가했다. 상위 10%가 보유한 주택은 450만 8,000세대로, 10년 대비 207만 9,000세대가 증가했다. 10년간 다주택

---

[60] 2018년 10월, 김병욱 의원실 '주택담보 대출 건수별 주택담보 대출 현황'(2017.6.~2018.6.) 통계청의 주택 소유 통계(2017.11.)에 따르면 2016년 기준 다주택자는 198만 명임. 이들 중 임대사업자로 등록하여 사업자 대출을 받은 경우, 개인 가계대출을 기준으로 집계한 NICE 평가정보의 다주택 대출자 130만 명과 수치 차이가 나는 것으로 추정되고 있다.
자료에 따르면 2018.6. 현재 가계대출 규모는 1,531조 원, 주택담보 대출 잔액은 741조 원이다. 또 한국은행 가계신용 조사(잠정)에 따르면 2018.6. 현재 가계신용 잔액은 1,493조 원, 가계대출 잔액은 1,409조 원, 주택담보 대출 잔액은 735조 원이다. 따라서 이번 통계는 사채를 제외한 모든 가계 빚이 조사된 것이라 할 수 있다. 고 연령층은 향후 은퇴 등의 요인으로 소득 감소 시 DSR의 상승 가능성이 높아 사실상 고령자 다주택 대출은 파산 대출에 해당하는 위험성을 내포하고 있다.

자들이 사들인 250만 세대 중 80% 이상을 상위 10%가 독식한 셈이다. 이들의 1인당 보유 주택 수는 평균 3.5채로 10년 전보다 1.2채 증가했다.

(3) 개인의 신용 평가와 파산 대상자 선별의 진화

2012년 당시 신용불량자는 320만 명이었으며 소액이라도 연체 이력을 가진 760만 명이 채무 추심에 해당되었다. 이들 금융 소외자들의 과도한 채무 부담을 줄여 회생의 기회를 제공하기 위하여 2013년 3월 29일에 출범한 이른바 국민행복기금으로 개인 부실채권 구조조정을 2018년까지 추진하여 왔다. 국민행복기금은 일정 조건에 따라 채무 감면 및 상환 기간을 조정해 주고, 성실하게 상환하는 이에게는 저금리대출 전환을 지원하기도 한다. 2019년 현재 장기 연체자와 신용불량자는 180만 명이다.[61] 이번 신평제로 인하여 다시 신용 평가 점수가 낮아지겠지만, 과거 저소득 중산층의 다수 파산 시대에 비하면 절대적인 숫자는 감소한 편이다.

한편 지방의 고소득·고신용 차주의 비중은 각각 61.7%, 69.7%로 수도권(각 67.3%, 77.4%)에 비해 낮고 비은행 비중도 54.1%로 수도권(32.6%) 보다 높다. 주택가격 하락에 따른 담보가치 감소와 소득 여건 악화로 지방 차주의 부채 상환능력은 2017년부터 점차 하락했다.

---

61) 매년 26만~28만 명이 연체 90일 이상의 금융채무 불이행자가 되지만 이 중 14만~17만 명 정도만 신용회복위원회 워크아웃, 법원의 개인회생·파산 등의 제도를 통해 채무를 변제하거나 조정한다. 금융위는 '소비자 신용법' 제정 윤곽을 조속하게 마련하여 금융사가 추심 압박을 통해 채권 회수를 극대화하는 관행을 바꾸고 채권자·채무자 간 채무조정을 활성화하기로 했다. 이를 위해 연체 채무자가 채권자(금융사)에게 채무 조정 협상을 요청하는 경우 채권자가 이에 응할 의무를 부과하기로 했다.

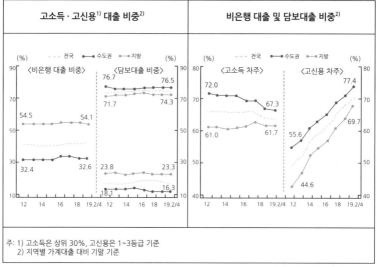

	고소득 · 고신용[1] 대출 비중[2]	비은행 대출 및 담보대출 비중[2]

주: 1) 고소득은 상위 30%, 고신용은 1~3등급 기준
   2) 지역별 가계대출 대비 기말 기준

출처: 한국은행(가계부채 DB)

〈그림14. 고소득 · 고신용 금융권 대출비중〉

지방 가계대출 중 연체 차주 비중은 2017년 말 2.5%로 낮아졌다가 2018년 말에는 2.7%, 올해 2분기에 3.1%로 상승 추세를 보이고 있다. 같은 기간 수도권의 연체 대출 비중은 1.9~2.0% 수준이었다.

〈표19. 2018년 6월 말 기준 건수별 주택담보대출자 현황〉

	1건	2건	3건	4건	5건	6~9건	10건	
채무자 수 (명)	5,016,913	982,885	216,864	56,742	22,481	16,957	390	1,160
채무보유 금액(억 원)	6,894,034	2,004,478	561,886	172,544	68,609	63,487	2,422	11,283
주택담보 대출보유 금액(억 원)	5,149,222	1,560,119	445,672	138,131	54,857	51,203	1,909	8,638

출처: 국회 2018.10. 김병욱 의원실주택담보대출 건수별 주택담보대출 현황

2017년부터 전세 가격 하락 이후 14개월 이내에 나타나는 주택가격 하락과 12개월 이내에 나타나는 경매 증가의 상관관계를 보았을 때 그 이후 지방 저축은행 및 제2금융권의 부실화가 증가 속도를 내고 있는 중이다. 수도권 또한 전세 가격 하락 현상 이후 주택가격 하락 현상 그리고 경매 증가 현상 이후 같은 결과로 나타날 수 있는 것이다.

지방 주택담보대출 중 1%대를 유지하던 연체대출 비중도 올해 2분기 말에는 2.1%로 증가했다. 현재 지방의 실질적인 상가 공실률은 20% 이상을 보이고 있으며 주요 침체지역 상가 낙찰가율은 20~40%대에 머물고 있다.

BIS 등에 따르면, GDP 대비 가계부채 비율이 80%를 초과할 경우, 가계부채의 증가는 소비와 경제 성장에 상당 기간 동안 지속적으로 부정적 영향을 미친다는 사실을 거의 간과하고 있다는 것이다.

우리나라의 경우에도 가계부채가 GDP 규모에 근접한 수준까지 증가하면서 채무 상환 부담이 늘어나고 소비성향이 하락하는 등 이른바 금융노예(채무노예)가 계속적으로 증가 중에 있다.[62] IMF 위기 이후 천문학적인 공적자금 투입으로 살아난 일반은행이 기업대출을 외면하고 가계대출에만 집중해 온 결과이다. 1999년 이후부터 계속된 은행들의 이러한 영업 행태의 결과 1999년 대비 2005년 정리 이후 국내 은행들의 가계대출 증가율(297.5%)은 기업대출 증가율(65.1%)의 무려 4.6배에 이르게 된다. 1999년 대비 2005년 현재 국내 은행들의 부동산 담보대출 증가율을 보았을 때 201.7%로 나타나는데, 이는 같은 기간 국내 GDP 증

---

62) GDP 대비 가계부채 비율: 2016년 OECD 평균이 67.3%인데 비해 한국은 2017년 현재 97.5%이다. 우리나라 가계 평균 소비성향은 2008년 75.9%, 2012년 74.1%, 2016년 71.1%로 계속 하락 중에 있다.

가율(52.3%)보다 400%나 높은 수치를 기록한다.

한편 2005년 현재 국내 은행 임원들의 연평균 급여는 2억 8,800만 원인데 이는 같은 해 국내 일반근로자(5인 이상 상용근로자) 급여(2,800만 원)보다 평균 10배나 많은 금액이다. 은행별로 순위를 살펴볼 경우, 국책은행인 산업은행 임원들의 연평균 급여가 4억 2,500만 원으로 가장 많고, 그 다음은 외환은행으로 4억 1,900만 원이며, 그 다음은 3억 9,500만 원인 제일은행이었다.

〈표20. 2005년 기준 최근 4년간 국내 은행별 임직원 연평균 급여현황〉

(단위: 백만 원)

'05년 순위	임원평균급여					직원급여				
	은행명	2002	2003	2004	2005	은행명	2002	2003	2004	2005
1	산업	324	348	363	425	산업	61	68	72	76
2	외환	242	319	319	419	외환	49	52	60	71.1
3	제일	536	543	597	395	수출입	61	65	68	71.0
4	신한	281	298	311	386	조흥	51	50	66	68.8
5	수출입	257	289	323	382	신한	57	59	62	68.5
6	제주	130	139	199	357	우리	51	56	61	67
7	우리	262	253	292	356	경남	48	53	60	66
8	조흥	275	151	151	338	광주	47	57	58	66
9	씨티	218	220	306	316	기업	51	55	59	64
10	기업	217	232	253	287	대구	44	49	57	64
11	하나	228	182	245	241	씨티	50	54	64	64
12	수협	203	192	210	236	부산	46	52	59	63
13	광주	154	169	156	229	전북	42	47	52	63
14	경남	192	175	124	211	제일	48	51	58	60
15	농협	304	264	184	209	국민	50	55	57	58
16	전북	150	192	199	194	하나	46	42	51	58
17	국민	235	237	209	192	제주	44	47	52	55
18	대구	124	122	157	152	수협	40	43	47	53
19	부산	107	110	122	141	농협	42	44	47	51
평균		234	233	248	288	평균	49	53	58	64

은행권 일반 직원들의 경우도 2005년 평균 급여가 6,400만 원이었는데, 다른 직종 일반근로자들의 급여 평균(2,800만 원)보다 2.2배가 더 많은 것으로 나타났다. 은행별 순위를 살펴볼 경우, 산업은행이 7,600만 원으로 가장 많고 그 다음은 외환은행으로 7,110만 원이며, 그 다음은 수출입은행으로 7,100만 원인 것으로 나타났다. 은행장의 평균 연봉은 10억 원이 넘는다.

2018년 현재 은행권 전체 일반직원 평균 연봉은 1억 원이 넘으며, 특히 KB국민 · 신한 · 우리 · KEB하나은행 등 4대 시중은행 직원들의 평균 연봉은 올해 1억 원에 육박할 것으로 보인다.

이들 은행들은 4년 간 예대금리차 수익으로만 30조 원에 가까운 이익을 내고 있다. 4대 시중 은행의 2018년 순이익은 2조 원대를 기록 중이며 각 사별로 수천억씩 배당을 해왔다. 배당 수익률은 주가 대비 4%에 이르고 있다.

그리고 1999년 대비 2005년 현재 국내 은행들의 수수료 수입 증가율은 165.3%로 나타나 이번 금융침체 이후 빠르게 은행 수수료가 오르고 있음을 보여 주고 있다. 비대면 P2P 해외 영업 등으로 빠르게 국내 금융기업의 진화가 예상될 수밖에 없다.

(4) 한국 경제 장기적인 구조적 불황인가

2020년은 지방 경제 살리기, 경기 부양책, 지방 부실, 지방 주택 매입, 지방 저축은행 부실, 지방 총선, 지방 부실 금융기관, 부실기업 정리 등이 주요 키워드로 등장하게 될 전망이다. 재정 확장, 기업 상속세는 사실상 폐지되었으며 주택 투기장의 불로소득에 대한 세금, 증여세 등도 주요 키워드가 될 것이다.

예대율 규제로 인한 특판 예금에 대한 관심이 높아질 것이며, 구조적 불황에 의한 기업채권 또는 주식이 정부 경기 부양책으로 싸게 살 수 있는 기회가 올 것이다.

금융권 예대율 규제 및 가계 부분 리스크가 강화된다.

DSR-소득에 대한 대출 40% 신 DTI(생애주기), LTV 40%(담보대출) 은행 코드가 적용되면 IFRS9에 의해 임대업 구조조정이 본격화되며 그동안 감춰졌던 부실이 드러나기 시작한다.

은행의 가계대출 예대율이 높아지면서 가계대출은 중단되고 카드사, 지방 저축은행 등은 부실이 폭발적으로 증가할 것이다.

2020년 바젤3는 예대율과 유동성 규제에 의한 시장의 영향성과 충격일 뿐이다. 고 LTV(LTV 60% 초과)는 주거용 주택담보대출에 대한 위험가중치(또는 상관계수)를 상향 조정하여 안정성을 제1순위로 두고 은행이 다소 보수적으로 자산을 운용하게 만드는 규제 시스템이다.

주요 내용은 은행의 예대율 산정 시 가계대출의 가중치는 15% 상향 조정하고 기업대출의 가중치는 15% 하향 조정하겠다는 것이다. 단, 은행별 대출 포트폴리오 조정, 예수금 조달 등 준비 기간을 감안하여 6개월 유예기간을 부여하여 2018년 하반기 시행하기로 했었다.

이 규제 시스템을 적용하면 금융권의 금융안정성이 높아지고, 위험

관리가 보다 효율적으로 이루어질 것이다. 이러한 유동성 규제를 통하여 발생할 사항은 예대율 규제 대 유동성 규제(기간 개념)인데, 이중 복합 규제가 적용될 가능성이 높다.

(5) 예금확보 경쟁 촉발

예대율 규제와 유동성 규제의 동시 충족을 위한 예금 확보 경쟁이 확장될 수밖에 없다. 즉 수신금리 인상에 의한 여파로 여신금리 인상의 연쇄적 효과가 나타날 수 있는 구조이다. 국내 은행 유동성 비율 수준은 60~90% 수준이다.

이러한 순환 시장의 순환 시스템이 적용받게 된다면, 부동산 가계부채 규모가 1,000조 원에 이르고 있는 한국의 실정에서 부동산 가계대출은 완충자본 설정에 의하여 예금금리 인상이 수신금리 인상, 대출금리 인상으로 이어지는 공식이 성립하게 된다.

참고로 한국은행 2019년 스트레스 테스트 결과를 보면 보험회사 및 증권회사는 회사채 수익률 상승, 주가 하락 등으로 시장 손실이 큰 폭으로 증가(각각 -106.9%p, -128.2%p)하였다. 이와 같은 자산가격의 변동은 수출기업, 건설회사 등을 중심으로 신용 스프레드가 급등하고 주가가 크게 하락한 데 기인한다. 또 은행, 상호금융 및 저축은행은 대출 부도율 상승에 의한 신용손실 증가(각각 -1.2%p, -0.5%p, -3.5%p), 신용카드회사는 경기 둔화에 따른 카드수수료 이익 감소(-3.1%p) 등이 자본비율 하락의 주요 요인으로 작용하였다. 한편, 타 금융기관의 손실이 전이되어 발생하는 전염손실은 은행(-0.6%p), 보험회사(-1.6%p), 증권회사(-6.6%p)에서 주로 발생하였다.

거시경제 전반에 미치는 영향은 구제기간 GDP 수준이 소폭 하락할 수밖에 없게 된다. 은행 등 금융기관들이 바젤3를 전면 도입하는 기간에는 위험 관리 능력에 치중하게 됨으로써, 금융안정을 추구하다 보면 가계·기업들이 은행으로부터 돈을 빌리는 것이 점점 엄격하게 진행되기 때문이다. 이는 가계 소비와 기업들의 투자 위축을 불러오기 때문에 GDP의 한 축인 투자 및 소비가 감소하게 된다. 은행이 금융불안정성을 관리하는 비중이 높아지기 때문이다.

2018년부터 IFRS9이 시행됨에 따라 현재 발생손실 개념으로 대손충당금을 산출하던 회계기준이 예상손실 개념으로 적용되고 있는 실정이다. 이로 인해 은행의 대손충당금 적립 기준이 현재보다 강화될 것으로 전망된다. 이 경우 기업 구조조정이 본격화되는 2020년 이후 영구채로 자본 위장된 기업과 내수 해외 경기침체, 산업생산 이익성 저하 기업에 대한 대손충당금 적립 부담 증가로 인하여 은행의 수익성에는 부정적인 영향이 예상된다. 이익의 감소는 자본적정성 지표에도 하락 요인이다. 다만, 이러한 수익성 및 자본적정성 지표의 변경은 은행의 경제적 실질의 변화라기보다는 규제 및 회계 기준 변화에 따른 결과이다.

가계의 경우 은행의 채무 증가에 대한 압력이 증가할 수밖에 없다. 즉, 거시경제적인 면에서 소비 위축은 불가피하다. 가계가 은행에 자산 및 신용을 담보로 하여 채무를 지는 행위에 대한 은행의 보수적 행태는 시간이 경과할수록 더더욱 엄격해질 수밖에 없다. 이러한 규제의 충격은 베일인 제도 규제 규범 도입 및 대출자산의 유동화(즉, 증권화) 말고는 방법이 없을 것이다.

금융권의 보수적인 대출 태도가 소비 위축의 결과로 나타나게 될 수밖에 없는 이유는 과거까지는 가계의 은행 채무가 자산 가치에 의한 채무 계약이었지만, 바젤3 규제가 도입됨에 따라 담보보다는 미래 상환 능력을 중심으로 바뀌고 있기 때문이다. 즉, 자산보다는 소득에 의한 상환 능력이 더더욱 가계의 대출 가능 여부를 좌우하게 되기 때문이다. 앞으로는 자산만 있는 계층은 몰락하며 소득이 있는 계층은 생존한다는 공식 또한 성립하게 된다.[63]

또한 전반적인 대출 규모의 축소화는 불가피하다. 이러한 가계에 대한 대출 태도 보수화는 기업 부분의 금융활성화 방안으로 나타나고 있으며 은행권 또한 또 다른 배당받는 회사채 성격을 띨 수밖에 없다.

기업 또한, 리스크를 최소화하기 위해서 단순히 하나의 요인만 보는 것이 아니라 생애주기 신용도, 대출 금리, 한도 금액 등 복합적인 요인을 따져서 은행의 대출이 이루어질 것이다. 그렇기 때문에 정착이 완료되는 시기에는 과거 누적되어 온 채권 중 상당수는 부실의 위험성을 안게 될 것이다.

---

63) 바젤3 시행 계획에 따른 순안정자금조달비율(NSFR; Net Stable Funding Ratio) 및 레버리지비율 도입, 채권자 손실분담(Bail-in) 규제 도입 여부도 신용위험에 영향을 줄 수 있는 이슈이다.

(6) 가계 부분 추가 대출 불가능

은행은 건전성 관리를 위해 예대율을 100% 이하로 유지해야 한다. 예금 받은 금액 이상으로 대출할 수 없다는 의미다.

2018년 1월 정부가 발표한 생산적 금융을 위한 금융권 자본규제 등 개편방안은 예대율 산정 시 가중치 조정, 고위험 주택담보대출에 대해 높은 위험가중치 적용, 가계 부문 경기 대응 완충자본 도입 등의 내용을 담고 있다. 가계 부문으로의 여신 집중을 억제하고 기업대출의 확대를 유도하는 정책이다. 이는 가계부채 종합대책(2017.10.)과 일련의 부동산 관련 규제 강화와 맥락을 같이 하는 것으로서, 은행권 가계여신에 대해 보다 강하고 직접적인 리스크 관리를 요구하고 있다.

또한 은행권의 예금 확보를 위한 수신금리 인상 시 시중 자금이 채권시장에서 은행예금으로 이동하면서 장기적으로 채권시장의 매수 여력을 약화시킬 수밖에 없다. 2020년부터 신 예대율을 적용하면서 정기예금 유치 경쟁이 심화되는 반면 개정된 은행업 감독규정에 따라 가계대출 가중치는 15% 올라가고 기업대출 가중치는 15% 내려간다.

저축은행들은 금융당국의 방침에 따라 오는 2020년까지 110% 이하, 2021년까지는 100% 이하로 예대율을 유지해야 하는 상황이다. 예금 증가가 동반되지 않을 경우 대출 확대는 제한될 수밖에 없고 예대율이 100%를 상회한 은행들은 오히려 대출을 줄여야 하는 상황이다.

4대 시중은행 모두 2분기 기준 예대율이 97% 이상인데, 새로운 기준을 적용하면 100%를 웃도는 것으로 알려졌다. 2분기 예대율은 국민은행이 97.70%, KEB하나은행 97.3%, 신한은행 97%, 우리은행 96.86%

등이다.

우량 기업의 경우 직접 금융시장으로 자금 조달을 선회할 수 있지만 개인이나 중소기업은 자금 조달의 어려움이 가중될 것이므로 주택담보대출자들에게는 반갑지 않은 소식이 될 것이다.

2008년부터 최근 10년간 실질 GDP는 32% 증가한 반면 가계 신용은 거의 100% 가까이 증가해 이 추세대로라면 2021년에는 가계신용 규모가 실질 GDP를 초과할 가능성이 높다.

다중채무자 현황 자료에 의하면 2014년 대비 2018년 6월 말 기준으로 불과 4년 사이 다중채무자가 70만 명 증가하였고 채무액은 150조 원이 늘어나 44.7% 증가했다. 특히 연소득 4,000만 원 미만 다중채무자도 230만 명이 넘고, 5개 이상 금융기관에서 대출 받은 다중채무자도 100만 명이 넘는다. 이렇게 중금리 대출자 급증으로 금융권은 지금까지 대출 금리에 의한 주요 수익을 내왔다.

주택담보대출자 631만 명 중 147만 명(23.2%)은 주택담보대출과 함께 신용대출이나 제2금융권 대출을 동시에 보유한 다중채무자다. 빚내서 집 산 사람 4명 중 1명이 다중채무자인 셈이다. 이들은 주택담보대출을 필요한 만큼 받지 못했거나 다른 대출이 불가능해 은행권 또는 제2금융권에서 금리가 높은 추가 신용 대출을 받은 것이다.[64]

한편 우리나라의 총 주택 보유자 수는 2008년 1,058만 명에서 2018년 1,299만 명으로 240만 명이 증가했다. 같은 기간 주택 수는 1,510만 채에서 1,999만 채로 489만 채가 증가했다. 주택 보유 인원이 240만 명 증

---

64) 2019~2022년 다주택자 대출 부실이 현실화될 경우 이에 따른 피해는 은행뿐만 아니라 임차인에게까지 확산될 가능성이 크다.

가한 것으로 볼 때 나머지 250만 채는 다주택자가 사들였다는 증거이다. 그림에서 보는 바와 같이 주택 보유 금액 상위 10%의 늘어난 보유 주택이 208만 채인 것과 비교해 보면 다주택자가 사들인 250만 채 중 208만 채를 상위 10%가 독식하고 있음을 알 수 있다.

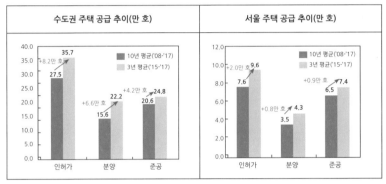

출처: 국토교통부

〈그림15. 수도권 주택 공급 및 서울 주택 공급 추이〉

〈표21. 10년간 주택 보유 상위 1%, 상위 10% 보유량 변화〉

구분		2008년	2018년	증가
상위 1%	보유자 수	105,800명	129,900명	24,100명
	보유주택	367,000호	909,700호	542,700호
	1인당	3.5채	7.0채	3.5채
상위 10%	보유자 수	105만 8,000명	129만 9,000명	24만 1,800명
	보유주택	242만 8,700호	450만 8,000호	207만 9,300호
	1인당	2.3채	3.5채	1.2채

출처: 국토교통부 보도자료(2019)

주택 보유 금액 기준 상위 1%가 보유한 주택은 2008년 37만 채에서

2018년 91만 채로 54만 채가 증가했다. 그리고 상위 1%의 인당 보유는 2008년 3.5채에서 2018년에는 7채로 2배가 되었다. 같은 기간 상위 10%의 130만 명은 평균 3.5채의 주택을 보유해 10년 전 평균 2.3채 대비 보유 주택 수가 1.4배가 됐다.

세월이 지나면서 당연히 상위 1%의 보유 주택 시세도 증가했다. 공시가격에 시세 반영률 55%를 적용해 추정한 결과 상위 1%의 1인당 보유 주택가격은 2008년 24억 5,000만 원에서 지난해 35억 7,000만 원으로 11억 2,000만 원이 증가했다. 반면 같은 기간 전체 주택 보유자의 1인당 주택 시세는 2억 8,000만 원에서 4억 6,000만 원으로 1억 9,000만 원 올랐다.

그러나 대부분 이들의 부채도 지방 사태를 보면 알겠지만 파산과 경매 중에 있다. 즉, 50만 가구 다중채무자 다주택자 150만 채의 주택이 경매 대상에 해당한다. 수도권과 지방의 경제적인 비중을 80:20의 공식으로 한다면 100만 채가 넘는 주택이 경매 대상에 해당하는 것이다.

지방의 갭 투기 비율이 40%인 것을 감안한다면 수도권 주택 공급의 50% 이상이 갭 투자인 것으로 보아도 무방하다. 주요 투기 지역은 60%, 이른바 강남 4구와 마용성은 70% 이상이 최근 5년간의 갭 투자였던 것이다. 100만 채의 다중채무자의 투기성 주택 보유는 앞으로 수도권 유령화의 주요 원인이 될 것이며, 주택시장 파산 경매의 실질적인 도화선으로 작용할 것이다.

오늘날 수도권의 경우, 가구는 1인 가구 위주로 증가하고 있다. 특히 서울의 경우 최근 2인 이상 가구 수는 감소 추세에 있는 반면 1인 가구는 증가하는 추세이다. 그런데 이들 1인 가구는 아파트 거주 비중(16.5%)이 낮고, 오피스텔 등 비 주거시설 거주 비중(20.3%)이 높은 편이다.

〈표22. 수도권(서울) 오피스텔 인허가 및 준공〉

(단위: 만 호)

	'12.	'13.	'14.	'15.	'16.	'17.
인허가	3.3(1.7)	2.1(1.0)	2.9(1.6)	6.4(1.9)	8.7(2.1)	9.4(3.0)
준공	1.1(0.5)	2.6(1.5)	2.9(1.5)	3.2(1.6)	4.4(1.9)	5.9(2.7)

출처: 국토교통부 보도자료(2019)

따라서 이들 수요에 맞춰 오피스텔의 인허가와 준공 물량이 증가하고 있다. 수도권 전체로 볼 때 2012년 3만 3,000호였던 인허가 건수가 2017년에는 9만 4,000건으로 3배 정도 증가하였다. 특히 같은 기간 준공 건수는 1만 1,000호에서 5만 9,000호로 5배가 넘는 물량이 증가하였다. 이에 반해 같은 기간 서울에서의 인허가 건수는 1만 7,000호에서 3만 호로 2배가 채 안 되는 증가세를 보였다. 준공 건수는 5,000호에서 2만 7,000호로 수도권 전체 증가세와 비슷한 비율이다. 수도권의 오피스텔 입주 물량이 서울과 비슷하게 증가하고 있는 것이다.

이러한 주택 공급 및 수요로 볼 때 우리나라의 경기 불황성을 정리여 부동산을 8년 사이클로 주요 상승/하락 추이를 살펴보면 다음과 같다.

부동산 청약 및 분양 → 부동산 가격 상승 → 입주 → 전세 가격 하락 → 14개월 이내 매매 가격 영향 → 지역 가계 연체율 증가 → 12개월 이후 매매 가격 하락 → 건설사 애프터 리빙 → 경매 증가 → 대출은행 부실화 과정을 거치게 된다.

2020년 이후 새로운 예대율[65] 적용은 고위험 주택담보대출에 대한 추가 자본 규제 등 가계부채 리스크 관리 강화를 통해 과도한 가계대출을 억제하기 위한 방책이다. 그동안 은행 주택담보대출의 고정금리·분할상환 대출 비중은 꾸준히 상승하였다. 2018년 말 기준 고정금리 대출 비중은 45.0%, 비거치 분할상환 대출 비중은 51.6%로 전년 말보다 각각 0.5%p, 1.8%p 높아졌다.

앞으로 은행권은 예대율을 100% 이내로 관리해야 한다. 현재까지는 가계대출과 기업대출이 똑같이 원화 대출금에 반영되어 왔다. 하지만 새로운 예대율을 적용하여 가계대출은 높게, 기업대출은 낮게 가중치를 반영한다면 은행은 가계대출 비중을 줄여야만 예대율 규제를 맞출 수 있는 것이다. 따라서 가계대출은 어렵게 되고 예금 유치 경쟁은 치열해질 수밖에 없다. 이른바 특판예금 유치 경쟁이 극심해질 전망이다.

---

65) 예대율이란 원화 예수금 대비 원화 대출금의 비율이다.

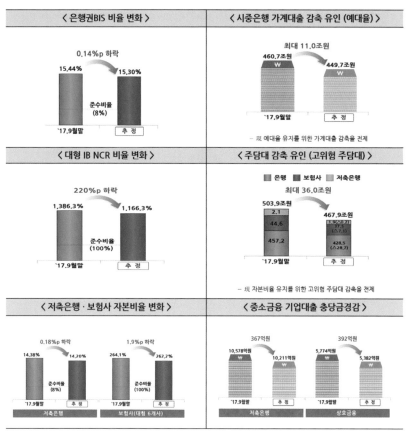

〈그림16. 2020년 시행 이후 금융권 예대율 변화〉

한편 가계·부동산 등 특정 부문 자산 편중 위험을 적절히 제어하기 위하여 거시건전성 규제(완충자본 적립), 영업 규제 등이 도입된다. 고 LTV 주택담보대출에 대해 국제결제은행(BIS) 자기자본 비율 산정 시 현재 30~40% 수준인 위험가중치를 대폭 높인다는 뜻이다. 이때 고 LTV의 기준선은 70%가 될 것으로 알려졌다. 이에 따라 은행들은 BIS 비율이 떨어지는 것을 막기 위해 고 LTV 주택담보대출을 줄여나갈 전망이다. 따라서 고 LTV 대출은 신규는 물론 만기 연장도 사실상 불가능해진다.

금융위원회가 가계대출을 원천적으로 차단하기 위해서 2020년 도입할 자본규제 3종 세트(BIS비율 위험가중치 조정, 예대율 규제 강화, 경기 대응 완충자본)는 신 DTI, DSR보다 더 강력한 처방이다. 이른바 바젤3 필라2 규제로서 시장 리스크 반영 고 위험 대출분에 대하여는 충당금 이자분이 증가할 수밖에 없어 2021년 DSR 규제 강화 시 대규모 경매 대상자와 경매 유예자를 대상으로 정부의 IFRS9 금융권 자체 구조조정이 시작된다고 보는 것이 타당하다.

또한 기업금융활성화를 위해 자본규제, 자산 건전성 분류, 대손충당금 적립 등 다양한 측면에서 인센티브를 강구한다.

〈표23. 2020년 이후 금융업권별 세부과제〉

	가계·부동산부분 리스크관리 강화	편중리스크 제어·관리	기업금융 인센티브 활성화
은행	• 예대률 산정 개선 • 고위험 주담대 추가 자본규제	• 가계 도입부분 CCyB 도입 • 리스크관리실태 평가 (필라2) 개선	• 구조조정 기업 건전성 분류 합리화 • 중소기업 신용대출 인센티브 등
금융투자	• 부동산 관련대출 건전성 관리강화	• 동일인 신용공여 한도 정비 확대	• 중기 특화 증권사 투융자 부담완화 • 코스닥주식 위험가중치 하향

중소금융	• 고위험 주담대 추가 자본규제	• 상호금융 집단대출 관리 강화	• 상호금융 기업대출 충당금 완화 • 저축은행 전전성 기준합리화
보험	• 고위험 주담대 추가 자본규제 등		• 기업상환 능력에 맞춰 위험도 차등

출처: 금융위원회

(7) 가계·부동산 부문 리스크 관리 강화

은행·저축은행·보험사의 주택담보대출 중 LTV가 과도한 대출에 대하여 자본규제 부담을 상향하도록 규제한다. [66] 단 위험가중자산의 급증 방지를 위하여 시행 예정일 이전 보유 대출 위험가중자산 증가분은 시행일로부터 향후 2년간 분기별로 1/8씩 단계적 절차를 거쳐 2020년 2월, 본격 시행한다.

주택가격 하락의 잠재 리스크 등을 감안하여, BIS 등 자본 비율 산정 시 고 LTV(60% 초과) 주담대의 위험을 적정하게 인식하여 적용한다. [67] 2020년부터 국제결제은행(BIS) 기준 자기자본 비율을 계산할 때 LTV 60% 초과 대출은 고LTV로 보고 위험가중치를 최대 2배로 높인다. LTV가 높아 위험한 만큼, 자본을 더 쌓아야 한다고 보기 때문이다.

현재 고 LTV 대출 153조 원 가운데 LTV가 70%를 넘는 대출도 16조

---

66) (가중치 ±15%) 시중은행 전체 평균 예대율이 98.1% → 99.6%로 상승, (가중치 ±20%) 시중은행 전체 평균 예대율이 100.1%로 규제비율 초과

67) 은행·저축은행: 위험가중치 현행 35%~50% → 70%로 상향
보험: 위험계수 현행 2.8% → 5.6%로 상향

원에 달한다. 이는 현재 투기과열지구와 투기 지역에 적용되는 LTV(40
~50%)는 물론 조정대상 지역과 일반 지역에 적용되는 LTV(60~70%)도
웃도는 대출이다. 2010년 말 43조 원에서 2012년 말 60조 원, 2013년
말 67조 원 등으로 비교적 완만하게 증가하였지만, 2016년 말에 160조
원으로 급증한 것이다.

전체 주택담보대출의 평균 LTV 역시 2010년 말 43.6%에서 2013년
말 46.5%, 2015년 말 53.5%, 2017년 말 53.4%로 전반적인 증가 추세를
보이는 중에 2019년에는 60% 가까이 증가할 것으로 추정되고 있다.

2018년 주택담보대출 중 DTI가 적용된 대출은 30조 원으로 50%를 넘
었다. 연소득의 50% 이상이 이자 및 원금상환에 쓰이고 있는 것이다.

은행권에 준하여 저축은행·보험사의 고위험 주담대 범위를 확대하는 등
위험관리 시스템을 정비했다. 만기·거치기간 연장(대환 포함) 시 원금 상환
비율 10% 미만인 대출을 고위험 주담대로 추가하고, 위험가중치 등을 상
향 조정한다. 참고로 현재 은행권의 위험가중치는 70%를 적용하고 있다.

은행 예대율 산정 시 가계와 기업대출에 대한 가중치를 차등화(±15%)
하여 기업 부문으로 자금 흐름을 유도한다. 기업대출 유인 제고는 시장
영향 등을 감안하여 향후 가계부채 추이 등을 지켜 보며 조정 검토한다.

〈표 24. 가중치 부여 2020년 신대율〉

현행 예대율	가중치 부여 예대율
$\dfrac{원화대출금}{원화예수금} \leq 100\%$	$\dfrac{(가계대출금 \times 1.15) + (기업대출금 \times 0.85)}{원화예수금} \leq 100\%$

출처: 금융위원회 보도자료(2019)

디레버리징(DELEVERAGING)

증권사의 부동산 관련 투자에 대한 규제도 시행된다. 2018년 1월 정부가 마련한 '생산적 금융을 위한 금융권 자본규제 등 개편방안'에 따라 부동산 관련 리스크 관리가 강화되었다. 부동산 관련 집합투자증권 위험값은 60%로 상향하고, 부동산 관련 집합투자증권 위험값은 24%로 하였다.

종합금융투자 사업자의 대출이 부동산에 집중될 경우 증가될 리스크 등을 감안하여 자본 부담(위험액)을 상향하였다.[68] 종합금융투자사업자의 1년 이상 부동산 관련 대출의 거래 상대방별 위험값 상향은 1.5배이다.[69]

가계 편중 리스크 평가 항목을 새로 만들어 제어·관리한다.

2019년부터 가계대출 부문에 경기 대응 완충자본 제도를 시행하였다. 전체 신용(대출) 중 가계신용(익스포저)이 50%를 넘으면 추가 자본적립 의무를 부과하는 것이다. 이에 가계부채의 잠재 리스크 관리를 위해 LTV(담보인정비율)이 높은 주택담보대출에 대한 자본규제를 강화하고, 은행 예대율 산정 시 가계대출과 기업대출에 차등화된 가중치[70]를 적용하게 된다.

이 의무를 지키지 않으면 이익 배당이나 자사주 매입, 성과 연동형 상여금 지급 제한 등 조치를 당하게 된다. 단, 2019년부터 가계부문 경기 대응 완충자본을 시행하고, 이후 분기별 평가로 추가 자본 적립을 결정

---

68) **(현행)** 기업의 신용등급에 따라 거래 상대방별 위험값 적용(0%~32%) → **(개선)** 장기 부동산 대출(PF 등)에 대해서는 현행 위험값에 일정 비율을 가산

69) 금융투자업자의 위험액 산정기준 개정(관련 근거규정: 법률 제31조, 시행령 제35조, 감독규정 제3-22조, 시행세칙 별표5)

70) 통상 가계대출 금액의 13%를 자본으로 쌓는데, 부동산 경기 부침에 대비해 2.5%를 더 쌓게 하는 것이다.

할 때 최대 1년 내의 준비 기간을 주기로 했다.

　가계부채는 금융회사 입장에서는 안정적인 자산 운용 수단이지만 급격히 팽창하면 거시적으로 소비 감소와 금융시스템 안정성 저하를 초래하는 구성의 오류에 빠진다. 따라서 거시 건전성 규제로 가계부채 쏠림 현상에 따른 잠재 리스크를 제어·관리하겠다는 입장이다.

　각국 금융감독 당국은 경기 상황에서 특정 부문의 대출과 그로 인한 리스크가 높다고 판단하면 더 엄격하게 자기 자본을 쌓도록 유도할 수 있다. 금융감독원에 따르면 스위스의 경우, 2013년부터 주택담보대출에 부문별 경기 대응 완충자본을 시행한 결과 주담대 증가가 둔화하고 은행의 시스템 복원력 개선에 기여했다고 한다.

　이 평가로 가계신용 리스크가 과도하거나 관리가 미흡하다고 판단되는 은행은 개선 계획을 제출하거나 업무협약(MOU)를 맺는 등 조치를 취하겠다는 계획이다. 또한 과도한 가계대출 증가에 따른 리스크를 제대로 파악하기 위해 계량·비계량 평가지표도 보완하기로 했다. 따라서 대규모 배당 및 성과급이 지급되던 금융권 배당은 2020년 이후 축소될 것이며 2022년 이후는 합병 및 파산에 대해서 실사가 진행될 수 있다.

　예대율 규제가 은행의 건전성을 제고하기 위한 방안이므로 예대율이 높은 은행들의 경우, 대출자산을 줄이거나 은행 예금을 통한 자금 조달을 확대할 수밖에 없다. 예대율 규제로 대출시장이 위축될 경우 신용도가 낮은 개인이나 중소기업들은 자금 조달에 어려움이 가중되고 대출

금리의 상승을 초래할 것으로 보인다. [71]

　새로운 자본규제 정책이 과거 2012~2024년 대비처분 가능 소득의 8~13% 가량이 추가적으로 부채 상환에 소모되면서 그만큼 일반 소비는 더 최악으로 갈 것으로 전망되어 가계 경기 완충자본은 더 상승하게 된다. 지속적인 부채 증가 및 원금 분할상환 비율 추가 확대로 향후 2022년 이내에 가계의 '원리금 상환/처분 가능 소득' 비율은 30%를 넘어설 것으로 예측된다. 가계 경기대응 완충자본 또한 국제 평가의 중요한 요소로 감시되기 때문에 급격하게 증가하게 될 것이다. 가계 가처분 소득 30% 이상이 원리금 상환에 소모된다는 것은 경기 대응에 대한 사망선고를 의미한다.

　은행의 신용 공급량을 조절하고 은행 시스템의 복원력을 제고하기 위해 금융위가 가계부채 증가 속도, 경제상황 등을 고려하여 은행에 추가 자본 적립 비율을 결정하면, 은행별로 가계신용 비중에 따라 추가로 적립하게 된다. 예를 들면 금융위가 가계대출에 1% 자본 적립을 결정하면 전체 신용 중 가계신용 비중이 50%인 은행은 0.5%(1%×0.5)의 추가 자본 적립(보통주)이 필요하다. 이렇게 되면 추가된 부분만큼 2020년 하반기부터는 고 리스크 가계대출 이자율이 상승할 수밖에 없다. [72]

---

71)　주택담보대출을 보유한 가구만 한정할 경우, '연간 원리금 상환액/연 처분 가능소득' 비율은 2013년 13.0% 이상 증가했다. 2013~2016년 주택 구입비용은 처분 가능소득의 13.0%~18.5%로 3년간 5.5%p 증가해 왔다. 처분 가능소득은 9% 증가하고 금리 인하로 이자 상환액은 10% 감소하였다. 원금 상환액은 가구당 부담 평균 연 150만 원에서 535만 원으로 250% 이상 급증하였다.

72)　현재 은행이 의무적으로 적립해야 하는 총자본비율은 위험가중자산의 10.5%(기본적립비율 8%+자본보전 완충자본비율 2.5%)이며, 이는 가계대출에 국한된 것이 아닌 위험가중자산에 부과

추가 자본을 적립하지 않을 경우, 이익 배당, 자사주 매입 및 성과상여금 지급 제한 등의 조치를 통해 강제 이행력을 확보할 계획이다.

---

* 2020 가계 부문 경기대응 완충자본(Sectoral CCyB) 도입안(예시)

- **(적립판단지표)** '**GDP 대비 가계신용 갭**'을 **주지표로 사용**하고, 가처분소득대비 가계부채 갭, GDP 대비 주택가격 갭 등을 보완지표로 활용한다.
- **(적립비율 결정)** 바젤위원회 산출방식에 따라 적립 판단지표, 거시경제 상황 등을 종합적으로 감안하여 **금융위가 0~2.5% 범위** 내에서 결정한다.
- **(은행별 적립비율)** 금융위가 정한 적립비율에 **개별 은행별 가계 부문 신용 비중**(익스포저)을 곱하여 **최종 추가 적립비율**(보통주)을 산출하는 방식이다.

2020년 금감원의 은행 리스크 관리실태평가(필라2)[73] 시 '가계부문 편중리스크' 평가가 신설된다.

2005년부터 2011년까지 국내 가계부채가 빠르게 증가하면서 정부는 2011년 '가계부채 연착륙 종합대책'을 발표하였다. 2013년 이후에는 부동산 규제를 빠르게 해제하고 2016년 '가계부채 관리 방안' 등 가계부채 관련 규제 강화로 전환하였다.[74] 이후 규제가 강화되고 있으며 바젤3

되는 것을 말한다.
국내 시스템적으로 중요한 은행(D-SIB)인 경우 11.5%(10.5%+D-SIB 추가자본 1%)

73) 필라2 정성적 평가는 은행이 내부자본 적정성 평가·관리체제를 구축·운용하고, 감독 당국은 이를 점검하여 필요시 개선 계획을 제출하는 것을 일컫는다. 정성적 평가 LTV의 상향은 70%로 상향 조정된 위험가중치를 적용하지 않고 향후 2년에 걸쳐 현행 35% 수준인 위험가중치를 2020년 45% → 2021년 50% → 2022년 60% 등 단계적으로 조정하는 방식이다.

74) 2008년 금융위기 전까지 2005~2007년 3년간 가계대출이 연평균 10.4% 증가하였다. 글로벌 금융위기 이후 2008~2010년간 가계대출은 연평균 8.0% 증가하였다. 2015~2017년에는 다시 10% 이상 빠르게 증가하였다.

기준 규제로 LTV(자산 평균 60~80%) 대출구조에서 생애 소득구조 신 DTI, DSR 체제로 변동되는 것이다. 1금융권 기준 DSR은 40%, 2금융권 60%, 특수은행은 3년 유예 후 80% 기준을 목표로 하고 있다.

(8) 증권사 동일인 신용공여 한도 개정

종합금융투자 사업자의 동일인 신용공여 한도 제도를 정비하고, 일반 증권사에 대해서도 적용 확대된다. 전 증권사들이 부동산PF 등 대출과 관련한 영업을 확대하고 있음에도 대형 IB를 제외하고선 동일 차주 신용공여 한도에 상한선이 없었다. 금융감독원 통계에 의하면 금융투자업자의 신용공여 잔액은 2014년 말 14조억 원에서 2017년 기준 26조 5,162억 원으로 늘어나며 20조 원을 돌파했다. 2018년 6월 말 기준 30조 5,486억 원까지 늘어났으며 2019년 40조 원을 돌파할 예정이다. 이들 거의 대부분이 부동산PF로 인한 채무보증이다.[75]

종합금융 투자사업자의 동일인 신용공여 한도(자기자본의 25%) 산정 시, 현행 대출·어음 할인뿐 아니라 '채무보증'도 추가된다. 은행, 보험사는 현행법상 동일 차주에 대한 신용공여 상한이 25%, 동일한 개인이나 법인 각각에 대한 신용공여 한도가 20%다. 자기자본의 10%를 초과하는 거액 신용공여의 총 합계액 한도는 자기자본의 5배 이내다. 대형

---

75) 증권사 전체 채무보증 중 부동산PF 관련 우발 채무, 신용공여 여부, 신용공여의 상환 순위는 공시할 의무가 없다. 한편 PF 대출의 경우 시행사 계약이 중요한데 이것은 원금 상환의 책임이 있기 때문이다. 또 미분양 시 할인분양 특약이 일반적이다. 분양자 반발이 예상되는 가운데 애프터 리빙 및 할인분양을 하는 이유이다.

IB(미래에셋대우, 한국투자증권, NH투자증권, 삼성증권, KB증권, 메리츠종금증권)에만 이러한 제한을 두고 있다.

일반 증권사는 부동산 편중 리스크 관리 등을 위해 종합금융투자 사업자에 준해 동일인 신용공여 한도 제도가 신설된다. 최근 2022년 이후의 부동산 부실 사태 시 우발채무로 인한 증권사에 대해 신용 평가가 이루어지고 있다. 공시의무가 없기 때문에 손실과 파급에 대한 추정이 거의 불가능하다.

그 외에 **상호금융**은 은행·저축은행에 준해 기업대출 충당금 부담을 경감하되, 리스크 관리를 위해 개인사업자 대출 등은 제외된다.[76]

저축은행은 2018년부터 충당금 적립부담을 은행권 수준으로 강화하여 시행 중인데, 여타 업권에 비해 지나치게 엄격한 요주의 여신 분류 사유를 합리화하는 것으로 보인다. 현행 연체기간 2개월 미만은 정상, 2~4개월 요주의, 4개월 이상은 고정 이하로 분류된다. 이를 은행·상호금융 등 타 업권과 동일하게 1개월 미만 정상, 1~3개월 요주의, 3개월 이상 고정 또는 회수 의문, 12개월 추정손실 등으로 분류할 필요가 있다.

저축은행의 대출채권도 기존 일반대출과 PF대출을 4가지로 분류한다. 즉, 가계대출, 기업대출, 고위험대출, PF대출 등으로 나눠 대손충당금 적립률을 적용한다. 이를 바탕으로 대손충당금 적립률이 은행권 등과 같은 수준으로 동일하게 적용하게 된다. 가계대출 중 연체기간이 정상인 부분은 기존 0.5%에서 1%로, 요주의는 2%에서 10%로 상향 조정된다. 회수 의문 구간은 기존 75%에서 55%로 하향해 은행권과 상호금융 수준으로 조정한다. 기업대출 부분에서도 정상과 요주의 구간을 각

---

76) 적립기준: 정상 1% → 0.85%, 요주의 10% → 7%, 회수 의문 55% → 50%

디레버리징(DELEVERAGING)

각 0.85%, 7%로 상향하고 회수 의문은 75%에서 50%로 하향한다.[77]

〈표25. 대손충당금 적립기준 강화 방안〉

(단위: %)

구분			정상	요주의	고정	회수의문	추정손실
현행	일반대출		0.5	2	20	75	
	PF대출		0.5~3	7~10	30		
개선	일반대출금리 (20% ⬇)	가계	1	10	20	55	100
		기업	0.85	7	20	50	
	고위험대출금리 (20% ⬆)	가계	1.2	12	24	66	
		기업	1.02	8.4	24	60	
	PF대출		0.5~3	7~10	30	75	

▨ 현행보다 강화　　▧ 현행보다 완화

출처: 2015 금융 위원회

한편 2018년 말 주요 시중은행의 예대율은 98~99%대인데, 자영업자를 제외한 기업대출보다 가계대출이 더 많기 때문에 규제 개편 시 예대율이 현재보다 상승할 수밖에 없다. 예대율을 하락시키기 위해 가계보다는 기업대출을 취급해야 하고, 예수금을 늘려야 하는 게 은행의 절박해진 상황이다.

즉, 예대율 규제가 적용되는 은행은 개인 예금 유치를 위해서 특판 판

---

77) 국회 정무위원회 소속 김병욱 더불어민주당 의원이 예금보험공사로부터 제출받은 '파산 저축은행별 자금지원 및 회수현황' 자료를 보면 예보가 2011년부터 파산한 저축은행에 투입한 금액은 총 27조 1,701억 원으로 집계됐다. 이 가운데 아직까지 회수하지 못한 공적자금은 14조 8,569억 원이며 특히 이 중 13조 272억 원은 영영 회수가 불가능할 전망이다. 전체 투입 자금 대비 약 48%에 달하는 규모다.

매 및 고 이자성 예금 유치 경쟁이 벌어질 가능성이 높으며 이러한 예금 이자율 경쟁은 불을 보듯 뻔하다.[78] 전 금융권이 시행하는 충당금 적립 부담 상승은 모든 가계대출의 규제, 고위험 주담대 추가 자본 적립으로 고위험 주담대에 대한 대출 규제 및 충당금 이자에 대한 가산이 적용될 것으로 예측될 수 있다.

지방은행과 저축은행 그리고 제2금융권도 2008년 벌어진 특판 예금 금리 유치 경쟁, 공적자금 13조 원 부실화 사태가 벌어질 우려가 높다. 지방, 수도권에 이어 서울에서 벌어지는 카드사, 제2금융권 부실, 1금융권 부실화 사태는 통상 3년 이후에 반영된다. 지금까지는 대선 이후 특별법에 의거 10년 공적자금 투입으로 해결해 왔다.

(9) 부동산 시장 상황

1970년대 이후 건설사는 해외 경쟁에서 적자가 났을 경우, 국내 부동산 활성화 대책으로 벌충하여 성장해 왔다. 2012년에도 해외 대규모 적자와 대기업군의 파산을 국내 토목과 부동산 활성화 대책을 통해 사상 최대의 이익을 달성할 수 있었다. 이에 따라 국내 분양 가격은 5년간 80% 가량이 올랐으며, 대규모 해외 진출 또한 준비 중에 있다.

일반적으로 국내의 건설업은 외환위기 이후 토지를 매입하고 분양하는 시행사와 건설을 담당하는 시공사로 나뉘어 업무가 추진되어 왔다. 그런데 호경기가 끝나면서 시행사들이 줄줄이 부도 처리된다. 특정 이

---

78) 예대율 규제를 받지 않는 은행: '특수은행', 상장은행 중에서는 기업은행은 적용받지 않는다.

익을 배당과 수익으로 이미 나눴거나, 부도 처리가 될 경우 저축은행 사태 같은 대규모 손실을 금융권에 전가시켜 왔던 것이다.

이러한 시스템은 한국의 PF 구조에서 건설 경기가 위축되면 시행사와 재건축조합은 준공 후 미분양 문제에 대해서 건설사 부도 처리나 시행사 부도 처리 같은 방법으로 주택도시보증공사 손실만 3조 원 가량 가중시켰다. 기타 이명박 정부의 건설자금 동원까지 합친다면 부실 흡수 약 10조 원과 저축은행 뱅크런(Bank Run) 사태로 13조 원이 최종 손실 처리되었다고 볼 수 있다. 이미 이익을 챙길 사람들은 다 챙긴 시행사에서 지역 재건축 추진 위원회 해산 과정과 거의 유사한 구조이다. 시행사의 경우 건설사의 친인척이나 직계가족, 건설사 사장 및 바지사장 등으로 구성된 경우가 허다하다. 우리나라의 건설업을 평가하자면 이른바 건설재벌을 위한 이익의 향유라 말할 수 있다.

건설재벌이 재개발의 주역이 된 데는 주택 공급이나 재개발이 정부나 지자체가 책임지고 공공개발하는 선진국과는 거리가 먼, 뇌물의 커넥션으로 민간에 맡기는 민영개발 방식으로 추진되었기 때문이다. 1973년 '주택 개량에 관한 임시조치법'이 제정 공포된 이후부터, 2010~2018년까지 서울에서 진행된 재개발·재건축·도시환경정비 사업 1,100여 건은 민간에게 맡긴 민영개발 방식으로 진행되고 있다. 재개발이나 주요 재건축 사업은 대부분 소수 건설재벌들이 차지하고 있으며, 지방의 경우 지방 건설재벌의 직계와 친가로 구성된 시행사의 주도로 이루어지는 이원화 체제이다.

그런가 하면 소형의 상가·오피스텔 빌딩의 경우는 상가 분양과 관련해 분양 대행사 직원으로부터 사기성 피해를 보는 경우가 허다하다. 또한 이를 흉내 낸 지역주택조합의 행태를 본다면 한국은 철저한 공익방식보다 기업의 이익에 기여하는 방식으로 소비자 위에 군림하는 OECD 국가라는 표현이 맞을 것이다.

이러한 부동산시장의 과열과 침체에 대응하기 위해 부동산시장 안정 대책이 지속적으로 추진되어 가격의 변동 폭이 축소되고 있는 중이다. 2008년 말 글로벌 금융위기 이후에는 지방을 중심으로 부동산 가격이 큰 폭 상승하였으나, 최근(2017~2018)에는 지방은 침체를 보이는 반면 서울을 중심으로 강한 상승세가 지속하고 있다. 한국 주택시장 가격 변동의 실질 패러다임을 정리하면 다음과 같다.[79]

- 전국 주택 매매가격 변동률: 4.6%(1987~1997) → 3.9%(1998~2008) → 2.0%(2009~2017)
- 전국 전세가격 변동률: 7.5%(1987~1997) → 4.2%(1998~2008) → 4.3%(2009~2017)
- 지가변동률: 9.1%(1987~1997) → 2.0%(1998~2008) → 1.8%(2009~2017)[80]

---

79) 가격에 대한 인과관계를 살펴보면, 입주 전세가격 하락은 14개월 이후 주택가격 하락으로, 주택가격 하락은 14개월 이후 경매 증가와 경매가격 하락으로 나타나는 특징이 파악된다.

80) 2018.10. 지표로 본 지난 40년간 부동산정책의 성과와 과제, 강미나 국토연구원 주택·토지 연구본부장

[아파트매매매지수 전고점 대비 하락률(시세지수, 단위 %)**]**

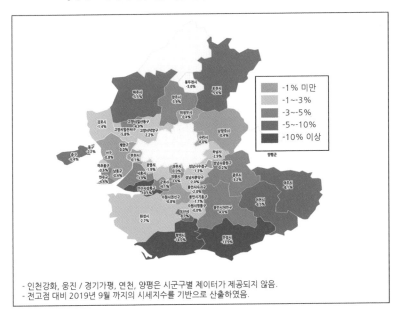

- 인천강화, 옹진 / 경기가평, 연천, 양평은 시군구별 데이터가 제공되지 않음.
- 전고점 대비 2019년 9월 까지의 시세지수를 기반으로 산출하였음.

〈그림17. 2020 경기전망 건설·부동산 경기전망 세미나 CERIK 주택토지 연구실 김성한
| 2019.11.5 〉

　한국의 부동산 시장의 패러다임을 정리하자면 10년과 12년 주기로
움직이는데, 다음과 같은 패턴을 보이고 있음을 알 수 있다.

(2008년)지방 미분양 발생 정부 매입발표 → (2009년)LH 공사/ 지방공사 매입 →
(2011년)공공기관 공사 부채 증가 → (2013년)대규모 택지 조성 발표→ (2014년)감
정평가 택지매각 → (2015년)민영 인프라 발표 → 수도권·지방 주요 민자 유치 발
표 → (2015년)시장 분양가 반영 → (2015년)인근 토지가격 상승 → (2016년)주변 전
월세 가격 상승 → (2016년)매매 가격 상승 → (2016년)집값 담합 시작 → (2017
년)갭 투자 증가 → (2015~2018년)전월세 가격 상승 → (2017~2018년)주택가격 담
합 유도 반지 돌리기 → (2018년)주택 호구 막차작업 → (2018년)부동산 인정거래

시작 → (2018년)부동산 시집보내기 → (2018년)갭 투자 증가 조사 → (2018년)막차 태워 언론·방송 증가 → (2017~2019년)고 분양가 시집보내기 작업 → (2018~2019년)대규모 갭 투자, 전월세 사기 증가 방송 → (2019년 1월, 서울 소형 평형 30% 급락)거래가격 급감 후 1차 가격 하락 발생 → (2018년 12월)입주 후 전·월세금 하락 → (2018년)주택가격 하락 지표 반영 → (2017~2019년, 지방)가격 하락 지역 부동산 보도 감소 → 지방 3~4년간 가격 하락 → (2018년)정부 한계가구 세일즈 앤 리스백 발표

위와 같은 패턴으로 볼 때 2020년 이후에도 과거 2007년부터와 유사한 순서로 역사가 반복될 것으로 추정하고 있다.

(2020년 이후)건설사 분양 감소 → (2021년 추정)건설사 미분양 할인 매각 및 애프터리빙 → (2023년 유추)정부 검경 재건축단지 수사 발표 → (2024년)재개발 재건축 비리사범 적발 언론 보도 → (2020~2023년)수도권 가격 하락 및 입주대란 지속 → (2024년 유추)수도권 건설사 입주단지 한마음 대축제 → (2024년 유추)시행사 할인분양 공고, 도시보증공사 및 신탁사 공매 공고 → (2021~2024년)수도권 대규모 경매 대란

항상 이러한 부동산 관련 부실은 총선 이후 국회의원으로부터 질타가 지속되고, 대통령 선거가 끝난 후 새로운 마음으로 시작하는 대통령의 특별 공약을 통해 부실에 대한 재정 투입으로 마무리가 되는 특징이 있다.

우리나라의 경우 2015~2017년에 급증한 주택 공급은 기초 주택 수요에 비해서도 이례적으로 높은 수준이었다. 준공·입주 물량의 형태로

주택시장에 지속적으로 유입되면서 준공 후 미분양이 증가하고, 이러한 현상은 IFRS9 금융체제에서 잔금대출이 늘 불안한 시한폭탄으로 존재할 수밖에 없는 구조에 놓이게 되는 현실이다.

2019년 준공·입주 물량의 대량 유입으로 지방을 중심으로 역전세 현상의 확산이 예상되면서, 임차인은 현금 유동성의 제약을 받고, 임대인은 전세 보증금 반환 압력으로 역전세 대란이 전국으로 확산되고 있는 중이다.

또한 시행사는 사업부지 매입과 인허가를 담당하고 시공사가 공사를 담당하는 이원화 체제에서 은행과 공공기관(특수은행 경제자유 구역 및 도시개발 등)의 PF자금을 대출받아 분양하는 구조로 위험성도 이원화되었다.

그러면 미분양 주택의 발생 원인은 무엇인가? 수요 억제 정책, 높은 분양 가격, 분양가 규제, 공급 과잉과 함께 구매력이 감소하기 때문이다. 시행사들은 미분양된 주택을 막차 사기수법으로 계약금 입금만으로 분양받을 수 있다는 전화나 문자를 보내 대규모의 사기 수법을 자행한다. 계약금 납부에 관한 고지는 시행사가, 계약자에게 할인 또는 시행사 할인은 소유자인 신탁사가 통상 매매권리를 가지는 경우가 많다.

PF 특성상 시행사는 부동산 개발에 필요한 부지 매입, 인허가, 분양 공고 등을 담당하고 분양 사업에 필요한 계약금·중도금을 관리하는 곳은 신탁사이다. 신탁사가 만들어진 경위는 IMF 이후 시행사들이 자금난을 겪으면서, 분양대금만 받아 횡령하거나 고의적으로 부도 처리하는 것이 너무 일반적이었던 행태였기 때문이다.

이렇게 제도적 허점을 이용한 도덕적 해이로 PF 대출시장은 2011년 기준 70조 원을 육박하게 되었다. 13조 원을 운영하던 그간의 부실이 한꺼번에 터지면서 정부의 뱅크런 사태까지 일으키는 막장을 연출하였다. 그간의 대주주들의 배임 횡령, 부실대출 손실 등으로 13조 원 가까이 되는 국고가 아직도 회수되지 못하고 있는 형국이다.

(10) 5년 주기 5년 악몽의 수도권 주택시장

우리나라의 주택보급률은 2008년에 100%를 상회하였으며, 2019년 말에는 107%를 넘어서고 있다. [81]

〈표26. 총 주택 수 및 주택보급률 추이〉

	2010년	2015년	2016년	2017년	2018년*	2019년*
총 주택 수(천 호)	17,656	19,559	19,877	20,313	20,822	21,130
주택보급률(%)	100.5	102.3	102.6	103.3	104.6	106.0

출처: 우리나라 주택공급의 문제점과 개선방향송인호 KDI 연구위원//2019. 8. 26

- 2018년*과 2019년*의 주택보급률은 저자의 추정치임.
- 주택보급률은 '주택 수/일반 가구수 ×100'으로 정의되는데, 통상적으로 주택보급률의 주택 수에서 오피스텔(2018년 7.5만 호, 2019년 8.9만 호 수준의 신규 물량 예정)과 원룸은 제외되어 실제 주택재고 수치가 과소평가될 수 있음.
- 주택보급률 지표는 주택재고의 양적 수준을 보여주지만, 지역별 배분 상태를 보여 주지는 못함.
자료: 국토교통부: e-나라 지표. 「주택보급률」

---

81) KDI정책포럼 제275호(2019-04) (2019.8.26.), '우리나라 주택공급의 문제점과 개선방향', 송인 호 KDI 연구위원

2017년 이후 전세시장은 가격 하락세가 지속되면서 역전세 이슈와 그로 인한 임차인의 주거불안 문제가 다시금 대두되었으나, 관련 연구는 미흡한 상황이었다. 2017년 4월 이후 현재까지 지방의 전세가격은 지속적으로 하락하고 있으며 수도권의 전세가격도 2017년 말을 기준으로 하락세를 나타내는 특징이 있다.

전세 실거래가 자료를 이용하여 분석한 결과, 전국적으로 약 33.84%(2019년 2분기)의 주택에서 전세가격이 하락한 것으로 나타났다. 주택 유형별 전세가격은 2019년 2분기 기준으로 아파트가 37.35% 하락했으며 단독·다가구 25.72%, 연립·다세대가 18.5% 하락한 것으로 분석됐다.

시나리오 기법으로 분석한 결과, 역전세 위험에 노출될 가능성이 있는 주택의 규모는 전세가격 1% 하락 시 80만 호, 7% 하락 시 83만 호, 15% 하락 시 88만 호로 예측되고 있다. 역전세 위험에 직접적으로 노출된 주택의 규모는 그다지 크지 않은 것으로 분석되었으나 전세가격이 하락됨에 따라 약 12~16만 호로 그 규모가 증가하는 것으로 나타난다.[82]

우리나라 주택 공급(인·허가 기준)의 특징은 급증·급락 현상이 주기적으로 반복되고 높은 공급 변동성을 보인다는 것이다. 다음 그림을 참조해 보면 우리나라의 주택 공급 시장에서는 4~5년마다 급증·급락 현상이 주기적으로 나타나는 것을 볼 수 있다. 또한 주택 공급 증가율(1990년부터 2018년까지의 주택 인·허가 물량 기준)의 연간 표준편차는 23.1%로, 같은 기간 아파트 가격 상승률의 표준편차인 6.4%를 크게 상회하는 높은 수준이다.

---

82) 2019. 10. 3., 국토연구원, '주택 역전세 현황과 임차인 보호를 위한 정책 개선 방안', 김지혜, 이길제, 하서진 연구원

2015~2017년 기간에 급증한 주택 인·허가 물량은 가구 수 증가와 주택 멸실 수를 더한 기초 주택 수요를 크게 상회하였으며, 정부의 주택 공급 계획 물량과 비교해도 매우 높은 수준을 보이고 있다. 2015년의 주택 공급 물량은 기초 주택 수요보다 35만 8,000호를 초과하였으며, 이후 2016년에는 32만 2,000호, 그리고 2017년에는 29만 6,000호를 초과하였음을 볼 수 있다.

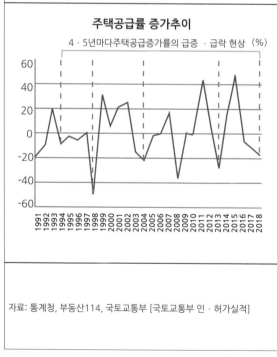

■ **우리나라 주택공급 (인·허가 기준) 의 특징은 급증·급락 현상이 주기적으로 반복되고 높은 공급 변동성을 보인다는 것임.**
▷ 우리나라 주택공급 시장에서는 4~5년 마다 급증·급락 현상이 나타남 (아래그림참조)
▷ 또한 주택공급 증가율 (1990년 부터 2018년까지의 주택 인·허가 물량기준)의 연간 표준편차는 23.1% 로 동기간 아파트상승률의 표준편차인 6.4%를 크게 상회하는 높은 수준

주택공급률 증가추이

4 · 5년마다주택공급증가율의 급증 · 급락 현상 (%)

자료: 통계청, 부동산114, 국토교통부 [국토교통부 인·허가실적]

출처: 통계청, 국토교통부

최근의 주택수급 불균형[1]

(호)

	2015년	2016년	2017년	2018년
주택인 · 허가물량(A)	756,328	726,048	653,441	554,136
정부의 주택공급 계획[2]	374,000	374,000	374,000	374,000
기초주택수요 (B)	407,241	403,884	356,646	348,220
가구수	307,920	271,776	238,916	228,220
주택멸실수	99,321	132,108	117,730	120,000[3]
공급초과 수준 (A-B)	358,087	322,164	296,795	205,916

주:1)주택공급은 주택건설 인 · 허가 기준이고, 아파트는 분양물량 기준임.
    가구수는통계청의 추계가구 수임.
  2)국토교통부의 중장기 주택공급 계획에 따르면 2103~22년 기간중 연
    평균 39만호 임.
  3)2018년의 주택멸실수는 저자의 추정치임.

자료: 통계청,[장래가구추계], 국토교통부 [국토교통부 인 · 허가 실적]

출처: 통계청, 국토교통부

〈그림18. 우리나라 주택공급의 문제점과 개선방향 송인호 KID 연구위원 ㅣ2019.8.26〉

　2019년 5월 현재 경기지역의 준공 후 미분양은 7,260호로 전국 미분양 18,558호의 13%를 차지하고 있다. 향후 경기 지역에서 공급이 다시 증가할 경우 추가적인 미분양 증가 가능성을 배제할 수 없다.

　2009년 말에도 미분양 물량은 IMF 외환위기 직후인 2008년의 10만

호보다 많은 12만 호에 달해 절대적인 적체 물량 규모가 커서 건설업체의 유동성 위기의 원인으로 지목되었다. 전국적인 주택 매물이 확산되는 지금 현재, 수도권 주택 주 수요층(35~54세)은 감소하고 있는데, 2기 신도시 완료 이후에는 수도권 주택 공급과잉이 예상(미분양 다시 급증)되고 있다.

또한 지금은 바젤3 금융시스템에 의하여 베이비부머 세대 은퇴 후 상환능력이 저하되는 시점이기도 하다. 베이비부머들이 은퇴자금 마련을 위해 장기적으로 자산의 포트폴리오를 재조정할 가능성이 확대되고 있다. 따라서 2020년 하반기 이후에는 수도권뿐만 아니라 지방과 강남을 포함한 서울 등 모든 지역에서 전 평형대의 주택가격 하락이 심화될 것이다. 하락폭은 대형이 중형이나 소형보다 더 클 것이며 수요 감소가 예상되는 대형 평형의 매물은 대규모 경매가 진행될 것이다. 또한 건설재벌의 경우 부동산, 금융뿐 아니라 건물 유지관리, 임대사업의 확대 방안을 청사진으로 제공하고 있다.

■ 특히 2015~2017년 기간 중, 급증한 주택공급 물량은 주택보급률이 이미 100%를 넘은 상황에서 과거에비해 이례적으로 많은 편으로 정부의 중·장기 주택공급 계획 물량을 크게 초과한 수준 (아래 그림 참조)

주택공급 물량 실적과 국토교통부의 주택공급 계획

자료: 통계청, 부동산114, 국토교통부 [국토교통부 인·허가 실적]

■ 한편 2015-2017년 기간 중 인·허가로 공급된 주택 물량은 경기지역을 중심으로 급격히 증가한 것으로 나타남.
  - 2015년 주택도시보증공사의 주택분양 보증물량(세대 수 기준)은 총 79만 4천 호이며, 당시 분양보증 금액은 경기지역을 중심으로 약 81.1조 원에 달함.

건설업자의 총건축 사업비 대비 자기자본 비중

(단위: %)

	한국	미국	일본	네델란드
총 건축 사업비 대비 자기자본 비중	4.5~9	30	30	35

자료: 박준, 정희남 [부동산 개발사업 평가체계 도입 및 운영방안], 공청회 발표자료. 2013.
김진, 지규현 [한계신용등급 건설회사의 PF 대출 신용위험에 관한 연구] [부동산학 연구] 제17권, 제1호. 2011.

■ 공급적 요인 뿐만 아니라, 주택경기의수요적 요인인 저금리 기조, 거시건전성 규제(LTV · DTI) 완화 등도 주택공급급증의 원인으로 지목될 수 있음.

출처: 통계청, 부동산114, 국토교통부

⟨그림19. 우리나라 주택 공급의 문제점과 개선 방향 송인호 KDI 연구위원 I 2019.8.26.⟩

9

2021년, 수도권 대규모 역전세 대란의 위험

―――――

전세가격 하락에 따른 역전세 위험 노출 가능 주택의 규모가 증가하는 것으로 분석된 것을 살펴보면 다음과 같다. 국토연구원[83]의 시나리오 분석에 따르면 전세가격 하락률에 따라 역전세 위험 노출 가능 주택의 규모는 1% 하락 시 80만 호, 7% 하락 시 83만 호, 15% 하락 시 88만 호로 분석되었으며 이는 전세주택의 40% 이상에 해당한다. 역전세 위험에 직접적으로 노출된 주택의 규모가 전세가격 하락률에 따라 약 12만 호에서 16만 호로 증가하기는 하지만 그 규모가 크지는 않은 것으로 나타났다.

다른 조사에서는 전세가 하락률이 6%일 때 그 규모가 81만 7,000호

―――――――――

83) 2019. 10. 3., 국토연구원, '주택 역전세 현황과 임차인 보호를 위한 정책 개선 방안' 김지혜, 이길제, 하서진 연구원

에서 82만 8,000호로 증가하여 전세주택의 임대인 약 42.13%가 차입 또는 현 거주지 임차보증금으로 전세보증금을 상환해야 하는 것으로 분석되었다.

따라서 전세가격 하락률 5~6%를 기점으로 역전세 위험에 노출될 가능성이 있거나 노출되는 주택의 규모 변화가 가장 크다. 이른바 역전세 대란은 주택 공급이 과잉상태에서 어쩌면 필연적으로 나타날 수밖에 없는 구조이다.

(1) 건설 · 부동산 경기 전망

한국의 시행사와 시공사로 이원화된 건설시장의 경우, 택지지구 지정에서부터 주택 분양 시점까지의 시차가 과거 6.8년(2000~2012년 평균)에서 최근 9.8년(2013~2017년 상반기 평균)으로 증가하면서 주택경기에 따른 택지공급의 변화 기간 중에 언제든지 부실을 터트릴 수 있다. 국내 대기업 건설사들의 건설 비중을 살펴본다면, 현대산업개발은 67%, 롯데건설은 61%로 위험도가 높음을 알 수 있다. 대우건설 52%, Posco건설 47%, 삼성물산 46%, 대림산업 45%, GS건설 44% 순으로 부동산 경기에 민감한 민간개발사업의 비중이 높은 건설사의 수익성 하락이 예상된다.

(단위 : 호, %, 만 원)

구분		주택수	비중	부채 (평균)	금융부채 (평균)	전세보증금 (평균)
임대인의 소득계층	1분위	126,628	6.45	18,652	2,055	16,598
	2분위	250,987	12.78	19,801	5,232	14,569
	3분위	352,348	17.94	25,068	7,433	17,635
	4분위	448,426	22.83	28,678	10,809	17,869
	5분위	785,931	40.01	46,665	22,130	24,535
보증금 규모	5천만 원 이하	317,559	16.17	15,691	11,229	4,462
	5천~1억 원	501,523	25.53	18,501	10,562	7,939
	1억~3억	796,922	40.57	31,442	12,493	18,949
	3억~5억	230,044	11.71	56,065	16,481	39,584
	5억 원 초과	118,262	6.02	114,020	32,317	81,703

대기업 건설의 차입금 의존도를 살펴보면 한화건설이 32.3%로 가장 높게 나타났고, 롯데건설 27.6%, GS건설 25.7%, 대우건설 25.6%, SK건설 23.6% 순으로 나타났다. 차입금 의존도가 20% 이상으로 유지될 경우 은행권에서는 위험으로 분류하여 대출 취급을 제한한다.

한편 부채비율을 살펴보면 대우건설이 478%로 가장 높고, 한화건설 371%, GS건설 368%, SK건설 275%, Posco건설 245%, 롯데건설 205% 이다. 은행권에서는 300% 이상의 건설사를 위험군으로 분류하여 대출 취급을 제한한다. 재무 위험을 분석한 결과 3개 건설사(삼성물산, 현대건설, 현대ENG)를 제외하고는 모두 불안정한 수준이다.[84]

---

84) LHI Journal(2018) 9(1): 1-9, '부동산 시장 변화에 따른 대형 건설사 리스크 관리 방안에 관한 연구', 이윤홍, 지규현

현재 증권사 채무보증을 통하여 신용 공여형 채무보증이 2014년 말 12조 8,000억 원에서 2019년 6월 말 34조 7,000억 원으로 급증했다. 증권사를 통한 부동산 수익화를 주도하고 있는 상태이다.

보통 우리나라 건설사는 대지 소유권을 확보하고 주택도시보증공사의 분양 보증을 받으면 주택 건설 착공과 동시에 선분양을 통해 낮은 자기자본 비용으로도 대규모 아파트 건설이 가능하였다. 다른 주요 국가는 건설사업 자기자본 비중이 총사업비의 30~35% 수준인 데 반해 우리나라는 자기자본 비중이 4.5~9% 정도에 불과한 수준이다. 지금까지 이러한 시행사와 시공사의 부실운영에 대해서 개선되지 않고 경기부양을 위해서 관행처럼 답습되어 온 것이다.[85]

이러한 상황에서 주택공급 급증은 건설사의 준공 후 미분양 증가를 가져왔으며, 이후 미분양을 해소하는 2~3년의 과정에서 건설사의 재무 건전성이 크게 악화되면서 주택금융 관련 기관에도 상당히 부정적인 영향을 초래하였다. 예를 들어 2011년에는 100대 건설사의 25%가 준공 후 미분양을 해소하는 과정에서 부도(법정관리 또는 워크아웃 포함)를 신청했다. 당시 건설사 부도 업체 수가 145개사를 기록했음을 주지할 필요가 있다.

2011년 저축은행 부실사태 당시 파산 저축은행의 부동산 담보대출 금액은 총 14조 7,000억 원이었으며 손실액 규모는 10조 8,000억 원에 달했다. 사후 처리는 부실했으며, 관련자들은 횡령과 배임 등의 혐의에도 불구하고 해외로 다수가 빠져나간 것으로 파악되고 있다.

---

85)   KDI정책포럼 제275호(2019-04)(2019.8.26.), '우리나라 주택공급의 문제점과 개선 방향', 송인호 KDI 연구위원

(2) 서울의 주택 인허가 실적

　2017년 서울의 아파트 인허가 실적은 7만 5,000호로 2003년 이후 최대치를 기록했다. 2016년에 비해서는 3배나 늘었다. 즉, 3년 후 입주 시점인 2020년 서울시는 입주 물량의 공급 과잉으로 전세가격 하락, 2021년 주택가격 하락, 2022년 주택 경매 증가의 과정을 겪게 될 것이다. 대출 금융사 부실과 같은 과거의 유사 패턴을 답습하는 구조이다.

　입주 물량은 2019년 4만 2,936가구로 지난해보다 17% 증가할 예정이며 서울시 전체 입주 물량의 약 5분의 1에 해당하는 물량인 1만 1,051가구가 강동구에 있다. 2022년에는 최대 재건축사업으로 꼽히는 둔촌주공 재건축(1만 2,000가구) 입주도 예정돼 있다. 나머지 재건축이나 재개발 분양 입주를 빼놓고도 10년 만에 사상 최대의 입주가 예정되어 있다는 점에서 공급 앞에 장사가 없다는 사실을 2021년부터 확인하게 될 것으로 예측된다.

　2019년 상반기 강남 4구를 중심으로 본다면 명일 솔베뉴 1,900세대를 시작으로 11월 이후 고덕 10,000세대 입주가 예정되어 있으며 2020년 고덕 주공3단지 4,100세대, 고덕 주공6단지 2,000세대가 공급된다. 또 2021~2022년에는 둔촌 주공 12,000세대를 중심으로 개포주공4단지 3,200세대, 주공1단지 6,642세대 등 단 2년간 20,000세대가 공급된다. 나머지 재건축단지들도 2019년 사상 최대의 분양열기 속에 3년 이후 최대의 입주를 기록하게 될 것으로 보인다.

<표28. 전국 주택 인허가 실적 및 서울 수도권 입주 계획>

서울15년 대비 '17년 가구 수 추이(만 호) 및 연평균 증감율	10년 평균	5년 평균	2016년	2017년	10년 평균 증가율	5년 평균 증가율	16대비 17년 공급	수도권 평균
서울 전체 주택	7.1	8.1	7.5	11.5만 호	60% 이상	40% 이상	51%	40%
아파트	3.8	3.7	2.5	7.5	97% 이상	103% 이상	200% 이상 공급	50% 이상 초과
정비사업	2.0	2.1	1.5	4.5	97% 이상	86.9% 이상	166.75 이상 공급	50% 이상 초과
입주 연도	2015년 이후	2015년 이후	2018년 이후	2020년 이후	2015년 이후	2015년 이후	2020년 이후	2020~2022

출처: 국토교통부 보도자료(2019)

<표29. 2018~2019년 수도권 입주 계획>

주택 입주	2018 10월	2018 11월	2018 12월	2019 01월	2019 02월	2019 03월	2019 04월	2019 05월	2019 06월	2019 07월
계	35,879	43,859	98,031	32,023	42,254	50,863	35,616	29,398	36,440	27,574
경기	10,864	9,451	46,477	8,837	11,356	15,678	15,391	8,657	9,581	4,487
서울	5,856	8,509	9,176	8,065	5,307	14,85	3,443	3,377	2,566	3,764

출처: 국토교통부 보도자료(2019)

<표30. 2009~2018년 전국 인허가 실적>

	2009	2010	2011	2012	2013	2014	2015	2016	2017	2018
주택건설실적 [만 호]	38	39	55	59	44	52	77	73	65	55
공공 [천 호]	168.3	138.3	115.3	109.6	79.6	63.3	76.4	75.8	76.6	81.1
민간 [천 호]	213.5	248.2	434.3	477.3	360.5	451.9	688.9	650.2	576.8	473.0

출처: 국토교통부 보도자료(2019)

(3) 주택도시보증공사 파산할 것인가?

앞선 논문과 자료들을 살펴본다면 분양가 상한제 시행과 수도권 중심의 강남 4구 입주가 진행되는 시기가 되면 주택도시보증공사의 부실이 급증할 가능성이 매우 높다고 볼 수밖에 없다.

2019년 주택도시보증공사의 보증은 390조 원을 넘어서고 있다. 분양보증은 200조 원을 넘어서고 있으며, 전세 보증반환 보증금액은 3조 원에 육박한다. 자본은 5조 5,000억 원으로 피보증 업체의 부도율이 증가할 경우 보증사고는 과거처럼 급증할 수밖에 없다.

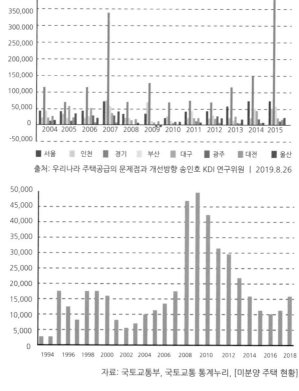

출처: 우리나라 주택공급의 문제점과 개선방향 송인호 KDI 연구위원 | 2019.8.26

자료: 국토교통부, 국토교통 통계누리, [미분양 주택 현황]

〈그림20. 준공 후 미분양 추이 및 경기지역 중심으로 급등한 보증금액 추이(억 원)〉

디레버리징(DELEVERAGING)

주택도시보증공사는 2015년 7월 공사로 출범할 당시에도 자기 주식을 일부 매입하여 부실을 대거 처리한 전례가 있다. 정부 지분율은 68%로, 2018년 9월 주택도시기금법을 개정하면서 제29조(손익금의 처리)가 신설되어 주택도시보증공사의 손실은 전액 국고로 처리할 수밖에 없다. 만약 역전세 대란이 벌어지고 DSR 규제로 인하여 가계 잔금 대출이 이루어지지 않을 경우 준공 후 미분양은 물론, 현재 단 4년간 100만 호가 초과 공급된 주택 시장에서 도시보증공사는 파산을 피할 수 없을 것이다.

〈표31. 분양보증[86] 약관상 사고사유별 사고금액[2013~2015년]〉

(단위: 억 원)

구분	합계	2013	2014	2015
사업 주체의 부도, 파산, 사업포기가 발생하는 경우	8,270	4,886	2,122	1,262
공정률이 예상보다 25%p 이상 미달하여 입주예정자의 이행청구가 있는 경우	770	-	770	-
실행공정률 75% 초과하는 경우로 공정이 6개월 이상 지연되어 입주예정자의 이행청구가 있는 경우	560	-	432	128
시공사의 부도, 파산 등으로 공사중단 상태가 3개월 이상 지속되어 입주예정자의 이행청구가 있는 경우	293	-	293	-
합계	9,893	4,886	3,617	1,390

출처: 국회예산처

만약 손실이 발생할 시 정부는 보전 가능한 문서로 공적 기능을 삽입하고 있다. 2018년도 준공 후 미분양 추이를 본다면 바젤3 시스템 하에서 한국의 가계대출에 대한 분양 보증과 전세금 보증이 현재처럼 유지

---

86)   주택 분양보증, 주택임대보증, 주상복합주택 분양보증

된다는 것은 아마 망상일 것이라고 확신한다.

현재 전세금 보증 사고액만 2015년 이후 2,000억 원을 초과하고 있다. 즉, 전세금 하락에 의한 부실 손실만 2,000억 원을 넘어서는 것이다. 또한 5년간 증권사의 채무보증 규모는 2014년 말 22조 원에서 2015년 말 24조 2,000억 원, 2016년 말 24조 6,000억 원, 2017년 말 28조 원, 2018년 말 38조 2,000억 원으로 꾸준히 증가해 2019년 6월 말 기준 42조 1,000억 원을 넘어섰고 투자 리스크는 계속 증가 중에 있는 상태이다. (2019년 6월 더불어 민주당 국정감사 자료를 참조)

한편 2019년 10월 13일, 국회 국토교통위원회 송석준 의원(자유한국당)이 주택도시보증공사(HUG)로부터 제출받은 자료에 따르면 올해 8월 말 현재 보증 사고 건수는 총 1,888건, 보증 사고 금액은 6,617억 원에 달했다. 건설사의 부도와 전세보증금을 받지 못한 세입자가 증가했기 때문이다. 8월 말 현재 개인 보증사고 금액은 총 3,394억으로 2017년 대비 6.2배 수준이라고 한다.

특히 주택사업자를 대상으로 한 기업 보증사고 규모는 올해 8월 말 현재 26건, 3,223억 원으로 건수는 아직 지난해(54건)보다 적지만 금액은 지난해(699억 원)의 4.6배, 2017년(133억 원) 대비 24배나 증가했다. 2016년 이후 주택임대차 분쟁 조정이 최대 폭으로 증가 중에 있음을 볼 수 있다.

앞으로 1기 신도시와 강남 4구 중심의 입주가 2022년까지 지속될 경우 수도권 전세시장이 70% 가까이 차지하고 있는 한국의 주택시장의 변동에 의해서 주택도시보증공사의 부실은 과거보다 더 크게 증가할 가능성을 내포하고 있다고 본다. 현재 2019년 상반기 기준 PF 보증은 증권사를 중심으로 42조 원을 넘어서고 있으며 저축은행을 포함 총 PF 보증액만 64조 원이다. 이것은 2013년 말(39조 3,000억 원) 이후 연평균 10.2%씩 증가한 수치이다. 거대한 부실폭탄을 과거보다 150% 이상 더 키운 셈이다. 즉, 이익은 시공사로 부실은 사회화로, 건설산업의 총체적인 부실에 대한 세금 투입은 2~3년 내에 현실화될 것으로 보고 있다.

한편 주택임대차 분쟁 조정 신청 건수는 총 260건이다. 작년 1월(231건)보다 12.6%(29건) 증가했다. 서울에선 주택보증금 반환 분쟁이 올 1월에 전체 88건 중 67건(76%)에 달했다. 지난해 총 70건 중 1월의 44건(62%)에 비해 비중이 늘었다.

서울시가 자체 운영하는 임대차 분쟁 조정위원회에도 지난해보다 30% 가까이 늘어난 97건이 접수됐다. 올해는 1월 한 달 동안에만 11건의 분쟁 조정 신청이 접수됐다.

주택도시기금법은 HUG(주택도시보증공사)의 보증 총액한도에 대해 자기자본의 50배를 초과하지 않는 범위로 규정하고 있다. 국토부는 국회에 제출한 2018년 예산서에서 당해 연도 말 HUG의 자기자본이 4조 8,700억 원이라는 가정 하에 내년 말 HUG의 보증배수가 49.3배에 달할 것으로 예측했다.

계속되는 갭 투자자들의 파산 상태는 1,000채에서 300채 그리고 다주택자로 점점 내려오고 있다. 사업자 법인대출 또한 LTV 40%(2019.10.12.)로 공식 시행되고 있으며, RTI기준은 IFRS9 금융권 오픈 소스에 대하여 입력하게 된다. 신용 평가제 CSS가 시행되면 사실상 대출이 불가하기 때문에 이들에 대한 대규모 파산은 어쩔 수 없는 구조이다. 임대업의 대규모 경매 대란이 이미 지방에서 시작된 것과 같이 수도권에서의 파괴력은 400% 이상이라는 것이다.

사실상 미분양 건설사 부도, 개인 부채 파산, 전세대금 보증 등 한 곳만 이렇게 터져도 사실상 자본은 없다. 문제는 예금보험공사 부도가 가장 우려스럽겠지만 당장 나타나는 것은 도시보증공사 증자가 3조 원인가, 5조 원인가, 10조 원인가, 20조 원 부실인가 하는 것이다. 이런 정부의 제1금융권 보증대출만 300조 원에 이르고 있다.

10

2020년 1~12월 일정표

———

(1) 1월, 수도권 최대 입주 대란

2020년 1월 대규모 입주, 서울·경기·인천 수도권 사상 최대 입주 대란이 벌어진다. 앞서도 얘기했듯이 우리나라 주택공급시장은 주기적인 공급 물량 급증·급락 현상과 높은 공급 변동성을 보이고 있어 건설산업 및 주택시장 등에 부담 요인으로 작용하고 있다.

2015~2017년에 급증한 주택 공급은 기초 주택수요에 비해서도 이례적으로 높은 수준으로, 준공·입주 물량의 형태로 주택시장에 지속적으로 유입되면서 준공 후 미분양의 증가를 초래하는 것이다.

주택보급률	('16년)	전국 102.6% 수도권 98.2%		('22년)	전국 110% 수도권 107%
천인당주택수	('16년)	전국 387.7호 수도권 350.8호		('22년)	전국 427호 수도권 411호
공적 임대주택 재고	('16년)	126만 호	⇨	('22년)	200만 호
등록 임대주택 재고	('17년)	98만 호		('22년)	200만 호
최저 주거기준미달가구	('17년)	5.9%		('22년)	5%
주거급여 수급가구	('17년)	82만 가구		('22년)	136만 가구

〈그림21. 제2차 주거종합계획 수정계획을 통한 주거 미래상〉

2017년 주택 인허가 실적은 전국 65만 3,000호로 2016년(72만 6,000호)대비 10.0% 감소했다. 지난해 연간 인허가는 역대 최대치를 기록한 2015년 및 이와 유사한 2016년 대비해서는 낮은 수준이다. 다만 최근 5년 평균 (60만 7,000호) 대비로는 7.7% 증가했다.[87]

2017년 12월, 서울시에 따르면 2010년 이후 강남 3구에서 재건축 첫 단계인 안전진단을 신청한 아파트는 88개 단지, 5만 9,469가구다. 대치동과 개포동 등 노후 아파트가 몰린 강남구(40개 단지, 2만 8,992가구)에서 새로 재건축에 들어간 단지가 가장 많았다.

서울 내 주택 보급률은 96%에 육박하지만 자가 보유율은 42% 수준에 불과하다. 이마저도 투기지역은 105%를 상회하고 광의의 주택 보급률

---

87) 2010년 이후 서울 강남3구(강남·서초·송파구)에서 6만 가구 가까운 아파트가 재건축 대열에 합류한 것으로 나타났다. 서울 강남3구(강남·서초·송파구)와 강동구를 비롯한 범 강남권에서 추진 중인 대규모 재건축 아파트가 2020년을 전후로 줄줄이 입주를 시작한다.

디레버리징(DELEVERAGING)

및 서울 대규모 인구 탈출 노후화 상태를 본다면 이미 100%를 초과했다고 보는 것이 타당하다. 현재 서울의 빈집은 10만 채를 돌파했으며 전국의 빈집은 이미 2019년 현재 150만 채를 넘어서고 있다. 2022년까지 이같은 추세가 계속된다면 빈집은 200만 호를 돌파하게 될 전망이다.

그런가 하면 2019년 1/4분기 중 전국 주택 전세거래량은 31만 5,000호(18년 1/4분기 29만 호)로 2011년 이후 1/4분기 기준 가장 많은 거래량을 기록하였다. 이를 반영하여 전세자금대출 잔액(은행대출 재원)은 2018년 1/4분기 말 53.9조 원에서 2019년 1/4분기 말 77.5조 원으로 늘어났다.

2019년 1/4분기 수도권의 신규 아파트 입주 물량이 6만 6,000호(전년 동기 대비 23.7% 증가)로 크게 늘어났으며, 이에 따라 은행의 집단대출 잔액도 2018년 1/4분기 말 147조 원에서 2019년 1/4분기 말 164조 원으로 증가하였다

〈표32. '12~'17년 강남 4구 주택 인허가 실적〉

(단위: 만 호)

구분	5년 평균('12~'16)	'16년	'17년	5년 평균比	'16년比
전체 주택	2.4	2.4	4.9	102.0%	98.8%
아파트	1.5	1.3	4.1	172.8%	205.8%
정비사업	1.0	1.0	2.7	181.8%	187.1%

출처: 건설교통부 보도자료(2018)

서울 및 수도권의 주택 인허가, 분양, 준공 물량은 지난 10년(2008~2017)에 비해 최근 3년(2015~2017)간 큰 폭으로 증가해 왔다.[88] 주요 투기지역

---

88)   10년 평균比 3년 평균 증가율: (수도권)인허가 29.8%↑, **분양 42.5%**↑, 준공 20.3%↑ (서울)**인허가 26.8%**↑, 분양 23.7%↑, 준공 14.8%↑

의 주택 보급률은 현재 평균 105% 수준이며 2022년에는 110%를 초과할 예정이다.

한편 강남 4구의 경우 2018년 주택 보급률은 105%이다. 2018년 강남 4구 및 마용성 포함 투기과열지구의 주택매매가 16만 1,835건인 가운데 8만 2,170건(50.8%)은 임차인의 보증금을 승계하고 실제 입주는 하지 않은 갭 투자인 것으로 확인됐다. [89]

그럼에도 정부가 2018년부터 2020년까지 3년간 계획한 수요는 연평균 40만 가구로 총 120만 가구다. 과거에도 이러한 공급 과잉은 미분양을 해소하는 2~3년의 과정에서 건설사의 재무 건전성을 크게 악화시키면서 주택금융 관련 기관에도 상당히 부정적인 영향을 끼쳐 왔던 것이다.

〈표33. 2018 임대중인 주택보유자 현황(주택 가격 3억 원, LTV 60% 가정)〉

	소유자 수 (천 명)	주택수	주택 수 (천 호)	자산 가격 (십억 원)	부채 금액 (십억 원)
1채	5,272	1	5,272	1,581,482	948,889
2채	633	2	1,265	379,590	227,754
3채	117	3	352	105,658	63,395
4채	38	4	154	46,194	27,716
5채 이상	85	8	677	203,006	121,804
2채 이상	873		2,448	734,449	440,669
합계	6,145		7,720	2,315,930	1,389,558

출처: 국토교통부 '18년 RHMS 시범운영결과 '7월 기준

---

89) 국토교통위원회 소속 안호영 더불어민주당 의원을 통해 입수한 국토교통부의 '자금조달 및 입주계획서 현황' 자료를 분석한 결과

〈표34. 수도권 2020년 공급과잉〉

구분(광의)	2018년	2019	2020	입주 종합
전국 정부 주택공급계획	40만 호	40만 호	40만 호	120만 가구 수요
수도권 입주수요	20만 호	20만 호	20만 호	60만 호
지방 입주수요	20만 호	20만 호	20만 호	60만 호
전국 입주공급	75만 호	60만 호	45만 호	180만 호
수도권 입주공급	40만 호	35만 호	28만 호	103만 호
수도권 입주공급 과잉	20만 호 경기 중심	15만 호 경기, 인천 중심	18만 호 서울, 경기 중심	43만 호 공급 과잉

출처: 국토교통부 통계 이용

수도권 주택 공급 과잉은 2018년 경기도 전월세 주택가격의 하락, 2019년 경기·인천 지역의 전월세 주택가격 하락, 2020년 서울 전월세 주택가격 하락 현상을 동반하게 된다.

2022년까지 광의의 주택 공급을 합산할 경우 수도권에는 60만 가구 이상의 공급 과잉 상태에 이르게 된다. 현재 빈집은 2015년 106만 8,919가구에서 2016년 112만 207가구, 2017년 126만 4,707가구, 2018년 141만 9,617가구로 4년 새 32.8%나 늘었다.

전년 대비 증가율도 2016년 4.8%에서 2017년 12.9%, 2018년 12.2%로 높아지는 추세. 빈집 증가 추세가 이대로 진행된다면 2020년 170만 채, 2022년까지 200만 채에 육박해 일본의 빈집 증가율 14.5%의 70%를 따라잡을 것으로 보인다. [90]

공적 임대주택 200만 가구 목표보다 전국 주택 공실 200만 시대가 다

---

90) 2018년 기준 경기도(24만 9,635가구)에 빈집이 가장 많았고, 이어 경북(13만 6,805가구), 경남(13만 1,870가구), 전남(11만 8,648가구), 충남(10만 6,443가구) 순이었다.

가오고 있는 것이다. 낙후되거나 인구가 준 지방에나 쓰이던 용어인 '유령마을' '유령상가' 등이 2022년경에는 수도권에 종종 등장할 것으로 예상하고 있다.

(2) 2월, 고위험 주담대 자본규제

고위험 주택담보대출 추가 자본규제에 따라 시장에 본격적으로 영향을 미칠 것이다. 이를 위해 금융위원회에서는 관계부처 합동으로 '생산적 금융을 위한 자본규제 등 개편방안'('18.1.22.)의 후속조치를 마련하였다.[91] 즉, 고 LTV 주택담보대출에 대한 자본 부담을 상향함으로써 은행 자금 흐름에 대한 유인체계를 마련하고, 향후 주택가격 변동에 따른 잠재적 손실 요인 등에 대비하여 은행의 자기자본 충실화를 유도해야 한다.

부동산 거래 신고 기한이 60일에서 30일로 축소된다.[92] 원래 주택 매매계약 신고의 경우 '부동산 거래신고 등에 관한 법률'에 따라 계약 후

---

91) **신설(강화) 규제 내용**
고 LTV(LTV 60% 초과) 주거용 주택담보대출에 대하여 위험가중치(또는 상관계수) 상향 (위험가중치: 35% → 50%, 상관계수: 0.15 → 0.3)
1순위 저당권이며 LTV 60% 이내인 가계대출은 기존과 같은 35%, 1순위 저당권이며 LTV 60% 이내인 기업대출은 50%, 1순위 저당권이며 대출액 전체 LTV가 60%를 초과하는 경우 잔액 중 LTV 60% 이하 부분은 50%, LTV 60% 초과 부분은 75%가 적용된다.

92) 국토교통부는 임차인 보호 강화를 위해 임대등록 시스템 일제정비를 통해 등록 임대사업자의 의무 준수 여부를 상시 모니터링 하고, 등록 임대주택임을 부기 등기토록 의무화하여 정보 제공을 강화하는 한편, 전세보증금 반환 보증 모바일·인터넷 가입 활성화를 통해 반환 보증에 대한 임차인의 접근성을 개선할 계획이다. 이와 함께 도심 내의 빈집을 찾아 수요자와 연결해 주는 '빈집 활용 플랫폼' 시범 서비스도 개시한다.

60일 이내에 하도록 규정돼 있다. 이를 어기면 벌금이 부과된다. 2020년 3월부터는 주택을 매매한 뒤 시·군·구에 신고해야 하는 기한이 계약 후 60일에서 30일로 대폭 단축되는 방안이 추진된다. 또 계약이 존재하지 않았는데도 거래한 것으로 허위 신고해 시세를 조작하는 이른바 '자전거래'에 대해선 3천만 원 이하 과태료가 부과된다.

당시 공인중개사 업계가[93] 부동산 계약 신고의 어려움 등을 호소해 법이 개정됐다. 신고 기간을 바탕으로 한 각종 부동산 통계가 시차로 인해 내용이 왜곡돼 시장에 착시를 가져오게 한다는 지적이 많았다. 전자거래가 본격 보급됨에 따라 공인중개사들이 편리하게 부동산 거래 신고를 할 수 있는 장치도 마련됐다.

한편 실거래가를 허위로 부풀려 신고한 뒤 계약을 해지하더라도 해지신고를 따로 하지 않으면 신고가격은 그대로 남아 있는 특징을 이용해 허위 과대광고를 하는 경우도 있었다. 실거래가 시스템을 100% 신뢰할 수 없는 이유이기도 하다.

계약해지 신고는 현재까지 법으로 강제하지 않고 있었다. 이를테면 실거래가를 일부러 높게 올린 뒤 계약을 해지하더라도 따로 신고하지 않으면 신고가격은 국토부 실거래 시스템에 그대로 남아 있게 된다.

작전세력들이 이를 이용하면 집값을 마음대로 좌지우지할 수 있다. '자전거래(cross trading)'란 원래 주식용어로 동일 투자자가 거래량을 부풀리기 위해 혼자 매도·매수 주문을 내는 것을 의미한다. 부동산은 계약 당사자 쌍방으로 신고해야 한다. 그런데 아파트 거래에 있어서도 주

---

93) 전국 2019년 뉴스 기준으로 통계를 내 보면 전월세 사기 피해가 1만 가구를 넘고 있다. 증가 속도는 300% 이상을 초과하고 있으며, 도시보증공사의 경우 전월세 사기로 인한 피해액으로 2022년 파산할 가능성이 높다. 도시보증공사가 보증한 액수는 382조 원이다.

식의 자전거래와 마찬가지로 중개업소 관계자나 매도자가 거래 호가를 높이기 위해 혼자 허위로 계약서를 작성하여 실거래가 신고를 한 뒤 계약을 파기하는 수법이다. 중개업자나 이해당사자끼리 허위 계약을 할 경우 취등록세, 위약금도 발생하지 않는다.

이러한 '자전거래'를 막기 위한 규정도 신설했다. 개정안은 이런 허위 신고에 대해선 3천만 원 이하의 과태료를 부과하도록 했다. 아울러 계약이 취소된 경우 그 사실도 신고하도록 의무화했다.

2018년 10월부터 운영된 '집값담합 신고센터'에는 2019년 9월까지 11개월간 모두 175건의 가격담합 및 부정행위가 신고됐다. 서울 76건을 비롯한 수도권에서만 159건이 접수돼 전체의 약 90%를 차지했다. 집값을 높여 담합하는 고가담합이 전체의 77.1%인 135건이었고, 공인중개사 업무방해 행위 및 거래금액 허위 신고 등 기타 신고가 35건(20%)이었다.

통계청이 다주택자의 현황을 파악하기 시작한 2012년, 서울에서 집을 두 채 이상 보유한 다주택자는 30만 명이었는데, 2016년에는 37만 4,000명으로 24.7% 증가했다. 다주택자 가운데 세 채 이상 보유자도 9만 4,000명으로 10만 명에 육박한다.

주택 보유자 중 다주택자 비중 역시 같은 기간 13.1%에서 15.5%로 높아졌다. 특히 강남구(21.3%)와 서초구(20.1%)는 다주택자 비중이 20%를 넘는다. 10년간(2008~2018년) 전국에 신규 주택 489만 채가 공급됐지만 이 중 절반은 다주택자들이 싹쓸이하면서 자산 불평등이 심화됐다는 주장이 제기됐다.

2018년 통계청 이슈분석 보고서(「지난 20년 우리가 사는 집에는 어떤 변화가 있었나」)를 보면, 전국 주택 보급률은 지난 20년간 꾸준히 올라 2015년 기준 102.3%까지 올랐지만 자기 소유의 집에 사는 자가 점유율은 1995년 53.5%에서 2015년 56.8%로 소폭 상승하는 데 그쳤다.

특히 서울 강남구와 서초구의 자가 점유율은 20년 새 각각 14.2%p와 8.9%p 낮아진 34.4%와 40.5%였다. 이어 마포구(-3%p)와 관악구(-2.7%p), 송파구(-2.5%p) 등 차례로 감소폭이 컸다.

보고서는 이들 지역의 주택이 거주 목적보다는 투기 또는 투자 목적으로 거래되는 경우가 많다고 보았다.[94] 2018년 3억 원 이상의 주택 거래 13만 56건 가운데 7만 17건(53.8%)이 보증금 승계를 통한 매입이었다. 즉, 실거주 목적이 아닌, 세입자를 끼고 사두는 투자 목적인 것이다. 분당구의 경우 7,506건 가운데 5,021건이 보증금 승계 매매여서 갭 투자일 가능성이 70%나 될 정도였다. 갭 투기는 소액의 자기 자본과 전세·반전세 보증금 및 융자를 바탕으로 부동산을 취득하는 것으로, 부동산 투기 조작 및 자전거래 허위신고 등의 행위가 수반된다.

---

94) 2019년 9월 29일 국세청이 국회 기획재정위원회 소속 더불어민주당 김두관 의원에게 제출한 '2013~2017년 보유 기간별 부동산 양도소득세 신고현황'에 따르면 보유기간 3년 이내인 부동산 거래 건수가 2013년 12만 건, 2017년 20만 5,000건으로 75% 늘었다. 거래 양도소득은 2013년 2조 2,330억 원에서 2017년 6조 7,708억 원으로 무려 203%나 치솟았다. 보유한 지 3년을 넘지 않은 부동산을 2013년부터 2017년 사이에 처분해 얻은 양도소득이 모두 23조 원을 넘어서고 있다.

2002년 당시 잠실을 중심으로 미등기 전매로 매물을 확보한 투기세력들은 집값을 끌어올리기 위해 과장된 정보를 흘려 시세를 조작하는 일이 빈번하였다. 이후 담합을 유도하고 시세를 끌어올린 이후 막차 태워 시집보내기가 유행한 시절이었다. 2005년 7월 7일부터 12월 31일까지 '부동산 투기사범 특별단속'을 실시, 모두 252명을 구속했다. 이후 기업형 투기조직이 적발되었지만 벌금형에 그쳤다. 2004년에는 투기꾼들 명단까지 공개되기도 하였다.

경기도는 2006년 당시 2기 신도시 돌려치기가 유행했다. 동탄, 용인, 광주 등 2기 신도시 후보지로 거론됐던 지역들에서 신종 수법을 동원한 부동산 투기와 탈세가 기승을 부렸다. 투기꾼들은 부동산 중개업자와 짜고 오피스텔이나 아파트 분양권을 계속 사고팔아 가격을 올리는 이른바 돌려치기 수법을 썼다. 그 당시 동탄 2,300명, 광주 285명, 분당 231명, 고양 198명, 시흥 119명, 군포·의왕 111명 등이 차례로 적발되었다.

⟨표35. 공인중개사 업무방해 행위, 거래금액 허위신고⟩

구분		고가담합	저가담합	기타[95]	합계
합계		135	5	35	175
수도권	서울	59	0	17	76
	서울 외	65	4	14	83
비수도권	광역시 (세종 포함)	7	1	2	10
	기타 시군	4	0	0	4
지역 불특정		0	0	2	2

출처: 김두관 의원실, 국세청

---

95) 공인중개사 업무방해 행위, 거래금액허위신고 등

그동안 부동산 시장의 불공정 거래 및 문제점이 언론에 드러난 형태는 다음과 같다.

2006년 버블세븐 투기 단속 → 2007년 자전거래 방송 → 집값 담합 방송 → 2008년 수백 채 갭 투자 파산 방송 → 2009년 깡통주택 방송 → 2010년 전월세 피해자 방송 → 신도시 집값 하락 방송 → 2011년 하우스푸어 방송 → 갭 투자 자살자 방송 → 2012년 신도시 시위 방송 → 2013년 경매 파산자 방송 → 2014 보증공사 파산, 금융권 모럴 해저드 방송

허위 매물 신고 지역이 가장 많은 곳은 강남 3구(강남·서초·송파)를 비롯한 부동산 투기지역인 것이 특징이었다. 즉, 투기지역에서 일반적으로 나타나는 현상은 자전거래 허위 주문 같은 현상과 인근 분양가 상승, 언론사 광고 그리고 거래 급감 같은 주식시장의 테마주 사기와 유사한 수법이었다. 이러한 현상은 지난 4년간 전국적으로 보여 왔다.[96] 이른바 반지 돌리고 막차 태우기 수법을 우리는 데이터로 보고 있다.

국내 유일의 부동산 매물 검증 기구인 한국인터넷자율정책기구(이하 KISO)의 부동산 매물 클린관리센터는 2019년 1분기(1~3월) 부동산 허위 매물 신고가 총 1만 7,195건 접수됐다고 지난 4월 15일 밝힌 바 있다. 이는 전 분기 2만 728건 대비 17%로, 전년 동기(2만 6,375건)에 비해 35% 줄어든 수치다. 9·13 부동산 종합대책 발표 이후 정부가 악의적 허위

---

96) 한국공인중개사협회에 따르면 개업한 공인중개사는 총 10만 5,386명, 중개보조원은 약 5만 명이다. (2018년 기준) 그런데 중개보조원이 가담한 부동산 사기 사건은 총 82건으로 전체(161건)의 50.9%였다.

매물 신고 단속 방침 등 강력 제재를 예고하면서 허위매물이 상당수 줄어든 것으로 보인다. [97]

허위매물 신고는 1분기 누적 기준 서울시가 7,232건으로 가장 많았으며, 경기도(6,244건), 인천시(1,099건) 등도 높은 건수를 기록했다. 서울에서 허위매물 신고가 가장 많은 곳은 송파구로 1,249건이다. 지난해 12월부터 입주가 진행된 9,510가구의 '송파 헬리오시티' 등 입주 물량이 쏟아진 데 따른 것으로 분석된다. 이어 서울시 강남구 1,120건, 경기도 용인시 966건, 서울시 서대문구 723건, 경기도 수원시 715건, 경기도 고양시 617건, 경기도 화성시 596건, 서울시 서초구 578건 등의 순이었다.

경기도의 허위매물 적발 건수는 올해 1분기는 3,867건으로 전 분기(5,297건)와 전년 동기(6,958건)보다 각각 27%, 44% 감소했다. 서울은 허위매물 건수가 3,546건으로 1년 전 같은 기간(6,271건)보다 43% 줄었으나, 전 분기(3,429건) 대비 3.5% 증가했다.

---

97) 노회찬 의원이 제출한 2006년 보도자료를 보면 1만 8,000평을 8억 2,800만 원에 매입해서 405명을 상대로 320억 원을 편취한 혐의로 구속 기소된 8명의 피의자가 초범이거나 동종 전과가 없다는 이유로 벌금에 처해졌다. 그러나 2019년 최근까지 달라진 것은 거의 없이 전국적인 전월세 갭 투기 토지 사기가 광범위하게 확산 유행하고 있다. 형사정책연구원의 '2016 전국 범죄 피해 조사' 결과에 따르면 14세 이상 국민 10만 명당 1,152.4건의 사기 사건이 발생했다고 한다. 즉, 매년 100명 중 1명은 사기를 당한 셈이다.

전체거래량(건) ▼ ■ 2017년 ■ 2018년

		2017년 / 2018년
서울	4만7995 / 13만56	42.9% / 53.8
경기 성남 분당구	2638 / 7506	67.6 / 66.9
경기 광명시	1062	38.6
대구 수성구	1155 / 7688	41.4 / 34.7
경기 하남시	2032	31.2
세종시	1714 / 9251	29.1 / 26.3
경기 과천시	323 / 4240	68.7 / 23.4

- 자금조달 계획서 계약일 기준
- 경기 광명시와 하남시는 2018년 8월에 투기과열 지구 추가지정

연도별 부동산 거래신고법 위반 행위 및 다운 · 업계약 적발 건수

구분	'11	'12	'13	'14	'15	'16	'17 (전년대비 상승률%)
허위신고 계	2,622	2,606	2,812	3,346	3,114	3,884	7,236 (87.0)
다운계약	233	289	272	321	266	339	772 (127.7)
업계약	148	268	173	364	181	214	391 (827)
지연 · 미신고	2,070	1,827	2,061	2,413	2,389	2,921	5,231 (79.1)
기타 (조장방조 등)	171	222	306	248	278	410	869 (112.0)

- 증빙자료 미제출, 허위신고 요구 및 거짓신고 조장방조자료 작성 등

출처: 국토교통부(2018년 말 기준)

〈그림22. 2018년 국토교통부 기준 수도권 주요 투기지역 갭투기 비중 및 부동산 허위거래 신고 건수〉

미분양 주택의 법적 매입은 수도권 주택시장이 붕괴하는 2023년에 시행 예정이다. 더불어민주당 김정호 국회의원은 2019년 9월 10일 지역경제 침체에 의해 발생한 지방의 준공 후 미분양 주택에 대한 해소 및 지역경제 활성화를 위하여 '지방 미분양 주택 해소 등 주택의 공급 안정을 위한 특별법안'을 발의했다.

즉, 공공주택 사업자가 지역경제 침체지역에 소재한 지방 미분양 주택을 매입할 수 있는 근거를 마련하고, 주택도시보증공사가 지방 미분양 주택을 일시 매입하여 임대하거나 관리할 수 있도록 하는 한편 공공 건설 임대주택의 임대사업자에게 유동성을 확보할 수 있는 보증을 지원할 수 있도록 하는 등의 규정이다. 법안 발의에 동참한 의원은 강병원, 김경협, 김현권, 민홍철, 서삼석, 윤준호, 이상헌, 전재수, 전혜숙, 정성호, 정재호, 제윤경, 한정애 의원 등이다.

주택 보유 가구 수를 보면 2008년 1,060만 가구에서, 2018년에 1,300만 가구로 240만 가구가 증가했다. 같은 기간 전체 주택은 1,510만 호에서 2,000만 호로 490만 호의 주택이 증가했다. 주택 공급량은 490만 호가 증가했지만, 주택 소유자는 240만 명 증가에 그쳐 250만 호(판교신도시 3만호, 80개 규모)는 다주택자(투기세력 등)들이 사들인 것이다.

- 10년간 보유주택 상위 1%, 상위 10% 보유량 변화

구분		2008	2018	증가
상위 1%	보유자수	105,800명	129,000명	24,100명
	보유주택	367,000호	909,700호	542,700호
	1인당	3.5채	7.0채	3.5채
상위 10%	보유자수	105만 8,000명	129만 9,000명	24만 1,800명
	보유주택	242만 8,700호	450만 8,000호	207만 9,300호
	1인당	2.3채	3.5채	1.2채

- 지난 10년 주택보유자와 주택가격 변화

구분		'08.	'18.	증가
전체	인원수	1,058만 명	1,299만 명	241만 명
	공시가액 총액	1,611조 원	3,312조 원	1,700조 원
	시세총액	2,929조 원	6,022조 원	3,091조 원
	1인당(시세기준)	2.8억 원	4.6억 원	1.8억 원
상위 1%	인원수	105,800명	129,900명	24,000명
	공시가액 총액	142.7조 원	255.3조 원	112.6조 원
	시세총액	259.5조 원	464.2조 원	204.7조 원
	1인당(시세기준)	24.5억 원	35.7억 원	11.2억 원
상위 10%	인원수	105만 8,000명	129만 9,000명	24만 1,000명
	공시가액 총액	659.6조 원	1,191.1조 원	531.5조 원
	시세총액	1,199.3조 원	2,156조 원	866.4조 원
	1인당(시세기준)	10.2조 원	15억 원	4.8억 원

자료: 국세청 행정안전부/주)시세반영률은 아파트 , 단독주택 등의 평균으로 55%를 적용(경실련)

출처: 경실련

문재인 정부가 3기 신도시(주택 30만 호 규모)를 통해 주택 공급량을 늘린다고 하더라도 이처럼 다주택자가 주택을 사재기할 수 있는 잘못된 주택 공급 시스템이나 보유세에 관한 법률을 획기적으로 개선하지 않는다면 주택 소유 편중과 자산 격차만 더욱 심화될 뿐이다.

다주택자가 사들인 250만 호 중 54만 3,000호는 상위 1%가 독식했다. 상위 1%가 보유한 주택 수는 2018년 기준 91만 호로 10년 동안 54만 3,000호가 증가했다. 1인당 보유 주택 수는 평균 7채로 10년 전 3.5채에 비해 2배로 증가한 수치이다.

다주택 보유 상위 10%의 주택 보유량도 증가했다. 상위 10%가 보유한 주택은 450만 8,000호로 10년 대비 207만 9,000호가 증가했다. 10년간 다주택자들이 사들인 250만 호 중 80% 이상을 상위 10%가 독식한 것이다. 1인당 보유 주택 수는 평균 3.5채로 10년 전보다 1.2채 증가했다.

이처럼 다주택자(투기세력)가 보유한 주택 수는 700만 호로 급증했으나 2018년 기준 등록된 민간 임대주택은 136만 호로 다주택자 보유량의 19.4%에 불과하다.

2017년 6월에 취임한 문재인 정부의 김현미 국토부장관은 취임사에서 '아파트는 돈이 아니라 집이다. 그리고 주택가격의 폭등 원인은 공급 부족 때문이 아닌 투기세력의 주택 사재기 현상 때문이다. 특히 청년들 명의로 집 사재기(투기)가 심각하다.'라고 진단했다. 그러나 취임 이후 주택정책은 오히려 투기세력인 다주택자에게 각종 세제와 금융대출 특혜를 제공하여 '투기의 꽃길'을 활짝 열어 주었다.

특히 문재인 정부는 2017년 8월, '8.2. 부동산 대책'과 같은 해 12월 발표한 '임대주택 등록 활성화 방안'을 통해 다주택(투기세력)자가 임대사업자로 등록할 경우 취득세와 재산세, 양도소득세와 종부세 등 세제 감면 혜택을 주겠다고 하였다. 그리고 대출을 2배로 늘리는 등 특혜 대책을 제공하며 다주택자의 임대사업자 등록을 권장했다. 그 결과 오히려 투기는 극성을 부리고 집값은 폭등했다. 그러나 임대사업자 등록은 아직도 미흡한 실정이다.

(3) 3월, 분양가 상한제 시행

2015년 이후 사실상 유명무실해진 민간택지 분양가 상한제가 다시 시행된다. 최근 급상승한 분양가가 집값 상승을 부추긴다는 판단한 정부는 분양가를 낮춰 집값 안정화에 기여하겠다는 복안이다. 하지만 시장에서는 인위적인 가격 통제 정책이 부작용을 키울 뿐 집값 안정 효과는 제한적일 것이라는 전망이다. 분양가 상한제를 시행하는 가장 큰 이유는 서울 집값 안정을 위해서이지만 실제 서울 집값이 잡힐지는 기대하기는 힘들다.

1) 서울은 갭 투자 열풍

국회 국토교통위원회 소속 안호영 더불어민주당 의원이 분석한 자료에 따르면 그동안 투기과열지구에서 거래된 3억 원 이상 주택 21만 5,660호 중 절반에 육박하는 49.3%(10만 6,235호)에서 매수자가 직접 입주하지 않고, 세입자의 보증금을 승계하여 구입한 것으로 나타났다.

2018년 1월 기준으로 서울 시내에서 갭 투자 추정 거래 비율이 가장 높은 지역은 성동구 76.1%, 강남구 75.5%, 용산구 72.7%, 송파구 72.3%, 서초구 72.2% 순이었다. 마포구도 66.7%로 70%대에 근접했다. 강남 3구와 '마용성'(마포·용산·성동)으로 대표되는 과열지구들이다.

지난해 실거래가를 바탕으로 국토부가 지난 1월 책정한 표준단독주택 공시가격을 보면, 용산구 35.4%, 강남구 35.01%, 마포구 31.24%, 서초구 22.99%, 성동구 21.69% 순으로 많이 올랐다. 지난해 가격 상승을 주도한 구에 집값 상승을 기대한 거품 수요도 쏠린 셈이다.

전세보증금을 이용한 투기를 전 정권에서 인위적으로 조장하면서 신용대출, 전세자금 대출, 개인사업자 대출 등을 이용해 주택 투자법인 등 2019년 하반기까지 광기의 언론이 조장되고 있는 중이다. 향후 전세가격 하락, 다주택자 중심 가계 부채 부실화의 변수가 될 것으로 예상된다.

이러한 현실을 타개하기 위해 정부는 2019년 10월부터 9억 원이 넘는 주택을 보유한 사람은 주택금융공사와 주택도시보증공사 등의 전세보증을 받을 수 없게 하였다. '9.13. 부동산 대책' 이후 2주택 이상을 보유한 가구의 부부 합산 연소득이 1억 원을 넘으면 주택도시보증공사, 주택금융공사 등의 전세대출 보증을 받지 못했다. 이제는 집값의 40%까지만 돈을 빌려주는 주택담보대출 규제가 오는 14일부터 법인과 매매사업자에게도 적용된다.

앞서도 여러 번 얘기했듯이 2018년 10월 이후 이미 서울은 1차 역전세 대란을 경험했다. 국회 국토교통위원회 소속 민주평화당 정동영 대

디레버리징(DELEVERAGING)

표는 국토교통부와 주택도시보증공사가 각각 제출한 '상위 30위 임대주택 사업자 현황'과 '전세보증금 반환 보증사고 중복 임대인 현황' 자료를 비교·분석하고 상위 30위 임대사업자 가운데 7명이 2건 이상의 전세보증금 반환 보증사고를 냈다고 통계를 내놓았다.[98] 이들 7명이 낸 전세보증금 반환 보증사고는 총 37건으로 사고금액은 총 75억 4,800만 원으로 건당 평균 2억 원이었다.

문제는 보유 중인 나머지 임대주택이 모두 사고 처리될 경우 피해액이 눈덩이처럼 커질 수 있다는 데 있다. 정 대표는 '이들이 보유한 등록 임대주택 3,327호 가운데 사고 처리된 37건을 제외한 나머지 임대주택 3,290호가 모두 사고 처리될 경우 피해액은 약 6,580억 원에 달할 것'이라고 밝혔다. 즉, 주택을 많이 보유한 임대인일수록 전세금은 반환받을 가능성이 없는 형국이다.

현재 다운계약 등 부동산 실거래가를 속여 신고했다가 적발된 사람이 2017년 한 해에만 1만 2,000명을 넘어선 것으로 나타났다. 적발 건수도 7천 건을 넘어 1년간 200% 이상 폭증했다. 이러한 것들이 일명 재테크라는 이름으로 자행되어 왔던 것이다.

2) 부동산은 부(富)의 척도인가

일반적으로 부(富)를 축적한 사람들은 노동과 투자 경영방식에 대하여 다른 사람보다 경쟁력 있는 재주를 가진 이들이다. 이들은 경제 관련 새로운 지식이 발생하면 부를 증가시킬 수 있는 원동력이라 보고 항

---

98) 지역별로는 보증 사고의 80% 이상이 서울·인천·경기 등 수도권에 집중됐다. 2015년 이후 HUG가 보증한 51조 5,478억 원 가운데 82%인 42조 909억 원이 서울·인천·경기 등 수도권에서 실행됐다. 보증 사고액 2,582억 원 가운데 82%(2,127억원)도 수도권에서 발생했다.

상 소득과 연결시켜 생각한다. 즉, 지식 활용의 크기가 부의 증가의 원인이 되는 것이다.

지난 2008년 1,510만 채이던 주택 수는 지난해 1,999만 채로 늘었다. 반면 주택 소유자 수는 같은 기간 1,058만 명에서 1,299만 명으로 241만 명이 느는 데 그쳤다. 신규 주택의 51.1%인 약 245만 채를 투기세력 등 다주택자들이 사재기했다는 통계를 보여 주고 있다.

상위 10%가 보유한 주택 수는 지난 2008년 242만 8,700채에서 지난해 450만 8,000채로 85.6% 증가했다. 1인당 보유주택 수는 2.3채에서 3.5채로 늘었다. 상위 1%의 경우 정도가 더 심해 지난해 기준 1인당 7채를 보유한 것으로 나타났다.

반면 국토교통부의 '2018년 주거실태조사 결과'에 따르면 '내 집을 가진 가구의 비율'을 나타내는 자가 보유율은 61.1%에 그쳤으며 수도권은 이보다 못한 54.2%에 불과하다.

지난 10년 동안 정부가 공급한 주택이 서민을 위한 주거안정이 아니라 다주택자들의 불로소득을 노린 부동산 투기 수단으로 활용되어 온 것이다. 이로 인해 주택 소유 편중이 심화되고 자산 격차가 더욱 벌어지게 되었다.

〈표37. 서울시 '15년 대비 '17년 가구수 추이(만 호) 및 연평균 증감율〉

구분	10년 평균 ('07~'16)	5년 평균 ('12~'16)	'16년	'17년	10년 평균 比	5년 평균 比	'16년 比
전체 주택	7.1	8.1	7.5	11.3	59.4%	39.5%	50.7%
아파트	3.8	3.7	2.5	7.5	97.4%	102.7%	200.0%
정비사업	2.0	2.1	1.5	4.0	97.0%	86.9%	166.7%

출처: 국토교통부 보도자료(2018)

앞서 기술한 바와 같이 2017년 서울의 아파트 인허가 실적은 7만 5,000호로 2003년 이후 최대치를 기록했다. 2016년에 비해서는 3배 늘었다. 즉, 3년 후 입주 시점인 2020년에는 입주 물량 공급 과잉으로 서울시의 주택 전세가격은 하락할 것이다. 실거주자가 분양 받은 것보다 다주택자, 임대사업자가 받은 비율이 높기 때문이다.

전세 가격 하락은 2021년 주택가격 하락, 2022년에는 주택 경매 증가로 이어져 2023년에는 대출 금융사 부실과 같은 과거의 유사 패턴을 답습하게 될 것이다. 그에 따라 전세 가격 하락, DSR 규제 강화 등으로 인한 차주의 채무 상환 불이행 위험은 지속적으로 증가할 수밖에 없다.

또 2020년 10월 이후의 제 2차 전세 재계약 시 재계약 가격이 최초 계약 시점 대비 하락할 경우 다주택자의 자금 압박도 심화될 수밖에 없다.[99] 현재 수천 채에서 수백 채를 보유하고 있는 다주택 투자가들은 2018년 1차 수도권 역전세 대란의 여파로 이미 파산 중에 있다.

이 경우 다주택 투기자들에 의한 강남, 마용성 지구를 중심으로 역전세 대란에 의한 다주택자 파산을 예상할 수 있다. 2020년에서 2022년까지 서울 및 수도권의 향후 주택 공급은 수요 추정치를 상회할 전망이다.

국토연구원의 발표에 따르면 가구 수, 소득, 멸실 요인을 감안한 연평균 신규 주택수요는 수도권 연 22만 1,000호, 서울은 연 5만 5,000호로 추정된다. 반면 공급은 현 분양 물량, 정비사업 진행 정도, 인허가 전망

---

99) 2019년 9월 23일 국회 국토교통위원회 소속 정동영 의원이 HUG로부터 제출받은 '연도별 전세보증금 반환보증 실적 및 사고 현황 자료'에 따르면 올 7월까지 HUG가 반환을 보증한 전세 보증금 총 규모는 17조 1,242억 원으로 집계됐다. 2018년에 비하여 전체 보증 실적인 19조 367억 원에 육박한 수치다. 2016년(5조 1,716억 원)과 비교하면 3.3배에 이른다.

등을 감안했을 때 향후 5년간 수도권은 연 26만 3,000호, 서울 연 7만 2,000호가 공급될 것으로 추정된다.

2017년 기준 서울의 재건축 단지 10만 1,614가구의 시가 총액은 총 127조 원으로 이 중 강남 4구 재건축 시가 총액이 100조 원을 차지하고 있다. 서울시 전체의 80%가 강남 4구에 몰려 있는 것이다. 2020년 재건축 단지 시가 총액은 220조 원을 넘어설 전망이며 강남 4구 또한 180조 원을 넘어서게 될 것이다.

2019년까지 관리처분계획 인가 이후 물량 10만 호 중 60%인 6만 호가 강남 4구에 집중되어 있다. 현재 서울의 주택가격은 강남구 반포를 기준으로 뉴욕 맨해튼을 넘어서고 있으며, 상해 및 베이징 집값에 근접하고 있는 중이다. 이른바 세계 집값 중 가장 비싸다고 하는 도시의 수준에 다가서며 1㎡당 3만 불을 넘어설 기세이다.

〈표 38. 서울시 내 사업단계별 정비사업 추진 현황〉

구역지정~조합설립인가	사업시행인가~미착공	착공~입주 전	합계
265개(14.7만 호)	133개(10.6만 호)	104개(8.4만 호)	502개(33.7만 호)

출처: 국토교통부 보도자료(2018)

〈표 39. 향후 5년간 서울의 신규주택 수요·공급(입주기준) 전망〉

(단위: 만 호)

구분		'18년e	'19년e	'20년e	'21년e	'22년e	연평균
수도권	수요	22.1	22.2	22.2	22.4	21.8	22.1
	공급	32.4	28.1	27.0	22.6	21.5	26.3

서울	수요	5.5	5.5	5.6	5.6	5.5	5.5
	공급	7.4	8.0	7.0	6.4	7.0	7.2

	수도권			서울		
	총가구수	1인	2인 이상	총가구수	1인	2인 이상
'15년	921.5	238.6	682.9	378.4	111.6	266.9
'17년	949.6 (+28.2)	257.2 (+9.6)	692.5 (+9.6)	381.3 (+2.9)	118.1 (+6.5)	263.3 (-3.6)
年 증감율	1.5%	3.9%	0.7%	0.4%	2.9%	-0.7%

출처: 국토교통부 보도자료(2018)

3) 부동산 시장이 무너지면 임차인을 보호할 수 있는 방법은?

부동산 시장이 무너지면 다주택자 및 은행권 등 금융회사들이 파산을 맞을 것은 당연한 일이지만 다주택자 소유의 주택에 세를 들어 사는 전세 가구들 또한 큰 피해를 입을 것이다. 일반적으로 다주택자들은 갭 투자를 통해 주택을 보유하는 경우가 많기 때문이다.

갭 투자는 주택가격의 80% 이상을 전세 보증금으로 충당하고 소액의 투자로 해당 부동산의 시세 차익을 기대하는 투기를 말한다. 세입자 입장에서는 대항력 확보나 전세 보증보험 등의 방법이 있지만 계약 시 공인중개사가 서류를 속이고 폐업하면 답이 없다. 또는 주인이 보증금을 내주지 않고 잠적을 한다면 사실상 방법은 없는 것이 현실이다.

가장 악랄한 경우는 국세, 지방세는 등기에 기록되지 않는 맹점을 이용, 무제한으로 세금을 체납한 후 잠적하면 더 답이 없다. 그나마 전세 보증보험이 가장 확실한 방법이지만 앞으로 9억 원 이상의 전세금은 보증보험에서 제외되게 된다. 2019년 기준 수도권의 주택 1만 채 이상이 갭 투기로 인한 경매 대상이다.

4) 다주택자들을 지원하는 정부 정책과 금융노예

통계청의 '주택 소유 통계'에 따르면, 2012년 서울에서 집을 두 채 이상 보유한 다주택자는 30만 명이었는데, 2016년 37만 4,000명으로 24.7% 증가했다. 이 가운데 세 채 이상 보유자도 9만 4,000명까지 늘었다.

보수경제학자들의 주장과 재테크 시장론자의 주장은 허구에 불과하며 사실상 노예의 주인이라고 보는 것이 적당할 것이다. 그래도 이들의 주장은 주인의 시각이다. 지난 4년 동안 서울 아파트 가격이 4억 원이나 치솟고, 2018년 서울 지역 신규 입주 아파트는 2년 전 분양가보다 평균 5억 원이나 급등했다.

사실 대출 규모 상위 20%가 전체의 87.3%를 차지하고, 소득 상위 20%가 45.6%를 차지하고 있다. 투기세력이 담보대출을 독점하여 왔던 것이다. 더 어이없는 일은 국민 세금으로 편성한 주택도시기금에서도 임대사업자나 투기꾼들의 몫을 크게 늘려 왔다는 것이다. 정부는 2018년 당초 1조 원 정도였던 민간 임대 대출 예산을 1조 8,000억 원까지 끌어올렸다. 2019년에 편성된 예산은 무려 1조 4,000억 원에 달한다.

아무튼 노예의 양성을 바라는 쪽의 주장들은 이러하다. 자본주의가 출발한 이래 불로소득은 반자본주의로 아담 스미스 때부터 비판받아 왔다. 즉, 반시장적이라는 것이다. 그런데 시장주의자라는 인간들과 여론은 '보유세를 올리면 세금 폭탄'이라며 광기 어린 세금 폭탄론을 주장해 왔다. '보유세를 올리면 임대료가 대폭 올라 임차인들에게 세금이 전가될 것'이라는 임대료 폭탄론 같은 여론을 만들거나 세상이 다 망할 것 같은 공포 분위기를 조성해 오고 있는 중이다. 우리나라의 보유세는 통상 북미의 20~30% 이하 상태에 머물고 있다.

여기에 부동산 가격이 내리면 경기가 침체된다는 경기 침체론까지 들먹인다. 그러나 사실은 부동산 가격이 오르면 부채 증가로 인한 역자산 효과로 실물시장 위축의 원인이 되고, 경기 침체를 넘어 디플레 시장 학살이 진행된다.

이들이 원하는 것은 정확한 재테크론인데, 채무 노예가 될 재테크론자가 아닌 자산투자가들, 이른바 주인 입장의 이론은 다음과 같다. 1채의 부동산 임대는 매월 발생하는 평생 수익의 원천이며 4채의 부동산 임대 수익은 평생 매주의 수익이며, 30채 부동산의 수익은 평생 매일의 수익이라는 공식이다, 빌딩 투자도 이와 같다. 이른바 농장주, 노예주의 시각이며 투자 방식일 뿐이다. 그러면서도 이들의 투자방식에서 자신이 지출하는 채무비용, 이른바 금융비용 따위는 애초에 염두에 없다. 이른바 채무비용과 금융비용은 노예들이 지출해야 하는 비용으로 취급하고 있는 것이다.

5) 서울시는 앞으로 채무 노예로 전락할 것인가

2007년 분양가 상한제 시행 이후 분양 가격은 평균 30~40% 하락하였다. 2008년을 기준으로 2012년 6월 강남 및 투기지역의 주택가격 하락을 측정하였을 때 강남은 43% 하락하였으며 분당은 47%가 하락하였다. 기타 지역은 30~40% 가격이 하락하였다.[100]

현재 과도한 부채로 인하여, 차주의 채무 상환 불이행 위험은 지속적

---

100) 참고로 1978년에 입주한 강북 아파트는 분양가 대비 44배, 강남 아파트는 146배 가격이 증가하였다.

으로 증가할 수밖에 없다. 2020년 이후 수도권은 입주 물량 공급 과잉에 시달릴 수밖에 없는 현실이다. 2017년 서울의 인허가 물량 급증은 2019년 강남과 서울 투기지역의 분양가 상한제 시행 여파로 평균 매월 80% 이상을 더 공급하고 있다는 사실을 말하고 있다.

최근 5년간 분양 실적인 32만 가구에 비하여 2018~2019년 분양 실적은 40만 가구로 증가할 것이며, 주택 인허가는 55만 가구를 초과할 것으로 보고 있다. 즉, 2020년 이후 서울을 중심으로 평균 인허가 물량이 40% 이상 공급되어 왔기 때문에 전월세 4년 계약, RTI 여파로 인한 전세 가격 폭등 현상은 없을 것이라고 본다.

한편 평균 40% 이상 초과 공급된 주택과 2019년 서울 평균 분양가 8억 원, 강남 분양가 13억~15억이라는 가격 거품, 강남 4구를 중심으로 한 2019년 1만 가구 이상의 헬리오시티 입주 여파가 기다리고 있다. 또 2020년 고덕지구 입주 여파, 2021년 강남구 개포지구 입주, 2022년 둔촌지구 입주, 2023년 반포지구 입주도 대기 중에 있다.

강남 4구의 평균 주택 보급률이 2018년 기준 105%를 넘어서고 있는 현상에서 기존 아파트 40만 가구에 강남 4구의 재건축 6만 가구, 여기에 위례, 판교, 김포, 하남 3기 신도시까지 줄줄이 대기 중에 있다. 경기 서울에 공공임대 주택도 3만 5,000가구 대기 중에 있기 때문에 강남 중심 투기지역 지옥이라는 2012년 데자뷰는 불가피할 전망이다. 이른바 갭 투자자 붕괴 현상은 자연스럽게 이루어질 것으로 보인다. 역전세보다는 2022년 역월세 지옥과 주택 보급률 110% 이상의 초과 현상, 20% 이상 공실로 유령화되어 가고 있는 상가, 오피스텔에 이어, 아파트 및 주택까지 걱정해야 하는 것이 현실적이지 않을까 하는 것이다.

2025년 삼성동 국제화 건설이 본격화되는 시점부터 다시 삼성동 인근을 중심으로 어느 정도 해결의 기미가 보일 수 있겠지만, 2020년 이후 4~5년은 강남구 중심 투기지역은 답이 없는 상황이다. 한국의 주택시장은 실수요 세입자를 중심으로 투기지역 60% 이상의 세입자와 금융권 대출에 기대어 온 불나방 같은 투기꾼들의 시장이기 때문이다. 다르다고 하지만 방식도, 사람도, 담합지역도 거의 비슷하다. 늘 잠실에서 시작하여 압구정에서 비극으로 끝나는 아이러니이기 때문이다.

한편 총선을 대비하여 정책공약과 지방 부동산 대책, 3기 신도시 이슈를 통하여 전국에 45조 원이 풀릴 전망이다. 수도권에서는 2019년 10월부터 연말까지 11곳의 사업지구에서 모두 6조 6,784억 원에 달하는 토지보상금이 풀릴 예정이다. 토지보상금이 지급될 토지의 면적은 여의도 면적(2.9㎢)의 2.4배가 넘는 7.23㎢이다. 3기 신도시 토지의 보상액은 5년간 30조 원이 넘을 것이라는 전망이 우세하다.

(4) 4월, 전세제도 4년 계약으로 변경 시행 예정

지금까지 주택 임대차 기간은 2년이었다. 앞으로는 전월세 임차인이 2년 임차 기간이 끝난 뒤 추가로 2년 연장을 요구할 수 있도록 한다. 이 내용이 주택 임대차보호법에 포함되면 집주인(임대인)은 특별한 사유가 없는 한 2년 연장 계약을 받아들여야 한다. 이른바 전월세 계약 갱신권을 시행하는 것이다.

이 법안이 시행되게 되면 일단 2018년부터 역전세 현상의 가속화를 막을 수 있을 것이다. 부동산 가격 하락이 지속되는 가운데 대선 1년 전까지 주택가격의 급격한 하락을 막아야 할 필요성이 커지고 있다.

전세금으로 집단대출 원금 상환이 시작되면 보증공사는 답이 없는 실정이다. 2022년까지 서울에 입주가 시작되면 악성 미분양 우려 뉴스가 매스컴을 뒤덮게 될 것이며 수도권 전세 가격 하락 공포에 휩싸이게 될 전망이다.

현재 3년간 보증공사의 보증 손실만 6,800억 원에 이르는 현실이다. 서울 남부권이 입주하는 시점에서 5억 원 이상의 잔금 대출은 사실 대책이 없다. 입주가 시작되면 수도권 악성 미분양 PF, 할인분양, 보증공사 부실이 300% 이상 폭증할 가능성이 높다.

(5) 5월, 기업반기 보고서, 기업 회계 공포

한국은행의 '2018년 기업경영 분석'에 따르면 지난 해 이자 보상비율이 100% 미만인 기업은 조사 대상 기업의 35.2%로 집계됐다. 2019년 한 해는 기업의 상폐[101] 쓰나미의 한 해가 될 전망이다.

2019년 이후 IFRS15, 16이 시행 중에 있다. 회계 감사인은 할당된 감사 시간을 채워야 하고, 구체적인 감사계획 등을 문서로 작성해야 한

---

101) 상장 유가 증권이 매매 거래 대상으로서의 적정성을 결여하게 되었을 때, 거래소에서 일정한 기준에 따라 그 자격을 빼앗는 일(상장 폐지)

다. 사후에는 감사위원회로부터 감사 업무를 충실히 이행했는지를 평가받는다.

2020년에는 외부 감사인 지정제도가 시행된다. 외부 감사인의 독립성을 높이기 위해 상장사의 감사인을 금융위원회 산하 증권선물위원회가 직접 지정해 주는 신 외감사법이 시행되는 것이다. 지금까지는 기업주의 하청을 받아 일했지만, 이제는 독립기관으로서 회계감사의 직권을 수행하게 되는 것이다. 기업의 회계 부정과 위반 행위를 엄격히 제재하는 데 목적이 있다. 2020년부터는 6년간 자유수임을 할 수 있지만 3년은 증권선물위원회가 지정해 주는 감사인을 지정받도록 규정이 변경되었다. 매출 500억 이상의 비상장사와 지배주주의 비상장사 또한 연결 회계 재무제표에 포함되거나 감사를 받아야 하기 때문에 이른바 족벌경영, 회장님 종속기업의 이익 빼돌리기 등에 의한 코리아 디스카운트 또한 점점 수면 위에 드러날 예정이다.

(6) 6월, 임대주택 등록제 시행

임대주택 등록자의 세금 감면 혜택이 축소됐다. 임대수입이 2,000만 원 이하인 사업자가 분리 과세를 선택할 때 적용되는 필요 경비율을 당초 정부안에 제시된 70%에서 60%로 하향 조정한 것이다. 필요 경비율이 낮아지면 과세소득 산정 때 경비로 공제되는 액수가 줄어들어 세 부담이 늘어난다. 미등록 임대주택 사업자에 적용되는 필요 경비율은 50%로 그대로 유지된다.

정부의 세법 개정안 제출과 9.13. 주택시장 안정대책을 거치며 강화된 종합부동산세 개편안은 조정대상지역 2주택자의 세 부담 상한선을 낮추는 것으로 일단락됐다. 앞서 정부는 9.13. 대책을 통해 3주택 이상 보유자 또는 조정대상지역 2주택 이상 보유자에게 적용되는 최고세율(과표 94억 원 초과)을 현행 2.0%에서 3.2%까지 올리고 세 부담 상한도 150%에서 300%까지 상향 조정했다. 재산세와 종합부동산세 합산액이 늘어날 경우 종전에는 전년 세액 대비 1.5배까지만 납부하면 되던 것을 증세 한도를 3배로 끌어올린 것이다. 그러나 최종적으로는 조정대상지역 2주택자에 대해선 세 부담 상한을 200%로 낮추어 조정하였다.

한편 종합부동산세 산정 시 1세대 1주택자에게 적용되는 장기보유 세액공제 혜택은 커졌다. 현행 5~10년 보유 시 20%, 10년 이상 보유 시 40%의 세액 공제율이 적용되는데, 이번에 15년 이상 보유하면 50%를 공제해 주는 조항을 신설했다. 다만 60세 이상 고령자에게 적용되는 세액 공제와 합해 최대 70%까지만 적용된다.

투기지역 다주택자 세 부담 폭증할 것이다. 2,000만 원 이하까지 RHMS 시스템이 가동되기 때문에 숨만 쉬면 오른다는 50만 가구의 종부세 또한 2022년까지 200% 이상 점점 늘어나게 될 것이다. 이른바 '부동산은 세금이다'라는 공식으로 진행되고 있다.

경실련이 국세청 자료를 분석한 결과, 주택 보유자 상위 1%인 14만 명이 94만 호의 주택을 보유해 1인당 6.7채의 주택을 보유하고 있음을 공개한 바 있다.[102] 그러나 다주택 보유자 최상위 10명과 100명을 기준

---

102) 2017.12. 기준

으로 분석할 경우 주택 소유의 편중이 더욱 심각한 것으로 나타나 정부의 주택정책이 실수요자 중심으로 근본적 전환을 하지 않는다면 수도권에 그린벨트를 해제하여 주택 공급을 확대하려는 정책도 실질적인 효과가 없을 것임을 보여 준다.

다주택자 상위 10명이 보유한 주택은 총 3,756호(1인당 376호)로 공시가격으로 약 6,165억 원이었다. 공시가격으로 1인당 616억 원이지만 공시가격의 시세 반영률이 아파트의 경우 60% 수준(기타 주택 50% 이하)에도 미치지 않는 것을 고려한다면, 실제로는 훨씬 많은 자산을 부동산으로 보유하고 있는 것이다.

또한 다주택자 상위 1%인 14만 명이 총 95만 호(1인당 6.7호)의 주택을 소유하여 공시가격으로 약 203조 원을, 상위 100명은 총 1만 5,000호(1인당 147호)로 공시가격으로 약 1조 9천억 원의 부동산 자산을 소유하고 있었다.

이 국세청의 보유주택 현황(2017.12. 기준)을 국토교통부의 임대사업자 주택 등록 현황(2018.7. 기준)과 비교하면, 주택 임대사업자 상위 10명이 보유한 주택 수가 1인당 460채로 나타나 7개월 만에 약 80채가 늘어난 것으로 추정할 수 있다.

임대주택 등록, 임대소득세 과세 등 다주택자 주택 사재기를 막기 위한 제도 개선 또한 필요하다.

위의 국세청, 국토교통부 등의 정부 자료에 따르면 집값 폭등의 이유는 주택 공급 물량의 부족보다는 다주택 보유자들이 더 많은 주택을 사재기(투기)하는 것이 큰 영향을 미치는 것으로 판단된다. 이와 같이 다주택 보유자들이 주택을 사재기하는 요인은 첫째, 공시가격의 시세 반영률과 보유세 실효세율이 매우 낮아 부동산 자산가들에게 엄청난 세제 특혜를 제공하고 있으며, 둘째 주택 임대사업자에게 임대소득세를 거의 부과하지 않을 뿐만 아니라 임대소득과 다른 소득을 합산하는 종합과세도 하지 않고 있는 것, 셋째, 양도소득세와 증여세 상속세 등 과세 금액이 매우 낮거나 탈루가 용이하기 때문이다.

또한 주택 사재기에 유리한 선분양 아파트의 집단대출 알선, 세계적으로 유일한 전세제도를 이용한 무이자 자금의 활용, 전세 임대에 대한 간주임대료[103] 역시 대부분 면제됐기 때문이다. 이렇게 주택 관련 법제도와 거래 관행까지 다주택자들이 투기하기 좋은 환경을 정부가 그대로 유지한다면 부동산 투기로 인한 자산의 편중이 개선될 수 없다.

그런데 지난해 정부가 다주택 보유자들이 임대사업자 등록만 하면 세금을 낮춰 주고 대출을 늘려 주는 특혜를 제공하여 주택 사재기가 더욱 심화되었다. 정부가 발표한 전국 최다 임대주택 보유자는 총 604채를 소유하고 있어, 1채에 월세 40만 원을 받는다고 가정할 경우 연간 30억 원(1채당 500만 원)의 임대수입을 얻는다. 그런가 하면 국세청 자료 380채 보유자(상위 10명 기준)는 연간 19억의 임대 수입이 발생한다. 이렇듯 다주택 보유자는 집값 상승으로 인한 불로소득과 엄청난 임대소득을 함께 올리고 있음에도 불구하고 이득에 비해 매우 미미한 세금을 내고 있는 것이다.

이렇게 다주택자를 위한 세제 혜택은 늘어난 반면 무주택가구의 권리 보호와 주거안정을 위한 법, 제도 개선에 대해서는 지난 10년 동안

---

103) 간주임대료 수입=(전세보증금 합계액-3억 원)×60%×정기예금이자율 1.8%-수입이자 참고로 정기예금 이자율 1.8%는 2016년도 귀속 이율로, 2017년 신고 시 적용되는 수치다. 또 수입이자란 전세보증금을 투자해서 번 금융소득, 즉 이 돈을 금융기관에 맡겨서 받은 진짜 이자소득을 말한다. 단, 수입이자 공제는 장부에 기록되어 있을 때만 인정된다.

적극적인 노력이 없었다. 이제 정부가 시급하게 해야 할 일은 주택을 공급하더라도 이를 다주택자들이 독식하는 현재의 공급제도를 근본적으로 개선하는 것이다.

우선 공시가격의 시세 반영율을 85% 수준으로 강화하고 보유세 실효세율을 1%로 상향해 부동산 자산을 가진 만큼 이에 합당한 세금을 내도록 해야 한다. 다주택자들이 보유한 800만 채 중 등록된 주택이 20% 수준에 불과하여 세금을 합법적으로 내지 않는 것을 방지하기 위해 다주택 보유자의 임대사업자 등록을 의무화해야 한다. 그리고 소득이 있는 곳에 세금을 부과하는 공평한 원칙을 임대소득에도 합당하게 적용해야 한다. 아울러 정부는 임차인 보호를 위해 전월세 보증금에 대한 의무보증 제도를 도입하고, 쫓겨나지 않을 권리의 보장과 함께 임대업자와 대등한 권리를 제도화해야 한다. [104]

(7) 7월, 도시공원 일몰제 시행

도시공원 일몰제 시행으로 2020년 7월 1일을 기해 전국의 504㎢, 현재 공원의 53% 넘는 면적이 도시공원 용도에서 해제되게 된다. 도시공원 일몰제란 정부나 지방자치단체가 공원 설립을 위해 도시계획시설로 지정한 뒤 20년이 넘도록 공원 조성을 하지 않았을 경우 땅 주인의 재산권 보호를 위해 도시공원에서 해제하는 제도를 말한다.

---

104)   국회 언론발표, 한겨레 경제연구원, 경실련 부동산 국책사업 감시팀

지금까지 개인 소유 토지나 국공유지도 도시계획시설로 지정되면 지자체가 공원을 만들 수 있었다. 하지만 헌법재판소가 사유지에 도시계획시설을 지정해 놓고, 보상 없이 장기간 방치하는 것은 사유 재산권 침해라는 취지로 1999년 헌법 불합치 판결(97헌바26)을 내렸다. 그에 따라 2000년 도시계획법 개정으로 미집행 도시계획시설에 대한 '실효제'가 도입되었다. 20년 동안(결정고시일 기준) 사업이 시행되지 않을 경우 도시계획시설에서 해제될 수 있도록 한 것이다. 따라서 2020년 6월 30일까지 도시공원으로 개발하지 않으면, 이후엔 땅의 용도에 따라 소유자들이 개발할 수 있게 된 것이다.

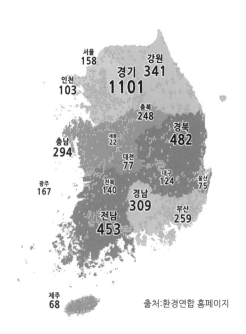

출처:환경연합 홈페이지

〈그림23. 위기에 처한 전국 도시공원 현황〉

디레버리징(DELEVERAGING)

또한 국립공원 안과 군사보호구역에 있는 사유지 2억 5,000만 평도 20년간에 걸쳐 계속 해제되기 때문에, 대규모 용지 개발이 가능해지게 된다. 이렇게 갑자기 수도권과 도심에 늘어난 용지 개발로 난개발은 불을 보듯 뻔한 일이며, 무분별한 재산권 행사 등 이해관계와 보상 문제로 홍역을 앓게 될 것이다.

도시공원 일몰제로 사라질 위기에 처한 전국의 도시공원 중에는 남산이나 관악산같이 많은 사람들이 이용하는 숲과 공원들의 일부도 포함되어 있다. 도시공원은 쾌적한 도시 환경 조성에 큰 영향을 미치기 때문에 이런 곳들이 어떻게 개발되는가에 따라 주민들의 주거의 질이 달라질 수 있다.

근래에 들어 숲세권 아파트라는 말이 트렌드로 등장하고 있다. 도심의 핵심 공원용지의 50% 이상을 국가에 기부채납하면 개발이 가능하기 때문에, 사업성이 보장된 도시공원의 경우 이미 전국 대도시에서 건설사가 분양을 추진하고 있다. 좋은 조건의 용지가 갑자기 대규모로 장기적으로 공급되기 때문에 3기 신도시 이후에도 지속적으로 건설될 것이다. 또한 지대 개발에 비하여 이익의 규모가 막대하기 때문에 특정 시기 이후 도심 숲세권 개발이 진행될 가능성이 매우 높다.

(8) 8월, 신용 평가제 1,000점 도입된다

개인 신용 평가제(CSS)는 과거 일정 기간 축적된 고객의 신용거래 행태 등의 정보를 현재 시점에서 통계적으로 분석해 가까운 미래의 고객 신용도를 예측하는 선진국형 개인신용평가 기법이다. 앞으로는 개인의 신용대출 상품은 신용대출 위험 시스템에서 위험성 가중치를 부여하여 산출한 신청평점시스템(Application Score System)의 결과가 대출 승인 여부나 신용카드 발급, 신규 거래 개설 등을 위한 의사결정에 활용된다.

또한 행동평점시스템(Behavior Score System)을 사용해 회계 체제의 신용 주기, 미래 손실 예상, 생애 주기에 따른 가중치로 이자 상승과 신용 등급 하락을 일정 시점마다 검토하여 향후 대출 부실 가능성을 재평가 하도록 되어 있다. 즉, 개인과 가족의 연령, 결혼 여부, 부양가족 수, 주거 정보(주택 소유 현황, 소유 형태, 거주 연수), 직장 정보(전·현직 직업 구분, 직장명, 근무 년수), 소득 정보(연소득, 사업소득, 이자소득), 재산 정보(재산세, 소유 부동산 형태, 세금 납부 정도, 예금, 신탁, 보험, 급여 이체, 타 금융기관 대출) 등을 바탕으로 한 신용 평가제가 2020년 중 보험회사, 금융투자회사, 여신전문 회사 등 전 금융권으로 확대·적용된다.

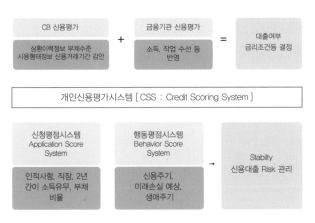

신용주기에 따라 신청평점시스템 (Application Score System) 대출승인여부, 신용카드발급 등 신규거래개설을 위한 의사결정에 활용된다. 또한 행동평점시스템 (Behavior Score System)(금융상품(IFRS 9) :미래 예상 신용손실 조기 인식(발생손실모형→기대손실모형),분류기준 변경(4개→3개) 등으로 축소되는 정량적 회계측정 변경 내용)을 말한다. 회계체제에 신용주기, 미래손실 예상, 생애주기에 따른 가중치 부여 이자상승 신용등급 하락들을 검토하여, 일정시점마다 향후 대출 부실 가능성을 재평가 하도록 되어있다.

출처: 금융위원회

〈그림24. 개인 신용평가 시스템 변경〉

〈표40. 2020년 개인 신용평점수제 전 금융권 시행〉

금융회사 등	금융위·금감원 등	추가 조치 사항 및 법령 개정 여부
~'20.上	• 내부 신용평가시스템(CSS) 마련 (소형 금융회사의 경우) • 내부 신용평가시스템(CSS) 정비 • 고객 응대 매뉴얼 개발	• 신용등급을 기준으로 마련된 금융관련 법령 등 정비 • 신용등급을 사용하는 서민금융상품기준, 공공기관 업무 규정 등 개정
'20.下	• 신용점수만으로 여신 등 운영	• 진행상황 점검
'20.下~	• 점수제 전환 결과 모니터링 및 추가 개선 필요사항 점검	• 점수제 전환 결과 모니터링 및 추가 개선 필요사항 점검

출처: 금융위원회 보도자료(2019)

개인 신용평점수제는 개인의 외부 신용 정보, 즉 연체 현황, 금융기관 조회 횟수 등이 모두 기록되고 평가·관리되도록 되어 있다. 이러한 평가의 대안으로 떠오르고 있는 것이 1금융권 중금리 대출시장의 진출과 8월에 시행되는 P2P 금융법으로, 자본금 3억 원 이상일 경우 P2P 영업이 가능해진다. 즉, 지금까지의 대출은 충당금 구조이지만 충당금이 증가하는 다중채무자의 경우 중금리 대출로 유도하게 되며 대출이 불가능한 경우는 바젤3 금융체제에서 벗어난 투자금 형식의 대출로 전환되는 특징을 가지게 된다. 2022년 시행되는 바젤3 충당금 시행 이후 이 시장의 주 고객으로는 약 500만 명의 다중채무자 그룹이 속할 가능성이 높다고 판단된다.

(9) 9월, 장외 파생상품 거래 증거금 제도, 국제 기준으로 시행

중앙청산소(CCP, 한국거래소)에서 청산되지 않는 파생상품 거래, 규모가 70조 원 이상인 금융회사에 대한 개시증거금 교환 제도는 예정대로 2020년 9월 1일부터 시행한다. 단, 거래 규모가 70조 원 미만인 금융회사에 대해서는 이행시기를 2021년으로 연기하였다.

[증거금 제도(요약)]

목 적	파생상품 거래의 시장가치 변동에 따른 일일 익스포져 관리	거래상대방의 계약불이행 등 미래의 잠재된 위험에 대비
구 분	변동증거금	개시증거금
기본 개념	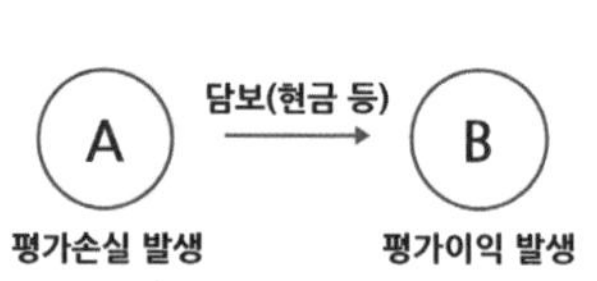 A → 담보(현금 등) → B 평가손실 발생 / 평가이익 발생	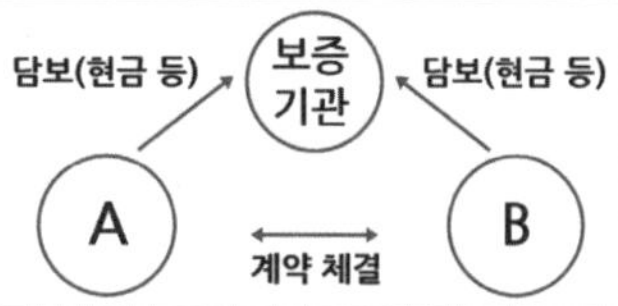 A → 담보(현금 등) → 보증기관 ← 담보(현금 등) ← B 계약 체결
교환시기	매일	거래 개시 시점
계산	시가 평가	표준모형 or 내부계량모형
교환방식	상계에 따른 순액 교환	총액 교환(상계 X)
면제한도	없음	최대 650억
담보관리	개별관리	제 3의 보관기관
담보재사용	재사용 가능	재사용 금지
적용시기	`17.3월	`20.9월

출처: 금융위원회

〈그림25. 2020년 장외 파생상품 거래 증거금 제도 요약〉

2008년 글로벌 금융위기 이후, G20를 중심으로 장외 파생상품 시장의 위험을 축소하기 위한 여러 제도 개선이 추진되었다. 약한 규제와 시장의 불투명성이 글로벌 금융위기를 확대시킨 요인이라는 인식 하에 장외 파생상품 시장의 안정성과 투명성을 높이기 위한 방안을 마련하는 목적으로 합의되었으며, 특히 ① 채무불이행 시 손실을 상쇄할 수 있는 담보자산을 확보하여 금융시스템 리스크를 방지하고, ② 중앙청산소(CCP)에 의한 파생상품 거래로 유도하기 위하여 비 청산 장외 파생거래에 증거금을 부과하기로 합의하였다.

비 청산 장외 파생상품을 70조 원 이상 거래하는 금융기관에 개시증거금 교환제도가 시행된다. 70조 원 이상 비청산 장외 파생상품 거래를 하는 금융기관 35곳(2017년 기준)으로 하여금 내년 9월 1일부터 개시증거금 교환을 입법화한다. 현재 금융감독원 가이드라인(행정지도)에 따른 변동 증거금 교환제도를 시행 중인데 내년부터는 중앙청산소(CCP, 한국거래소)를 통해 청산을 하지 않으면 개시증거금을 내야 한다.

〈표41. G20 장외파생상품시장 제도개선 합의내용〉

목적	대상	합의내용	G20 합의시기
거래상대방 리스크 축소	모든 표준화 장외파생상품	❶ 중앙청산소(CCP)를 통한 청산	피츠버그 정상회의 ('09.9.)
		❷ 전자거래플랫폼(ETP)을통한 거래	
투명성 제고	모든 장외파생상품	❸ 거래정보저장소(TR)에 거래정보 보고	
리스크에 상응하는 규제	중앙청산소 (CCP)에서 청산되지 않는 장외파생상품	❹ 거래 당사자에게 높은 수준의 자본요건을 적용	깐느 정상회의 ('11.11.)
		❺ 증거금 (Margin Requirement) 부과	

출처: 금융위원회 보도자료(2019)

〈표42. 비청산 장외파생거래 증거금 제도 적용일정〉

구분	시행일	대상
변동 증거금	'16.9.1.~	비청산 장외파생거래 잔액*이 3조€ 이상인 대상기관
	'17.3.1.~	모든 대상기관
개시 증거금	'16.9.1.~	비청산 장외파생거래 잔액이 3조€ 이상인 대상기관
	'17.9.1.~	비청산 장외파생거래 잔액이 2.25조€ 이상인 대상기관
	'18.9.1.~	비청산 장외파생거래 잔액이 1.5조€ 이상인 대상기관
	'19.9.1.~	비청산 장외파생거래 잔액이 0.75조€ 이상인 대상기관
	'20.9.1.~	비청산 장외파생거래 잔액이 80억€ 이상인 대상기관

출처: 금융위원회 보도자료(2019)

(10) 10월, 금융 빅 블러(big blur): 금융+통신+ICT=모바일 전자증명 시대

2020년에는 금융사와 통신 삼사(SK텔레콤, LG유플러스, KT), 휴대폰 제조사(삼성전자)가 모바일 인증 서비스를 시작한다. 모바일 전자증명 사업은 금융과 통신, ICT가 융합해 시너지를 일으키는 대표적인 금융 빅 블러를 말한다.

정부에서는 RHMS(전국 임대정보 서비스)+IFRS9(금융회계)+CSS(개인 신용평가) 같은 데이터를 공유하고 통합·수집하는 형태로 진화하고 있다. 빅 데이터를 기반으로 한 산업계와 금융권의 융복합 금융서비스가 민간에 개방되면서 정부의 세수 및 금융권의 리스크 관리 또한 통합되는 방향으로 진화할 전망이다.

(11) 11월, 기업성장투자기구(BDC) 제도 도입

BDC는 벤처투자 등에 전문성이 있는 금융회사 등이 비상장기업과 자금 지원 및 전문 경영 능력을 필요로 하는 기업에 경영 지원 및 자금 공급을 해 줄 목적으로 설립한 투자기구이다. IPO(Initial Public Offering, 기업 공개), 거래소 상장으로 자금을 마련하여 비상장 기업 등 투자 대상 기업을 발굴하고 확정하여, 수익을 투자자가 공유하는 제도이다. 혁신 기업의 성장 단계에 맞는 모험 투자자금을 안정적으로 공급하는 것이 주요 목적이며, 투자자의 접근이 어려웠던 비상장 혁신기업에 대한 환금성 높은 투자 수단을 제공한다는 의미도 있다.

정부에서는 2020년 하반기 중 기업성장투자기구(BDC)가 설립될 수 있도록 법령 개정 및 인프라 정비를 신속히 추진하고 있다. 또한 투자 자금을 예치·신탁한 상태에서 약정 기간 내 투자 대상 기업 확정 실패 시 BDC를 청산하는 자본주의 원칙에도 충실한 편이다. 200% 레버리지(총자산/총부채) 한도로 차입을 허용하며, 스톡옵션·이익 배분제·성과보수 등 성과 연동형 보수를 허용한다.

주된 투자대상으로는 비상장기업 또는 코넥스 상장기업, 시가총액 2,000억 원 이하의 코스닥 상장기업, 벤처기업 등에 투자·집행한 창업투자조합, 벤처투자조합, 신기술 투자조합 및 창업벤처 PEF의 지분 등이 있다.

Value-Up 컨설팅, 경영지원 등을 제공하여 적극적으로 기업 가치를 제고할 수 있도록 금융 투자업자에 액셀러레이터 겸업을 허용한다. 최초 설정 시 운용사 및 전문 투자자 자금으로만 설정한 경우 운용실적

(Track Record) 축적을 위한 상장 유예기간(3년)을 인정한다.

그런데 이렇게 된다면 기존의 벤처캐피탈 업계가 침체에 빠질 가능성이 높다. 일반인의 대규모 투자가 활성화되기 때문에 지금까지의 벤처캐피탈 업체와 경쟁 관계에 놓일 수밖에 없기 때문이다. 비상장기업 등 주된 투자 대상에 BDC 재산의 60% 이상을 의무적으로 투자(설정 후 1년간 유예기간 부여)한다. 주식, 채권, 이익 참가부 증권, 대출 등의 방법으로 기업에 신규 자금 공급 등을 인정하며, 공모펀드와 같은 공시의무(판매·정기·수시)를 부여하여 투자자로부터 신뢰성을 확보한다는 것이 정부의 목적이다.

(12) 12월, 한계가구·한계기업에 대한 구조조정 방안 발표 예상

2019년 이후 준공 후 미분양 주택 수 증가, 경락률 하락, 상업용 부동산 공실률 상승 등 부동산 경기 하락의 징후가 뚜렷하였다.

2017~2019년 기간 동안 행해진 집값 담합, 허위계약 신고 등이 내년 3월부터는 실거래 불법행위의 실효적인 조사가 이뤄질 수 있도록 신고기한이 기존의 60일에서 30일로 단축된다. 이번 조치는 보다 정확한 시세정보 전달과 부정거래를 막기 위한 조치다. 부동산 거래신고 등에 관한 법률이 시행되면 등기, 가족관계, 소득, 과세 등 관계기관으로부터 제공받을 필요가 있는 요청자료가 구체화되고, 국토부의 조사권도 부여된다. 또한 계약이 해제되거나 취소되었을 때도 신고가 의무화되기 때문에 자전거래, 부동산 조작과 담합, 허위 신고 등으로 유지해 온 수

도권 부동산 시장이 침체 위기에 놓일 것이다. 이로 인한 부동산 가격 하락 현상은 부동산 분양가 상한제 시행 등으로 이미 2015~2018년 기간에 100만 호 가까이 공급 과잉된 시장의 트리거가 될 가능성이 높다. 참고로 자전거래·허위 신고 적발 시 과태료 3,000만 원이 부과되며, 과태료의 20%를 신고자에게 포상금으로 지급하게 된다.

이렇게 일정대로 진행된다면 2020년 전국 역전세 대란(수도권 현실화)이 현실화될 전망이다. 또한 고 LTV 규제로 인한 지방은행 건전성 강화, 지방 저축은행 건전성 강화, 캐피탈, 카드사의 부실화가 점점 증가될 가능성이 높다.

또한 경기도에서 대규모 입주의 여파로 경기도 전역은 역전세가 더더욱 확대될 가능성이 높다. 2019년 1월부터 서울시 강동구를 중심으로 상반기에는 1만 5,000호가 대규모 입주를 시작하면서 전세가 하락이 두드러지게 나타났다. 2019년 하반기에는 경기도 외곽의 경매 매물이 증가하는 현상으로 이른바 경기도 파산경매 시대와 외곽 유령화 현상이 자주 보도될 것으로 예측된다. 9억 이상 주택의 전세금 보증 폐지로 인해 강남 4구의 전세 가격 하락 현상이 본격화되면서 고 LTV 중심으로 부동산 개인사업자, 기업대출자 파산 현상이 종종 보도될 것이다.

11월 이후부터는 이러한 자산시장 붕괴 현상에 대한 대처 방안으로 정부는 장외 파생상품 시장에, 김대중 정권의 인터넷 주식 거품시장 같은 5G 혁신벤처스타트를 조성하기 시작한다.

또한 가계대출 시장의 부실화가 급격하게 진행되는 과정에서 바젤3로 인해 평균 5% 이상의 연체율을 기록 중인 카드사, 대부업, 캐피탈,

저축은행 등의 대출 시장이 급격하게 축소된다. 이에 대한 대응 방안으로 500만 다중채무자에 대한 10% 이상의 중금리 대출시장 확대와 기업 주도의 P2P 시장의 새로운 출발을 보게 될 것이다.

2020년은 집단대출 부동산 PF시장 또한 부실로 전이될 것이며, 12월에는 부동산발 금융위기 징후인 악성 미분양 물량이 3만 호 가까이 진행될 것으로 보인다.

한편 집단 주유소같이 주유소, 관공소, 휴게소 등을 묶어서 펀드로 개발·판매하는 선진국형 리츠펀드 또한 대규모로 자본시장에 상장하게 되면서 2020년은 리밸런싱 대탈출의 마지막 시기로 점치고 있다.

이러한 시장에서는 각종 신탁공매와 공매 시장을 검색하고, 주요 요지의 대규모 매각된 리츠펀드 개발과 주거·수익형 건물들을 선별하여 판단하기를 추천한다.

- 2020년 카드사, 캐피탈: 오토마트, 온비드 자동차 공매, 경찰 경매 유실물 경매 입찰
- 대법원 지방경매: 가격이 50% 이하가 될 실수요형 지방 신도시의 워라밸형 상가, 실수요 빌라, 지방 공단의 실수요형 오피스텔, 사치성 소비재로 가격이 크게 하락할 별장 등이 추천 대상이다.

11

2021년 이후의 내환 위기에 대하여

―――――

2020년 은행 예대율 규제가 도입되고, 2021년 저축은행 및 제2금융권까지 예대율 규제가 확대 적용되면 가계대출은 사실상 거절되게 된다. 예대율 규제가 시행되면 은행 예대율을 맞추지 못한 금융권은 오히려 예대율 부족분만큼 특판 경쟁을 하게 된다. 2020년 제1금융권의 예금 유치 경쟁, 2021년 저축은행 예금 유치 경쟁 같은 일이 벌어지면서 은행이 예금자들에게 돈을 빌리는 웃지 못할 촌극을 보게 될 것이다.

2022년에는 보험사 자기자본 실적 경쟁 같은 금융권의 대혼돈기가 앞으로 3년간 몰아치게 된다. 2023년부터 2024년은 금융권의 부실과 실물시장의 구조조정이 자연스럽게 일어날 수밖에 없다. 즉, 금융권이 살아남기 위한 전쟁에서 가계대출자들은 구조조정 대상에 해당하게 되는 것이다.

1997년 IMF위기는 외부의 자금 수혈이 원활하게 되지 않아 수많은 기업과 기관이 쓰러졌던 외환 위기의 시대를 말한다. 우리는 외화가 아닌 원화 대출을 늘려 경기를 부풀려 온 거품의 공화국이다. IFRS9 시스템의 DSR, 신 DTI, LTV 대출 시스템과 예대율의 시간표 본다면 상황은 아주 간단한 결론에 이르게 된다. 은행 및 기타 금융권 그리고 가계와 중소기업, 중견기업에 이르기까지 바젤3 시스템에서는 이익과 신용이 보장되지 않으면 추가 대출은 불가능하다는 것이다.

현재 벌어지는 기업실적 부진, 미·중 무역 분쟁, 국내 경제 성장세 둔화는 금융시스템에 미치는 영향력이 비교적 큰 리스크로, 부동산시장 불확실성, 가계부채 누증은 중간 정도의 영향력을 미치는 리스크로 조사되었다.

우리나라 수출 실적은 1970~2017년 47년간 연평균 14.6%의 증가율을 기록하였다. 같은 기간 동안 수출이 감소된 해는 여섯 차례 있었는데 최근 들어 그 빈도가 높아지고 있다.[105] 2019년에는 2018년에 비하여 20% 이상이나 감소하였다.

대외 개방성이 높아진다는 것은 그만큼 위기 또한 쉽게 전염된다는 것이다. 한국은 WTO와 FSB체제 속에서 무역개방과 금융개방의 전 세계적인 시스템에 속해 있으며 이러한 시스템은 국제적인 공시가 가능하기 때문에 취약 부분이 쉽게 노출되는 세상에 우리는 살고 있다. 취약한 부실이 노출된다면 이러한 위기는 고용불안으로 쉽게 나타나며,

---

105) 한국 외환위기(1998), IT 버블붕괴(2001), 글로벌 금융위기(2009), 유럽 재정위기(2011), 저유가 (2015, 2016)

디레버리징(DELEVERAGING)

장기적인 내수 위축까지 겹치는 내환위기의 고통을 겪게 될 것이다.

즉, 한국은 IMF 현상과 반대인 내환위기 상태에 있는 것이다. 1997년
은 외환 유동성의 비극이라면 2021년부터 대한민국의 비극은 내환 유
동성의 비극일 수밖에 없다.

〈그림26. 주요 리스크 요인의 변동 내용〉

2018년 11월	2019년 5월
• 미·중 무역분쟁 심화(81%) • 국내경제 성장세 둔화(67%) • 주요국 통화정책 정상화(59%) • 중국 금융·경제 불안(51%) • 가계부채 누증(45%) • 부동산시장 불안정(41%)	• 미·중 무역분쟁(67%) • 국내경제 성장세 둔화(66%) • 수출 감소 등 기업실적 부진(44%) • 부동산시장 불확실성(44%) • 가계부채 누증(43%)

- 응답 빈도수 기준 40% 이상인 리스크 요인 기준

출처: 한국은행

2018년과 2019년의 서베이 결과를 비교해 보면 우리 경제의 주요 리
스크 요인이 변화하였음을 알 수 있다. 주요국 통화정책 정상화 및 중
국 금융·경제 불안이라는 주요 리스크 요인이 2019년 조사에서는 제
외 되었고, 수출 감소 등 기업 실적 부진이 새로운 리스크 요인으로 추
가되었다.

우리나라가 신 외부감사법 도입에 따라 2020년부터 외부 감사인(회계
법인)을 6년 자유 선임하면 3년간은 새로운 외부 감사인을 지정(주기적 지
정제)받도록 회계제도가 바뀐다. 2014년부터 감사인을 자유 선임해 왔

던 상당수 기업은 2020년부터 정부가 정해 주는 새로운 회계법인에 재무제표 감사를 맡겨야 하는 것이다. 신 외감사법으로 인하여 이제는 감사 지정제 이전에 기업의 부실을 사실 그대로 고백해야 한다.

이러한 여파로 삼성과 같은 기업들의 회계부정과 부실이 2018년부터 드러나고 있다. 삼성의 경우 40년 만에 회계법인을 교체하면서 그간의 밀월관계가 청산되고 있다. 이러한 밀월관계 청산은 한국의 외감기업 전체에 확산되는 중이다. 2020년부터는 기업의 부실 상당 부분이 시장에 공개될 것이다. 이러한 부실은 한국의 증권거래소에서 상상하지 못했던 기업들의 상폐 쓰나미로 연결될 것은 뻔하다. 결국은 P-PLAN에 의한 기업의 구조조정 속도가 시장에서 빠르게 진행되게 될 것이며, OECD에서 합의한 기업 지배구조 개선안 등을 받아들이게 될 수밖에 없다.

우리나라의 4대 그룹은 사업 시설 관리와 광고, 경영컨설팅 등 서비스업 관련 업종에 중점을 두고 비상장사를 늘려 왔다. 서비스업을 영위하는 비상장사는 49개(28.1%)로 비제조업 중 가장 많았다. 도·소매업(19개), 금융 및 보험(19개), 부동산업(18개) 또한 4대 그룹이 선호하는 업종으로 나타났다.

기업별로 선호하는 업종은 차이를 보였다. 삼성전자는 금융 및 보험업이 13개로 비상장사 중 가장 많았다. 현대차는 비제조업 비상장사 중 부동산업이 6개로 가장 많았다. 주력 업종인 자동차 관련 비상장사(7개)와 비교해 봐도 차이가 크지 않았다. LG는 서비스업 관련 비상장사가 18개에 달했다. SK는 서비스업 19개와 부동산업 10곳 등 골고루 선호했다.

재벌의 매출 40% 이상이 내부거래에서 이익을 창출하며 대부분 비상장사이다. 이른바 회장님 친인척이 나눠 먹기 구조의 지배종속 관계에서 착취는 40년 이상이 지속되어 왔으며, 코리아 디스카운트의 대부분을 차지한다.

회장님의 퇴직금, 월급, 생활비, 비상장회사의 일감 몰아 주기, 퇴직위로금 등 이러한 재벌의 민낯은 이제 버스회사 같은 중소기업을 넘어 식구들끼리 나눠 먹기 구조로 고착화되고 있는 것이 문제일 것이다.

그들 재벌들은 전문 과학기술 서비스, SI 등등 누구나 알 법한 유치한 수법으로 이제 자손 4대와 그 친인척 등이 관련된 광범위한 사람들의 이권이 걸린 사업을 확장하면서, 주주와 법인 구성원, 자본주의 기본 원칙 따위는 염두에서 지워 버린 지 오래이다.

비상장에 대한 감시도 없으며, 이러한 이익의 빼돌리기는 너무나 광범위하며, 불황이 오면 노동자, 회사, 임직원과 정치권까지 언론에서 손가락질하기 일쑤다. 재벌 계열사의 80%가 비상장인 나라에서 회장님 문화는 우리에게 무엇을 말하고 있는 것인가? 이것이 과연 정상적인 자본주의인지 의문이 들 수밖에 없다.

재벌 비상장사는 특혜로 부를 대물림하는 세습제의 원천이다. 국가의 경쟁력과 자본 이익 불평등의 산실이다. 순익의 1,500%까지 배당하며, 월급, 퇴직금, 배당금을 챙겨 간다. 이러한 상속의 탈세와 배임의 보편화는 불황과 같은 기업의 위기 때 기업의 세금 투입금만큼의 부실을 확대 재생산하는 고착화된 구조이다. 이러한 구조는 시장의 새로운 기업의 진입을 가로막고, 회사의 생산성과 발전을 저해하며 이익 창출에 기여한 조직 구성원을 불황기에 대규모 퇴출로 내몰 뿐이다. 이른바 '이익은 가족들에게 손실은 사회에게' 전가하는 구조는 해운 구조조정, 철강 구조조정, 금융권 구조조정, 조선 구조조정, 건설사 구조조정 등에서 보인 재벌들의 행태에서 쉽게 볼 수 있다.

실제 4대 그룹 비상장사는 지난해 166조 9,034억 원의 매출을 올렸다. 이 중 38.6%에 해당하는 64조 5,690억 원이 내부거래에서 나왔다. 공정거래위원회의 조사 결과에서도 상장사보다 비상장사의 내부거래 비중이 높은 것으로 확인됐다. 공정위가 지난해 발표한 '2018년 공시대상 기업집단 내부거래 현황'에 따르면 작년 5월 기준 비상장사의 내부거래 비중은 19.7%로 상장사(8.1%)보다 높았다. 그중에서도 사업 지원 서비스업(49.6%), 전문 과학기술 서비스업(47.6%) 등 서비스업이 내부거래 비중이 높은 1, 2위 업종으로 뽑혔다.

권오인 경제정의실천시민연합 재벌개혁본부 국장은 '비상장사는 상장사보다 총수 일가 등 내부 지분율이 높아 결과적으로 비상장사의 가치가 커질수록 총수 일가의 이익이 불어나게 된다.'라며 '투명성을 높이고 규제를 강화할 필요가 있다.'라고 밝혔다.

그동안 일반기업 회계기준 적용 지배회사는 연결재무제표 작성 시 외부감사 대상이 아닌 종속회사를 연결 대상에서 제외해 왔다. 그러나 앞으로는 일반기업 회계기준 적용 지배회사의 연결 대상에 외부감사 대상이 아닌 종속회사도 포함하게 된다. 연결재무제표 작성 범위가 확대 적용되면서 회장님 신화도 붕괴될 것이다. 사실상 5대 지배기업이 1,200개 법인을 신설하고, 그중 1,000여 개 기업이 비상장인 이유가 무엇을 말하고 있겠는가?

외부 감사법 시행령 개정에 따라 회계감사 기준에 미국 상장회사 회계감독위원회의 내부회계 감사 기준을 도입했다. 내부회계 감사 기준은 회사 회계 처리를 사전에 규정한 절차와 방법에 따르도록 해 회계 투명성과 일관성을 확보하는 내부 통제 시스템이다.

아직 북미식 사법체계가 일각의 반발로 인하여 들어오지 못했지만, 아버지의 후광으로 투자자에게 돌아갈 배당과 노동자에게 돌아갈 이익을 중간에 편취하는 이른바 대외 코리아 디스카운트도 감시 대상에 포함될 것이다. 이러한 과도기적인 상황은 고객에 대한 보편적인 보호 장치인 징벌적인 손해배상제도 또한 도입할 수밖에 없을 것이다.

아마 이런 식의 비상장 나누어 먹기 구조가 계속된다면 기업 5대째에는 비상장사가 앞으로 3,000개 이상은 필요할 것이며 이익의 99%를 나누어 가져야 할 것이다. '이익은 모두 회장님 일가로, 손실은 기업에게'라는 사고가 남아 있는 현 시기 이후 재고와 산업 구조조정 속에서 586세대는 대규모 은퇴를 종용받게 될 것이다. 늘 그렇듯이 노동자가 부족한 부분과 이익을 위해서 몸값을 50% 낮추어 70세까지 고용하려는 일본식보다 더 잔인한 행태와 언론을 통한 선동을 보게 될 것으로 예측하고 있다. 세속화된 노예들에게는 늘 하던 일과 일상의 부당함 따위와 사회의 앞날 같은 것을 고민할 이유 따위는 없어야 하지 않은가?

이러한 문제가 해결되기 위해서는 해외에서 합의된 기업지배구조 개선 방안의 이행, 사외이사의 독립성 기준 제고로 역할 강화, 고발권과 경영자 연대 책임제 도입과 함께 사외이사 선임 시 경영진 역할 배제 등의 제도적 뒷받침이 있어야 한다. 또 사외이사가 모든 상장기업 이사회의 절반 이상을 구성하는 법안 상정, 사외이사에 대한 객관적인 평가 요구와 배임·횡령에 대한 공동 책임제도가 필요하다. 부패 혐의로 유죄가 선고된 기업 임원들에게 대통령 사면을 하지 않겠다는 정부의 약속 준수 등도 중요한 사안이다. 대기업 집단, 특히 그룹 내부거래 문제 해결을 위해 집단 소송 및 주주 대표 소송 사용을 장려하기 위한 개혁 방안 실시도 전제되어야 한다.

70% 이상 기업의 1대 주주인 국민연금기금 등 기관투자가들의 새로운 스튜어드십 코드(stewardship code)의 적극적인 이행으로 모니터링 역할 강화와 감시제도의 활성화 방안 법제화도 필요하다. 지금까지 우리나라는 국제사회가 요구하는 자본주의 상식 같은 것은 좌파나 빨갱이로 매도되어 왔다. 문제는 국민연금의 손실이나 배임 같은 국가·사회적 불신이 자본시장 전체와 사회적 신뢰마저도 훼손할 우려가 점점 높아지고 있다는 점이다.

우리는 국민소득 3만 달러 이상의 국가이며, 성장과 안정을 위한 사회적 자본의 형성이 절대적으로 중요해지는 시기에 와 있다. 이러한 엄중한 시기에 전 사회에서 벌어지는 자본의 횡령과 배임의 일상화가 만들어 낼 비극은 대다수 사회 구성원의 세수 부담과 물가 상승 그리고 노후자금의 고갈로 이어지게 될 것이다. 이러한 국가의 자본시장 감시 기능이 저하된다면 더더욱 큰 악몽에 직면하게 될 것임은 너무나 자명한 일이 아니겠는가? 사회적 감시망을 통해 정경유착적인 구조를 바로잡아야 하는 이유이다.

(1) DSR발 가계 내환 위기

1) 바젤3 공포 시작

고위험 주담대 추가 자본 규제 영향이 본격화되면 중소기업의 기 대출·저 LTV 대출을 늘리면 BIS 비율이 상승한다. 금융권이 보유하고 있는 모든 종류의 손실 발생 위험에 대비해 충분한 자기자본을 적립하도록 규제받아야 한다.[106]

바젤3의 핵심 내용을 살펴보면 저위험 자산은 위험가중치(RW)를 하향 조정하고, 고위험 자산은 상향 조정하는 등 자산별 위험 수준에 따라 표준 위험 가중치를 차등화하여 금융권의 부실대출을 관리하는 시스템이다. 즉, 위험투자자산 대출의 가중치는 올라가며, 소득이나 이익에 따른 대출에 대해서는 차등적으로 위험가중치가 하향된다. 주식, 고 LTV, 임대 목적 부동산의 경우는 고위험 대출로 분류되므로 각별한 주의가 요구된다.

경기 상황이 악화될 경우, 미래 손실 및 고위험 대출에 대한 충당금 및 대출 제한, 원리금 상환 압박으로 은행들은 대출보다는 상환에 집중하게 된다. 이어서 경기 후퇴성 진입 → 경기 악화로 인한 은행 대손충당금 급격히 증가 → 고위험 RW대출 여력 위축 → 경기 악화 가속화라는 악순환의 구조조정을 밟게 될 가능성이 매우 높다. 이른바 소득과 이익의 대출 구조로 정착됨으로써 금융권의 80% 가까이가 부동산 관련 대출인 시점에서, 가계의 원리금 상환 압박 및 중금리 대출, P2P대출

---

106) 금융권이 쌓아야 하는 충당금 리스크에는 ,신용 리스크, 시장 리스크, 운영 리스크, 유동성 리스크, 금리 리스크, 전략·평판 리스크 등이다.

시장으로 급격하게 재편될 것으로 판단된다.

2) 2021년 농협, 수협, 상호금융의 이자·배당에 대한 비과세 폐지

농협, 수협 등 상호금융기관의 준조합원에게 주어지던 이자·배당소득에 대한 비과세 특례가 2020년까지만 유지된다. 임대주택 등록사업자의 세제 혜택은 필요 경비율을 낮추는 방식으로 축소되고, 종합부동산세는 조정대상지역 2주택자의 세 부담 상한을 낮추는 것으로 다소 완화됐다. 특수은행에 대한 국제기준은 2021년 비과세가 폐지된다는 것이다.

당초 정부는 1976년부터 시행된 상호금융기관 예탁금·출자금의 이자, 배당소득 비과세 혜택에 대해서 준조합원은 2019년까지, 조합원은 2021년까지로 한정하고 특례 종료 후 첫 해는 5%, 이후엔 9% 세율로 분리 과세하는 법안을 제출했었다. 농어민 재산형성 지원이라는 원래의 취지와 달리 일반인들도 소정의 가입비를 내고 준조합원이 되면 세제 혜택을 받을 수 있다 보니 '상호금융이 여유 있는 계층의 절세 수단으로 활용된다.'라는 비판이 오랫동안 제기됐다. 그러나 농협, 수협은 물론이고 관계부처, 정치권 등이 나서 '특례를 없애면 가입자 이탈로 상호금융 존립 자체가 흔들릴 수 있다.'라고 반발하면서 결국 조합원과 준조합원 모두에 대해 2020년까지 일괄 연장하기로 한 것이다.

DSR이 본격 시행되면 원금 분할상환 확대 정책의 영향으로 가계의 처분가능소득 대비 원리금 상환 부담이 50%가량 증가하면서, 가계 처분가능소득의 7% 내외가 일반 소비 및 저축에서 부채 상환으로 전환된다. 이에 따라 제2금융권 업권과 차주 특성 등을 고려, 관리지표 수준을 설정한다. 평균 DSR 기준으로 카드사(60%) → 보험회사(70%) → 캐피탈사(90%) → 저축은행(90%) → 상호금융(160%) 순으로 차등 설정한다. 단, 제2금융권 이용 차주의 금융 접근성이 제약되지 않도록 DSR 관리 기준 준수에 필요한 충분한 시간을 부여하고 있다.

〈표43. 제2금융권 DSR 관리기준 목표〉

	평균 DSR ('21년 말 목표)	高 DSR 비중 상한	
		70% 초과대출 비중	90% 초과대출 비중
상호금융	160% ('25년 말까지 80%)	50% ('25년 말까지 30%)	45% ('25년 말까지 25%)
저축은행	90%	40%	30%
보험	70%	25%	20%
여전사	카드사 60%	카드사 25%	카드사 15%
	캐피탈사 90%	캐피탈사 45%	캐피탈사 30%

출처: 금융위원회 보도자료(2018)

국내 가계 전체의 '연간 원리금 상환액/연 처분가능 소득' 비율은 2011년 16.3%에서 2016년 24.0%로 최근 5년간 47%까지 급격하게 상승했다. 주택담보대출 원금 분할상환 확대 정책 실시의 영향으로 가계의 상환 부담은 지속적으로 증가하고 있는 중이다. 과거 대비 처분가능 소득의 8%p가량이 추가적으로 부채 상환에 소모되면서 그만큼 일반 소비 및 저축이 감소하는 것이다. 지속적인 부채 증가 및 원금 분할상환 비율 추가 확대로 향후 1~2년 이내에 가계의 원리금 상환/처분가능 소득 비율은 30%에 달할 것으로 전망된다.

주택담보대출 보유 가구 기준, 처분가능소득 대비 주택비용 비율은 원금 분할상환 확대 정책 이전 12.5%에서 최근 18.5%로 상환 부담이 절반가량 증가하고 있다. 또한 금리 하락으로 소득 대비 이자 상환 부담은 2013년 대비 2016년 기준 1.7%p 감소하였으나, 원금 상환 부담은 동기간 7.2%p 상승하고 있다. 다른 OECD 국가의 주택비용 부담에 큰 변화가 없다면, 한국의 주택비용 부담 순위는 36개국 중 32위에서 18위로 상승하였다.

상호금융권에 대해서는 현재 DSR의 절대적 수준이 높은 만큼 충분한 시간을 갖고 점진적으로 DSR의 하향 안정화를 유도한다. 시범 운영기간 중 평균 DSR(261.7%) 수준을 감안하여 2021년 말까지 160% 이내로 관리한다. 그리고 2021년 이후 2025년까지 매년 관리지표 수준을 20%p씩 단계적으로 감축한다.

고 DSR 관리 기준은 DSR 70% 초과 대출 비중은 50%, DSR 90% 초과 대출 비중은 45% 이내로 관리된다.

〈표44. '21년 이후 상호금융권 DSR 관리지표 수준〉

	'21년 말	'22년 말	'23년 말	'24년 말	'25년 말
▶ 평균DSR	160%	140%	120%	100%	80%
▶ DSR 70% 초과대출 비중	50%	45%	40%	35%	30%
▶ DSR 90% 초과대출 비중	45%	40%	35%	30%	25%

출처: 금융위원회 보도자료(2018)

저축은행권은 2018~2020년 시범 운영 기간 중 DSR 수준을 감안하여 지방·특수은행보다 소폭 완화된 수준으로 관리기준이 설정된다. 평균 DSR

은 2021년 말까지 90% 이내로 관리한다. 고 DSR 관리 기준은 DSR 70% 초과 대출 비중은 40%, DSR 90% 초과 대출 비중은 30% 이내로 관리된다.

보험업권에 대해서는 시범 운영 기간 중 DSR 수준을 감안하여 지방·특수은행보다 강화된 수준으로 관리기준이 설정된다. 평균 DSR은 2021년 말까지 70% 이내로 관리하도록 설정되며, 고 DSR 관리 기준으로 DSR 70% 초과 대출 비중은 25%, DSR 90% 초과 대출 비중은 20% 이내로 관리하도록 예고 중에 있다.

여전업권에 대해서는 카드사-캐피탈사 간의 주력 대출상품이 상이한 점 등을 감안하여 카드사와 캐피탈사로 구분하여 각각 관리지표를 설정하였다.

카드사의 평균 DSR은 60%(2021년 말까지), DSR 70% 초과 대출 비중은 25%, DSR 90% 초과 대출 비중은 15% 이내로 관리된다.

캐피탈사의 평균 DSR은 90%(2021년 말까지), DSR 70% 초과 대출 비중은 45%, DSR 90% 초과 대출 비중은 30% 이내로 관리된다.

3) 예적금 담보대출, 보험계약대출 DSR

현행의 방식으로는 예적금 담보대출 DSR 산정 시 원금 상환액과 이자 상환액을 모두 반영[107]하고 있는 반면 2021년부터는 DSR 산정 시 이자 상환액만 반영된다.

---

107)   원금 상환액: 상환 방식과 관계없이 8년 분할상환으로 가정하여 산출된다.
        이자 상환액: 실제 이자 상환액을 말한다.

원금상환액 미반영 사유는 첫째, 담보(현금성 자산) 가치의 변동성이 낮고 환가성이 높다는 점 둘째, 담보와 대출 원금 관계로 볼 때 담보(자산)와 대출 원금(부채) 간 즉시 상계가 가능하고 차주가 담보자산을 자유롭게 처분하여 원금 상환이 가능하기 때문이다.

단, 보험계약대출에서는 2019년 현재 DSR이 적용되고 있지 않다. 그러나 2021년부터는 보험계약대출을 받을 때에는 보험 소비자가 약관에 따라 신청 시 거절 불가한 보험계약대출 특성상 DSR을 산정하지 않지만, 다른 업권의 대출 DSR 산정 시에는 이자 상환액을 반영하도록 한다.

대부업 대출 역시 보험계약대출과 마찬가지로 2019년 현재 DSR 산정에 포함되지 않고 있다. 그러나 2021년부터 다른 업권에서 대출받을 때는 이자 상환액을 기준으로 DSR 산정에 포함할 예정이다.

이러한 DSR 규제는 2021년까지 저축은행 90%, 보험업계 70%, 카드사 60%로 관리되며, 차주의 증빙, 인정, 신고소득을 확인하여 DSR을 산출하게 된다. 2021년 이후 2025년까지 매년 관리지표 수준을 5%p씩 단계적으로 감축한다.

가계대출의 소득 증빙 대출로 기존 대출자에게 원금 상환 압박이 시작되면 이번 내환위기 상황에서 다중채무 가계대출자들에게는 지옥을 선물하게 될 것이다. 2025년까지 500만 명의 다중채무자들은 노예 같은 삶으로 내몰리는 것 외에는 사실상 다른 방법은 없다고 봐야 한다. DSR 등 각종 대출 규제는 제1, 2금융권의 문턱을 높이는 것뿐만 아니라 대부업계의 대출까지 축소시켜 다중채무자는 물론 한계가구에게는 아예 접근을 막아 버리는 꼴이 되었다.

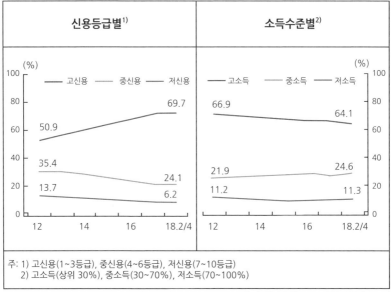

신용등급별[1]	소득수준별[2]

신용등급별 (%)
- 고신용 — 중신용 — 저신용
50.9 ... 69.7
35.4 ... 24.1
13.7 ... 6.2
12 14 16 18.2/4

소득수준별 (%)
- 고소득 — 중소득 — 저소득
66.9 ... 64.1
21.9 ... 24.6
11.2 ... 11.3
12 14 16 18.2/4

주: 1) 고신용(1~3등급), 중신용(4~6등급), 저신용(7~10등급)
2) 고소득(상위 30%), 중소득(30~70%), 저소득(70~100%)

출처: 한국은행 2019년 금융안정 보고서

〈그림27. 차주의 신용등급 및 소득수준별 가계대출 비중〉

전체 가계대출 차주의 DSR이 2012년 말 34.2%에서 2018년 2/4분기 말 38.8%로 4.6%p 상승하였다. 법원 개인회생의 채무조정과 신복위의 주담대 채무조정을 연계함으로써 금융회사의 담보대출에 대한 별제권이 상당 폭 제한되는 정부 주도의 프로그램이 이미 시행중에 있다.

원리금 상환을 원금과 이자로 구분하면 대출 누증으로 소득 대비 원금 상환 부담(원금 DSR)이 계속 상승한 반면, 소득 대비 이자 지급 부담(이자 DSR)은 저금리 등으로 하락하다가 2016년 4/4분기 이후 대출금리 상승 등의 영향으로 높아졌다.[108] DSR 중심으로 여신 관리를 변경한다

---

108) 한국은행 2018년 하반기 신용조회회사(NICE평가정보)로부터 입수한 약 100만 명의 가계부채 관련 미시데이터로 동 DB의 차주별 소득 정보는 증빙소득 또는 신용조회회사의 소득 추정치이다.

는 것은 담보 및 대출 건별 관리에서 차주별 위험 관리로 변경된다는 의미다. 이 시스템은 은행이 생존을 위해서 퇴출자를 일정 부분 선별할 수밖에 없는 구조이다.

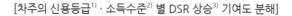

[차주의 신용등급[1] · 소득수준[2] 별 DSR 상승[3] 기여도 분해]

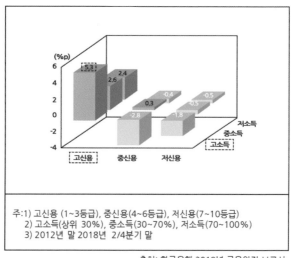

주:1) 고신용 (1~3등급), 중신용(4~6등급), 저신용(7~10등급)
  2) 고소득(상위 30%), 중소득(30~70%), 저소득(70~100%)
  3) 2012년 말 2018년 2/4분기 말

출처: 한국은행 2019년 금융안정 보고서

〈그림28. DSR 상승 기여도 분해〉

DSR이 40% 이하인 차주의 비중은 72.6%(대출 비중 39.4%)이며 70% 이하인 차주의 비중은 86.2%(대출 비중 58.6%)이다. 한편 연간 원리금 상환액이 소득을 상회(DSR > 100%, 가구원 소득 제외)하는 차주의 비중은 낮은 수준이나 점차 상승(2012년 말 7.0% → 2018년 2/4분기 말 8.4%)하고 있는 추세이다. 금융안정보고서에서 금융부채 보유 차주만을 대상으로 보면 총부채 원리금 상환비율은 2012년 말 34.2%에서 올해 2분기 말 38.8%

디레버리징(DELEVERAGING)

로 상승했다. 반면 이들 차주의 대출 비중은 2012년 이후 30% 초반 수준에서 등락하면서 소폭 하락(32.6% → 31.5%)하였다.

2019년 DSR 70%인 가계가 차지하는 비중이 42%로 전체 여신의 29% 이상을 차지하고 있다. DSR 평균구간 40%를 적용할 경우 DSR 70% 이상인 차주의 대부분이 담보대출과 신용대출을 병행 보유해 금융권의 경매 별제권 제한 시 차주의 채무 재조정, 이른바 30~40년 채무노예 프로그램이 급증할 것으로 예상할 수밖에 없다. 국제적으로도 DSR 40%를 초과하는 가계는 채무상환에 어려움을 겪을 가능성이 높은 것으로 보고 있다. 정부에서 은행권 신규 가계대출 중 DSR 70% 초과 대출을 일정 비율 이하로 취급하도록 규정, DSR 100% 이하 차주의 대출 비중은 2012년 이후 소폭 상승(2012년 말 67.4% → 2018년 2/4분기 말 68.5%)하고 있다.[109]

DSR 100% 초과 차주의 신용등급, 소득 수준별 특성을 보면 상대적으로 고신용 및 고소득 차주의 비중이 높았다. 2018년 2/4분기 말 현재 DSR 100% 초과 차주 중 고신용 비중은 52.9%, 고소득 비중은 37.3%로 여타 차주를 상회하였다. 고신용자의 가계대출 비중은 2012년 50.9%에서 2019년 72%까지 급증하고 있다.[110]

다만 DSR 100% 초과 차주 중 저소득자가 32.3%, 60대 이상이 20.1%였으며 다중채무자 비중이 44.7%로 전체 차주(각각 19.6%, 16.5%, 21.9%)보다 높은 수준을 보였다. 즉, 저신용자의 대출 연체율을 담보금액과 비교하여 따진다면 이번 구조조정에 큰 의미가 없다. 실상은 이미 2008

---

109) 세부적으로는 DSR 20% 이하 차주의 대출 비중이 하락한 반면 20~70%인 대출 비중은 상승하고 있다. 70~100%인 대출 비중은 9% 중후반 수준에서 별다른 변동이 없는 모습이다. 참고로 다중과 비다중 채무자를 비교한 결과 다중채무자의 DSR('18년 2/4분기 말 68.3%)은 비다중채무자(30.4%)보다 2배 이상 높은 것으로 나타났다.

110) 2018 금융안정 보고서

년 바젤2 시행 시 파산할 만큼 파산한 상태이다.

전체 가계대출 중 지방 비중은 2012년 말 39.4%에서 올해 2분기 말 43.5%로 상승했다. 현재 2018~2020년 지방은 경매대란 중에 있으며, 이미 상가, 원룸, 오피스텔 등 제주부터 경상도, 강원도 지방공단과 개인까지 기록적인 경매 증가 추세를 보이고 있다.

상업용 건물의 실제 낙찰가는 30~43%를 하회하고 있다. 즉, 현재 2019년 2/4분기 말 금융상황은 신용등급별 분포를 보면 고소득 및 고신용 차주 대출 비중이 각각 64.7%, 73.9%로 전년 말(64.4%, 70.8%) 대비 상승하였으며, 취약 차주 대출 비중은 2018년 말 6.0%에서 소폭 하락하여 5.9%를 나타내고 있다. 위험성으로 본다면 취약 차주보다 70%를 넘어서고 있는 고신용 고소득 대출 비중이 더 크다고 볼 수 있는 것이다.[111]

4) 부채 상환

현행(시범운영) DSR 부채 산정방식을 적용하되, 일부 대출상품은 차주의 실질적 상환 부담을 고려하여 합리적으로 조정된다.

주택담보대출, 전세자금대출, 신용대출, 비주택 담보대출, 한도대출 등은 현행(시범운영) DSR 부채 산정 방식을 적용한다. 전세보증금 담보대출, 예·적금 담보대출, 유가증권 담보대출 등은 부채 산정방식을 합리적으로 개선하도록 하였다.

- 전세보증금 담보대출: 전세가구의 주택별 평균 전세 기간(3.6년) 등

---

111) 자본비율을 맞추기 위해서 2021년에는 주요 기관 및 상장사가 알아서 알짜자산 처분에 나설 것으로 예상될 수밖에 없는 상황이다.

을 감안하여 4년간 분할 상환하는 것으로 산정한다.

- 예·적금 담보대출 등: 금융회사의 최장 만기 등을 고려하여 8년 간 분할 상환하는 것으로 산정하도록 하였다.

고 DSR 대출 기준은 현재 2019년 DTI 규제 수준, 최저생계비 등을 종합적으로 고려하여 DSR 70% 초과대출로 설정한다. 고 DSR 기준을 60% 이하로 설정할 경우 수도권 등에서 DTI 60% 한도로 주담대를 받은 차주의 신용경색이 발생할 우려가 높기 때문이다.[112]

이때 최저생계비는 중위소득의 30% 수준으로 보건복지부가 고시하는 금액이다. 2018년 기준으로 4인 가구 중위소득은 월 451만 9,000원이므로 최저생계비는 135만 6,000원이다. 그러므로 소득의 70%를 넘어서는 부채 상환은 가계의 정상적 생활을 제약하게 된다.

은행권 평균 DSR 70% 초과 대출비중은 23.7%이며, 18개 은행 중 12개 은행이 은행권 평균을 상회하고 있다. 특히 지방은행 40.1%, 특수은행 35.9%로 시중은행 19.6%에 비해 상대적으로 높은 수준이다.

(2) 고 DSR 관리 기준

시중은행, 지방은행, 특수은행 등 은행별 특수성을 감안하여 차등화된 고 DSR 관리기준 및 평균 DSR 목표 등을 다음과 같이 제시한다. 이때 인터넷은행은 시중은행에 포함한다.

---

112)   투기·투기과열(40%), 조정지역(50%), 조정대상지역외 수도권(60%), 기타(적용제외)

- 시중은행: 신규대출 취급액 중 DSR 70% 초과 대출은 15%, DSR 90% 초과 대출은 10% 이내로 관리한다.
- 지방은행: 신규대출 취급액 중 DSR 70% 초과 대출은 30%, DSR 90% 초과 대출은 25% 이내로 관리한다.
- 특수은행: 신규대출 취급액 중 DSR 70% 초과 대출은 25%, DSR 90% 초과 대출은 20% 이내로 관리한다.

〈표45. DSR 원리금상환금액 산출 방식〉

분류	종류	상환형태	원금	이자
주택 담보 대출	개별주담보대출 및 잔금대출	전액 분할 상환	분할상환 개시 이후 실제상환액	실제 부담액
		일부 분할 상환	분할상환 개시 이후 실제 상환액+만기상환액÷ (대출기간-거치기간)	
		원금 일시 상환	대출총액÷대출기간 (최대10년)	
	중도금·이주비	상환방식 무관	대출총액÷25년	
주택 담보 대출 이외 기타 대출	전세자금대출	상환방식 무관	불포함	
	전세보증금담보대출	상환방식 무관	대출총액÷4년	
	신용대출 및 비주택 담보대출	상환방식 무관	대출총액÷10년	
	기타대출	상환방식 무관	향후 1년간 실제 상환액	
	예·적금담보대출 유가증권담보대출	상환방식 무관	대출총액÷8년	

출처: 한국은행 보도자료(2017)

한편 은행권 가계대출 잔액 비중은 시중은행 73.1%, 지방은행 6.6%, 특수은행 20.3%로 동 관리비율은 금감원에서 매월 점검하되, 목표이행

디레버리징(DELEVERAGING)

여부는 분기별로 판단하여 금융회사의 규제 준수 부담을 완화하도록 하였다.

2018년 6월 기준 평균 DSR은 시중은행 52%, 지방은행 123%, 특수은행 128%이며 2021년 말까지 시중은행 40%, 지방은행 80%, 특수은행 80% 이내가 되도록 관리한다. 금융회사에서 자체적으로 취급하는 소득 미징구 대출은 DSR 비율을 300%로 가정하여 평균 DSR에 반영하고 있다.

은행들은 연도별 평균 DSR 이행계획을 금감원에 제출하고, 금감원은 이행계획을 반기별로 점검하여 목표 이행을 적극 유도하도록 지도·감독한다. 그러나 은행별 평균 DSR 규제를 즉시 시행할 경우, 서민 실수요자의 가계대출 거절이 급증하여 제2금융권 등으로의 풍선효과가 발생할 우려가 있다.

(3) 2021년 DSR 소득 확인제 시행

〈표46. DSR 소득증빙 서류〉

	주요 내용	비고
증빙소득	- 객관성 있는 소득확인 자료 * 근로소득원천징수영수증, 소득금액증명원, 사업소득원천징수영수증, 연금증서 등	-
인정소득	- 공공기관 발급자료 * 국민연금, 건강보험료 납부내역 등	소득의 95% 반영 (최대 5천만 원)
신고소득	- 대출신청자가 제출할 자료 * 이자, 배당금, 임대료, 카드사용액 등	소득의 90% 반영 (최대 5천만 원)

출처: 금융위원회 보도자료(2019)

'남에게 곡미를 빌려주고 이를 갚지 못할 때는 그 채무자를 노비로 삼았다.'라고 하는 고대의 규율들을 볼 수 있듯 예부터 채무를 갚지 못하는 것은 흔히 노예가 되는 길이었다. 오늘날도 채무 불이행자는 결국 금융노예나 마찬가지다. '재테크'라는 이름으로 어리석은 부채를 지고 투자하는 방식은 성공보다는 대중을 채무노예로 만들어 온 수천 년간의 방법이었다. 고대 이집트, 그리스, 로마제국, 전 세계의 사람들이 살던 시대 노예주들의 수법은 늘 같다. 경제적 자유를 꿈꾸던 서민들은 채무를 갚지 못해 결국 노예가 되고, 채권자들은 그들을 노예로 삼을 꿈을 꾸는 노예주들이었을 뿐이다. 주인의 시각은 언제나 같은 방정식이다. 타인에게 부채를 지게하고 시기가 끝나면 빚잔치와 채무선언을 하면 그만인 것이다.

한국도 IMF가 끝난 이후 카드대란 사태가 벌어져 2003년 신용불량자 340만 명, 연체 대상 및 조정자 700만 명, 2014년 신용불량자 370만 명, 연체 조정 대상자가 740만 명이었다. 2019년 현재 신용불량자 180만 명, 다중채무자 430만 명으로 그간 2000년 초반은 금융권의 대부업과 카드사와 사회의 경기부양으로, 리먼 시기에는 연체노예로서 전 금융권의 고금리 대상자로 착취를 받아 왔다.

경제 위기가 끝난 이후에는 늘 자살자가 200% 증가하고. 주민등록말소자는 100만 명에 이르렀으며, 현재 50만 명의 말소자의 비참한 삶들이 연속되고 있다. 그리고 이들은 계속해서 폭증할 수밖에 없는 구조이다. 이번 금융구조는 디지털 경제의 완성인 데이터로 모든 것이 통제되는 것은 그렇다 하더라도, 계약이 30년에서 40년으로 통일되어 있다.

늘 부채 구조조정으로 일정한 금융노예와 금융권 수익이 필요했으며 이번 P2P가 활성화되면서 같은 구조의 인원과 채무노예가 탄생하게 될 것이다. IMF, 카드대란, 20~30%대 금리 여파로 15년 이상 부채 노예는 현재 150만 명에 이르고 있다.

우리는 시효가 끝나면 금융노예에서 해방이 된다고 착각을 하고 있다. 그러나 '5년+10년+10년……' 식으로 시효가 무한 연장될 수 있으며, 그간 금융노예 소각을 벌여 왔다고 하지만 15년간 고금리 채무노예가 현재 150만 명이며 살인적인 금리로 노예주를 먹여 살려 왔다는 것은 간과한다. 이러한 30년, 40년 금융의 장기적인 수익을 위해서 금융 노예주에게 신규 노예 인원은 200만 명이 넘게 필요하다.

이번 5년의 파산기간, 2017~2020년의 지방 파산 사태와 2021~2024년 수도권 파산 사태에서 350만 명이 넘는 신용불량자가 발생할 것이다. 이런저런 식으로 금융노예에서 30~40년 빠져나간다고 하여도 같은 인원의 금융노예는 과거의 15년 이상보다 긴 30년 이상의 장기적인 금융노예로 존속될 것이다.

금융노예주의 시각과 금융노예가 될 대상자들의 시각은 다르다. 전자는 다양한 방식으로 필요한 인원과 장기적인 수익 측면에서 고려하지만, 후자는 단기적인 시각과 획일화된 교육의 방식 덕분에 1번 또는 2번이라는 선택 공식에서 사고하고 결정한다.

고대 사회의 부채노예의 사고방식과 사실상 사고는 바뀐 것이 없다. 귀족 주인의 교육은 늘 수사학과 인생의 다양성과 다양한 방식 그리고 다양한 의견을 고려하지만 노예의 교육은 단순과 반복된 사고를 강요한다. 그리고 주인에 대한 절대적 복종과 숙명론을 강요하고 그것은 곧 세뇌되어 포기하고 받아들이게 되어 있다. 즉, 노예주들의 필요에 의해서 모든 시스템은 복제되고 반복되는 것이 바로 금융노예 시스템의 바뀌지 않는 구조일 뿐, 달라진 것은 없다.

주인의 시각으로 세상을 복잡하고 다양하게 바라보지 않는 한 노예의 시각에는 한계가 있을 수밖에 없으며, 결국은 숙명론에 따르게 되어 있다. 인간도 결국 단순한 사고만 한다면 '순응의 동물'이라는 결론에 이르게 되어 있는 것이 아닌가? 노예의 길, 이른바 1차원적인 인간의 삶을 이야기한 마르쿠제(Herbert Marcuse)는 이런 인간의 세속화, 노예화에 대하여 통찰적으로 해석하였으며, 비트겐슈타인은 인간의 언어를 통한 사고하지 않는 지적 허영의 정신병에 질려하였다. 쇼펜하우어의 말대로 내가 가진 것은 생각하지 않고 가지지 못한 것을 생각하는 욕망과 남을 욕망하고 질투하고 갈구하기에 인간은 인생의 4분의 3을 남을 닮아 가려 인생을 허비한다고 하였다.

부자를 닮아 가려고 그들의 노예가 되는 노예의 시각을 가진 사람들은 미래를 담보로 무모한 행보를 할 뿐이다. 그리고 금융노예의 삶을 적응이라 부를 것이다. 과거 우리는 타인을 위해서, 사회를 위해서 격렬하게 투쟁하는 것이 진보였지만 현재는 타인의 금융노예 해방을 부르짖는 이들은 거의 사라졌다. 그리고 금융노예 대상자들은 부채를 두려워하라는 이들을 멍청한 사람으로 매도할 뿐만 아니라 이들을 바보라고 조롱까지 한다. 결론은 장밋빛 환상을 가진 이들의 열정적 폭력성과 광기에 이 사회 모든 이들이 질려 버렸을 뿐이다. 그리고 다들 망해도 당연다고 말하고 있다.

　문제는 이러한 모든 것이 금융노예주 입장에서는 반갑기 그지없는 현상이라는 것이다. 노예주들이 고대로부터 현대 그리고 현재까지 노예주로서 무슨 생각으로 노예 대상자들을 선별하여 왔는지 바라본다면 앞으로의 결과는 명확할 뿐이다. 누군가 자신들의 행복을 위해서 기꺼이 죽음까지 각오할 것이라 착각하지만 이 땅의 모든 사회・정치 세력은 학벌과 연줄로 이제 과거의 공동체적인 정신은 사라졌다. 독립운동은 테러리스트이며 노동자 임금 상승은 빨갱이들의 투쟁이라고 내뱉는 재테크 혐오의 정서와 함께 언론의 출세주의는 사라진 지 오래되었다. 학벌이나 연줄이 없는 사회구성원은 출세의 길과는 멀어졌으며 이 사회에서 낙오자 취급을 당하는 현상은 꽤 오래된 일이다.

(4) 세일즈 앤 리스백, 경매 유예제도 시행

　한계 상황 차주에 대한 세일즈 앤 리스백 같은 프로그램이나, 자영업자 경매 유예제도 시행으로 주요 기관의 연체율 상승에 대한 최소한의 대책이 시행되고 있다. 또한 500만 명의 현대판 신용불량자들은 중금리 대출제도나 기업의 플랫폼을 이용한 다양한 리스크 없는 수수료 시장에 내몰릴 수밖에 없다. 즉, 리스크를 책임지던 대부업 시장의 몰락과 함께 리스크 없는 천문학적인 P2P 시장이 개막되고 있는 것이다.

　한국의 대출구조를 살펴보면 신용등급 1~3등급의 고신용자 차주 비중은 2012년만 해도 전체 가계대출의 절반(50%)에 불과했다. 즉, 2008

년 리먼 사태 이후의 100만 가계 파산 사태의 대부분과 중·저신용 파산 사태로서 행복기금이나 신용불량자 100만 명 신용사범 해제 조치 등을 보면 사태의 파고가 중·저 신용자들에게 몰려 있어 이른바 사채 대부업의 전성시대였다.[113]

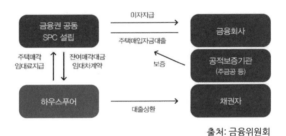

■ **(세일앤리스백 프로그램) 금융권 협의 등을 통해 한계차주 대상**
[금융권 공통 Sales & Lease Back(SLB) 프로그램] 운영(18.12월)

SLB 프로그램에 주택매각 → 임대거주 → 5년후 매각가에 재매입 가능
금융권 공동 SLB 프로그램 운영 (예시)

출처: 금융위원회

〈그림29. 세일앤리스백 프로그램〉

매년 고신용자 신용등급별 차주를 본다면, 2018년 기준 고소득 고신용자 대출 비중은 전체의 70%를 넘고 있다. 소득 기준으로 보면 중상위층의 가계대출 비중이 늘고 있는 중이다. 이런 상황은 바젤3 IFRS9 신용등급 소득구조 대출 시스템의 정착으로 인한 현상이며, 가계대출이 은행의 최대 안정 수익화 현상을 설명할 수 있는 바로지표일 것이다.

---

113) 한국은행이 2017년 바른미래당 이언주 의원실에 제출한 이주열 총재 청문회 답변서에 기초한다.

반면 중신용자(신용등급 4~6등급), 저신용자(신용등급 7~10등급) 가계대출 비중은 절대적인 숫자가 줄어들고 있다.

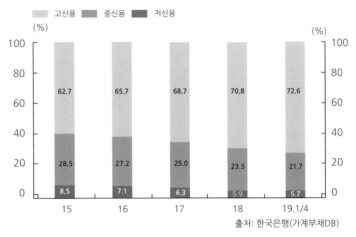

〈그림30. 차주의 신용등급별 가계 대출 구성비〉

국회 정무위원회 소속 더불어민주당 김병욱 위원이 신용정보회사 나이스(NICE)평가정보로부터 입수한 '2017년 6월~2018년 6월 담보건수별 주택담보대출 현황' 자료를 분석한 결과 가계부채 보유자는 1,903만 명, 채무 보유액은 1,531조 원으로 집계됐다. 자신의 집을 담보로 대출을 받은 채무자는 631만 명이며 부채총액은 978조 원으로 전체 채무액의 63.9%나 된다. 주택담보 채무자 1인당 평균 1억 5,486만 원의 빚을 지고 있는 셈이다.

2주택 이상 다주택 대출자의 1인당 평균 부채는 지난해 6월에서 올해 6월 사이에 2억 2,218만 원에서 2억 2,243만 원으로 25만 원 증가하였다.

전반적으로 경기가 부진한 모습을 보이고 있는 가운데[114] 건설경기 역시 민간 주택시장 둔화, SOC 예산 감소[115]하고 있다.

예금보험공사에서는 2008년 당시 금융권의 잠재 위험자산이 300조 원으로 추정된다며 미분양 주택 63조 원, 미시행 프로젝트 파이낸싱 (PF) 대출 30조 원, 통화파생상품 '키코' 계약 10조 원, 개인사업자 주택 담보대출 중 담보인정비율(LTV) 70% 이상 60조 원 등이 당시 금융권의 잠재 위험성이었다고 밝혔다. 또한 80조 원 가까이 부실로 전이되었으나 추후 주택가격 상승과 통폐합 등으로 대부분 부산저축은행 사태를 거치며 금융권 잠재 부실도 사실상 2018년 손실처리로 흡수했다고 지난 10년간에 걸쳐 털어 왔다. [116]

2018년 현재 은행권 평균 DSR 70% 초과 대출 비중은 23.7%이며, 18개 은행 중 12개 은행이 은행권 평균을 상회한다. 특히, 지방은행 40.1%, 특수은행 35.9%로 시중은행 19.6%에 비해 상대적으로 높은 수준이다. [117]

---

114) 금융불황 영향성
　　　 대출 부실화 증가 → 정부 보증기금 부실화 → 시장 경매·공매 증가 → 공적 자금투입 → 금융거래 수수료 인상 → 베일인과 베일아웃 협의 → 예금자 대출자 부담의 증가 순이다.
115) 예금보험공사 금융리스크리뷰, 2019년 여름
116) 가계 부채 고금리 부실화 사태는 다음과 같다.
　　　 카드사 → 캐피탈 → 지방 저축은행 → 상호저축은행 → 증권 → 지방은행 → 특수은행 → 일반은행 순이다.
　　　 불황 경기의 영향성은 다음과 같다. (통상 6~8년의 시간이 걸림)
　　　 불황시작 → 실업증가 → 가계 신용등급 상승 → 대출한도 감소 → 대출상환 독촉증가 → 개인 파산자 증가 → 기업 및 가계 경매 물건 증가의 순이다.
117) 2018. 10. '가계부채 관리방안' 금융위원회 금융감독원

디레버리징(DELEVERAGING)

〈표47. 은행별 DSR 분포 현황(2018년 6월, %)〉

구분	100% 초과	90% 초과	80% 초과	70% 초과	60% 초과
시중은행	14.3	15.7	17.4	19.6	22.9
지방은행	30.1	32.8	36.6	40.1	45.2
특수은행	27.9	30.3	32.9	35.9	39.9
전체은행	17.6	19.2	21.2	23.7	27.3

출처: 예금보험공사 상반기 리뷰(2019)

또한 지방은행 및 특수은행은 시중은행에 비해 평균 DSR과 DSR 100% 초과대출 비중도 높은 수준이다. 평균 DSR은 시중은행 52%, 지방은행 123%, 특수은행 128%를 보이고 있으며 DSR 100% 초과 비중은 시중은행 14.3%, 지방은행 30.1%, 특수은행 27.9%이다.[118]

DSR 위험은 카드사, 캐피탈, 상호협동조합, 증권, 보험사, 지방은행, 특수은행, 시중은행의 순으로 나타날 것이다.

〈표48. 금융업권별 가계대출 잔액(2018.12. 기준)〉

(단위: 조 원)

구분	은행	상호금융	보험	카드	캐피탈	저축은행	대부업	기타	전체
가계대출	713	188	120	41	23	23	163	172	1,444

출처: 예금보험공사 상반기 리뷰(2019)
자료: ECOS(한국은행 경제통계시스템), 업무보고

---

118)   2018.10. '가계부채 관리방안' 금융위원회 금융감독원

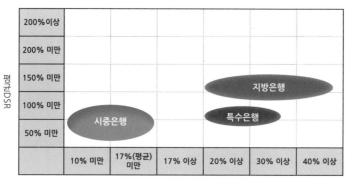

출처: 2019 예금보험공사 부보 여름리뷰

〈그림31. 은행별 DSR 분포현황(6월)〉

한편 국내외 수주 감소 등으로 어려운 상황에 있어 부동산 관련 업종 대출의 건전성 추이를 주시할 필요가 있다.[119] 특히 상업용 부동산의 경우, 투자 수익률 및 담보가치 하락이 함께 나타나는 등 임대업자의 상환 능력 악화 가능성이 상존하고 있다.[120]

자영업자는 이미 2019년 7월 기준으로 뇌관이 확인되고 있는 상황이다. 2019년 금융감독원 보도자료에 따르면, 7월 말 기준으로 국내은행 원화대출 연체율은 0.45%를 기록했다. 전년 동월대비 0.11%p 하락했지만, 전월 대비로는 0.04%p 상승했다. 7월 중 신규 연체 발생액이 1조 4,000억 원으로 연체채권 정리 규모인 7,000억 원을 웃돌고 있다. 7월 말 기준 개인사업자 대출 연체율은 0.36%로 전년 동월 대비 0.03%p, 전월 대비 0.04%p 상승했다.

한국은행에 따르면 올 2분기 기준으로 개인사업자 대출은 전 분기 대비

---

119) 2019년 소폭 증가하였으나 2015년 이후 지속 감소세('15년 24.5조 원 → '16년 21.8조 원 → '17년 19.9조 원 → '18년 17조 원 → '19년 17.6조 원) 출처: 한국건설산업연구원

120) 2017년 이후 주담대는 원칙적으로 고정금리·분할상환으로 취급(은행·보험·상호금융 기 도입)

12조 6,000억 원 증가한 425조 9,000억 원이다. 금융권에 따르면 신한은행의 중소기업 대출 중 한 달 이상 원리금을 갚지 못하는 대출 비율을 뜻하는 연체율은 올해 9월 말 기준 0.42%로 1년 전 0.34%보다 0.08%p 상승했다. (개인사업자 대출 포함) 부문별로는 제조업 연체율이 0.57%에서 0.79%, 도·소매업 연체율이 0.33%에서 0.44%로 각각 0.22%p와 0.11%p 올랐다.

2019년 한국은행에 따르면 도·소매업과 숙박·음식점업 대출은 올해 6월 말 기준 155조 원으로 1년 전보다 12.6% 늘었다. 2009년 1분기 (12.8%) 이후 10년 만에 최대 증가폭으로, 상업지역 유령화 사태가 현실화되고 있다. 이른바 상가 대규모 경매 대란의 현실화를 예고한다.

〈표49. 2019년 상반기 주요상권 공실률〉

		2018년	2019년
전국	소계	12.0	12.4
서울	소계	10.2	11.0
	소계(도심지역)	12.9	14.5
	광화문	7.0	7.2
	남대문	11.7	13.6
	동대문	9.7	9.7
	명동	9.1	9.6
	시청	22.2	20.8
	을지로	14.9	20.9
	종로	10.9	11.1
	충무로	19.1	20.0
	소계(강남지역)	7.9	8.1
	강남대로	13.0	15.9

출처: 통계청(2019)

중소기업 대출 전문인 IBK기업은행도 기업 대출 연체율이 지난해 9월 말 0.6%에서 올해 9월 말 0.68%로 오름세를 나타냈다고 발표했다. 신한은행과 마찬가지로 제조업, 도·소매업 연체율 상승이 눈에 띄었다. 제조업은 같은 기간 0.62%에서 0.8%, 도·소매업은 0.5%에서 0.56%로 연체율이 각각 0.18%p, 0.06%p씩 올랐다. 건설업 연체율도 0.71%에서 0.86%로 0.15%p로 뛰었다.[121]

한계기업[122]에 대한 기업 규모별 금융기관 익스포저는 대기업 53.6조 원, 중소기업 32.2조 원으로 대기업에 대한 익스포저가 훨씬 큰 상황이다.[123]

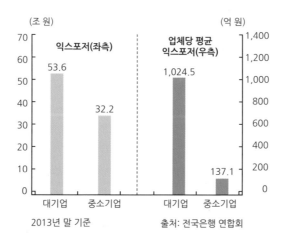

〈그림32. 2013년 말 기준한계 기업에 대한 금융기관 익스포저〉

---

121) 기업의 불황의 실질적인 증거는 2018년 대비 주요 50대 기업의 법인세 50% 감소현상을 관찰해 보면 알 수 있다. 즉, 한계기업은 이 이후에 20% 이상 증가하는 특징이 있으며, 금융기관과 국가 부채가 증가한다.

122) BIS 자기자본비율은 1.1%p 하락하는 데 그쳐 국내은행의 재무건전성에 미치는 영향은 제한적인 것으로 나타났다. 그러나 부도율이 외환위기 당시와 같이 2.0배 상승하는 경우 국내은행의 BIS 자기자본 비율은 2.1%p 정도 하락하는 것으로 나타난다.

123) 「기업구조조정촉진법」, 「채권은행협의회 운영협약」 등 현행 채권금융기관 주도의 기업 구조조정 제도 하에서는 주 채권 금융기관을 중심으로 기업 구조조정에 대한 채권 금융기관 간 합의가 이루어진 후 이를 바탕으로 기업 구조조정이 추진되고 있는 현실이다. 그러나 채권 금융기관 간 이해관계가 달라 합의 도출이 쉽지 않을 수 있으며, 개별 채권 금융기관의 독립적인 행동이 사실상 어려운 측면이 있다.

(5) 한계기업 현황

　미·중 무역 분쟁 심화, 글로벌 성장세 둔화 등 경영 여건의 변화는 기업의 영업실적에 부정적인 영향을 미치고 있다. 2018년 기업의 매출액 증가율은 전년에 비해 크게 낮아졌으며 금년 들어서는 이러한 추세가 심화되는 모습이다.

　이러한 실적 변화는 수익성, 레버리지 및 평균 차입 비용에 부정적 영향을 미쳐 이자보상배율의 하락 압력으로 작용하게 된다. 또한 매출 부진은 영업이익 감소로 이어질 수 있다. 이 경우 기업의 차입이 늘어나면서 레버리지가 확대될 수 있으며, 신용 위험 상승에 따른 가산금리 인상 등으로 차입비용이 높아질 수밖에 없다.

　지난해 말 장기 존속 한계기업의 수는 942개 사로 전체 한계기업 3,112개 사의 30.3%를 차지한다. 분석대상은 2008년 이후 외부감사 대상 비금융법인이다.

　금융감독원에 따르면 2018년 연결재무제표를 발표한 20대 기업의 지난해 말 기준 현금·현금성자산과 단기금융상품 잔액은 총 169조 8,167억 원으로 집계됐다. 전년 말 157조 7,624억 원보다 12조 543억 원(7.6%) 불어났다. 매출 기준 상위 20대 기업의 보유 현금(현금 및 현금성자산+만기 1년 이내 단기금융상품 잔액)이 지난해 10조 원 이상 늘어난 것으로 나타났다. 기업들이 투자를 줄이고 자산 매각을 늘리면서다. 경기 침체가 본격화할 것에 대비해 선제적으로 유동성 확보에 나섰다는 분석이 나온다.

　2017년 장기존속 한계기업의 자산 규모는 90조 4,000억 원으로, 전체 한계기업 대비 31.2%에 불과하다. 부채는 84조 6,000억 원(39.0%), 차입금은 50조 4,000억 원(40.3%) 수준이다. 이와 반대로 삼성전자 보유 현금은 작년 말 96조 2,343억 원에 달해 전체의 56.6%를 차지했다. 보유현금 증가율은 이마트 44.4%, 삼성SDI 27.8%, LG전자 26.8%, SK텔레콤 23.0%, 삼성전자 20.3% 순으로 높았다. 한국의 가계와 기업은 극단적인 양극화의 길을 가고 있다고 봐도 무방하다.

2018년 기준 한계기업이 외감기업에서 차지하는 비중은 14.2%(3,236개)로 전년의 13.7%(3,112개) 대비 0.5%p 상승하고 있다. 기업 규모별로는 중소기업(34.0%)을 중심으로, 업종별로는 자동차(37.8%), 조선업(54.9%), 그리고 해운(39.8%), 부동산(42.7%), 숙박음식업(57.7%) 등을 중심으로 1 미만 기업 비중이 높은 수준으로 나타나고 있다.

기업 규모별로는 대기업 내 한계기업 비중이 10.6%로 전년(9.9%) 대비 0.7%p, 중소기업의 경우도 14.9%로 전년(14.4%) 대비 0.5%p 상승하고 있다.[124]

2015년 조선업에 대한 은행권의 위험 노출액(익스포저)은 약 70조 원에 달하고 있다. 대우조선해양[042660], 현대중공업[009540], 삼성중공업[010140] 등 조선 3사에 대한 은행권 여신만 55조 원에 달하고 중소조선소까지 합할 경우 70조 원에 이른다.

여신 건전성은 위험성이 낮은 순서대로 정상 → 요주의 → 고정 → 회수 의문 → 추정 손실 등 5단계로 나뉘는데, 부실채권은 고정 이하 여신 및 요주의 경우 정상의 8.2배 충당금을 적립해야 한다. 2016년 이자보

---

124) 조선 및 숙박·음식업은 1 미만 기업 비중이 전체 평균(32.1%)을 크게 상회하고 있다.

상 1에 미치지 않는 조선과 해운의 경우 금융권 정상으로 분류되어 충당금 17조 원을 추가로 적립해야 하지만, 이에 대해서 모두 침묵하고 있는 중이다. 대우조선해양에 대한 익스포저는 약 23조 원에 달한다. 수출입은행이 12조 6,000억 원으로 가장 많고, 산업은행이 6조 3,000억 원, 농협은행이 1조 4,000억 원 등 특수은행이 20조 원을 넘는다.

5년 이상의 한계 기업을 이자보상비율 기준으로 조사한 대상 기업은 36만 2,856곳이다. 현재 2018년 국세청이 파악한 12만 7,000개 기업이 이자비용도 못 갚고 있다. 이자보상비율 100% 미만 기업의 비중은 2016년 31.8%, 2017년 32.3%로 매년 늘어나는 추세다. 영업 손실을 본 기업도 2016년 27.0%에서 2017년 27.6%, 2018년 29.5%로 계속 누증하여 상승하고 있다. 즉, 대한민국의 법인기업의 30% 이상이 실질적인 좀비기업이며 사실상 파산상태에 있는 것이다. 이러한 여파는 금융의 구조조정 기간 실물시장에서 다음과 같은 과정을 밟게 된다.

경기 불황 시작(구조조정) → 1차 실업 증가 → 퇴직자 임금 분 하락 경쟁 → 실업증가 → 자영업 파산증가 → 저임금 노동자 증가 → 가계 빈곤, 가정 해체 증가 → 개인 자살자 증가 → 정부 정책 발표 → 자영업 창업자 증가 → 빈곤가계 증가의 순이다.

사람들은 자신들이 대우받는 것과 똑같은 방식으로, 자신이 속한 사회와 조직을 대우한다. 기업과 개인의 경우 수요를 찾아내고 고객의 니즈를 맞출 때 재화를 창출한다고 한다.

그러나 우리는 이러한 수요를 창출하는 방법을 잊었다. 대신 시장의 독점력을 통하여 수요보다는 공급자 측면에서 10년간 경제를 운용해 왔다. 10년 주기로 경제 위기설이 불거지면서 실제 위기로 확산되지 않도록 대응력을 보여 온 것도 사실이자 행운이었다.

경기침체 및 기업 구조조정으로 인한 자산 건전성 하방 압력이 지속되면서 대손비용이 증가할 가능성이 있으며, 바젤3 규제 강화에 따른 자본적정성 관리 부담도 상존하고 있다. 조선(24.0%), 해운(16.8%), 운수(18.7%), 부동산(22.9%), 숙박음식(35.8%) 등에서의 한계기업 비중이 전체 평균 14.2%를 상회한다. 이 업종에 대하여 대출 충당금 설정을 현재 실시되는 외감사 회계로 할 경우, 충당금은 현재의 300~500% 이상 증가할 수밖에 없다.

1금융권 자기자본은 180조 원이며 충당금은 17조 원 정도이다. 만약 부실 발생 기업에 대하여 요주의로 바뀌게 된다면 조선·해운만 20조 원의 충당금을 쌓아야 한다. 특수은행인 국책은행은 산업은행이나 기타 은행의 경우 구조적인 불황에 의한 충당금 설정액은 재앙 수준에 가깝다. [125]

---

125) 이태규 국회 정무위원회 소속 바른미래당 의원, 산업은행은 최근 10년간 구조조정 대상 기업 117곳에 22조 5,518억 원을 지원했다. 그중 98%(22조 650억 원)는 대기업에 지원됐고 중소기업에는 2% 수준인 4,868억 원이 투자됐다. 지원 기업 수는 대기업 52곳, 중소기업 65곳이었다. 산업별로는 조선업 비중이 가장 컸다. 해당 기업은 5곳에 불과하지만 9조 3414억 원이 지원됐다. 제조업 8조 5,130억 원(88곳), 기타 3조 8,533억 원(19곳), 건설업 8,441억 원(5곳)이었다.
지원금액이 가장 많은 상위 7개 업체는 STX조선해양(5조 3,919억 원), 현대상선(2조 4,793억 원), 금호타이어(2조 2,308억 원), 동부제철(1조 8,535억 원), 대우조선해양(1조 2,846억 원), 금호석유화학(1조 2,468억 원), 한진중공업(1조 795억 원) 순이다.

- 피구효과(Pigouian effect)

피구효과(Pigouian effect) 또는 실질잔고 효과(Real balance Effect)란 화폐의 실질가치 변화가 저축과 소비(투자)에 미치는 영향을 말한다. 물가하락이나 통화량 증가로 인한 비례적인 화폐 가치의 하락은 보유 자산의 실질가치를 증가시켜 소비(투자)를 자극한다는 의미이다. 저축 대신 소비(투자)가 늘어나 불황에서 자동적으로 탈피하게 된다고 본다.

- 피셔효과(fisher effect)

피셔효과 또는 부채 디플레이션 효과(Debt deflation effect)는 통화량 증가가 아닌 불황기 디플레이션의 경우, 실질잔고뿐만 아니라 실질부채도 증가하게 된다고 주장한다. 따라서 위에 언급된 피구효과가 상쇄된다는 이론으로 불황은 지속된다고 본다.

한국 경제는 오래전부터 특정 산업에 의존하여 독점되어 온 것이 사실이다. 자동차·조선·화학·건설·반도체 등 몇몇 산업에 의존하는 경제구조였지만, 2012년 이후부터 자동차와 화학·반도체에 의존도가 집중된 구조로 재편되었다. 2015년 이후에는 반도체 통신에 집중되는 구조로 바뀌면서 이익이 나는 기업은 거의 사라져 가고 있다. 이러한 시기 한국은 이른바 기업로비에 의하여 구조조정을 5년 이상 지연시킴으로써 가계부채, 위장자본, 분식회계, 기업 생산성 하락, 수출 하락, 지속적인 내수 하락의 위험성에 놓이게 되었다.

또한 향후 한계기업이 될 가능성이 높은 기업(이자보상배율 2년 연속 1미만 기업) 비중이 2017년 19.0%에서 2018년 20.4%로 상승하였고, 이들 기업 중 실제 한계기업으로 전이되는 비율도 2017년 이후 상승('17년

53.8% → '18년 63.1%)하고 있다.

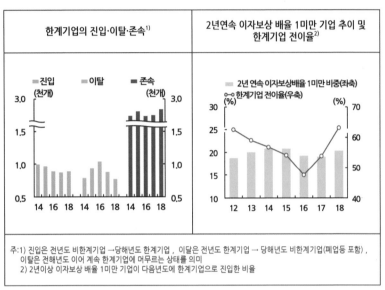

주:1) 진입은 전년도 비한계기업 →당해년도 한계기업 , 이달은 전년도 한계기업 → 당해년도 비한계기업(폐업등 포함) ,
　　이탈은 전해년도 이어 계속 한계기업에 머무르는 상태를 의미
　　2) 2년이상 이자보상 배율 1미만 기업이 다음년도에 한계기업으로 진입한 비율

출처: 2018년 한국은행

〈그림33. 2018년 기준 한계기업의 진입 및 이탈 존속 및 전이율〉

(6) 한계기업에 대한 여신 현황

　2018년 말 금융기관의 한계기업 여신 규모는 107.9조 원으로 전년 말 대비 7조 8,000억 원 증가하였으며, 외감기업 전체 여신 내 비중은 13.8%로 전년 말 대비 0.4%p 상승하였다. 평균 차입비용은 시장금리 하락, 신용스프레드 축소 등에 따라 낮아지면서 이자보상배율 상승에 기여하였다.

그러나 지난해에는 대출금리 상승 등으로 대부분의 업종에서 기업의 평균 차입비용이 높아지면서 이자보상배율에 부정적으로 작용하였다.

한계기업에 대한 국책은행(특수은행)의 여신 규모는 2016년 53조 9,000억 원으로 2012년 31조 9,000억 원에 비해 70% 가까이 증가하였다. 특히 대기업인 한계기업에 대한 여신 규모는 2012년 22조 3,000억 원에서 2016년 44조 8,000억 원으로 두 배 이상 증가하였다.

〈표50. 한계기업에 대한 기관별 여신규모〉

(단위: 조 원, %)

구분	'12년	'13년	'14년	'15년	'16년	증가율
전체 금융기관	114.3	147.3	132.5	156.5	121.2	6.0
일반은행	44.9	48.0	45.2	43.7	31.1	△ 30.7
특수은행[126]	31.9	57.6	57.1	75.8	53.9	69.0
비은행	37.5	41.7	30.2	37.0	36.2	△ 3.5

출처: 한국은행(2019)
자료: 한국은행, 전국은행연합회, KIS-Value

기업 규모별 한계기업 여신 비중을 보면, 대기업이 11.3%로 전년 말 (11.2%) 대비 0.1%p 상승하였으며 중소기업도 19.4%로 전년 말(18.5%) 대비 0.9%p 상승하고 있다. 2018년 기업 실적을 기준으로 전체 기업의 매출액이 평균 3% 감소하는 것으로 매출 충격을 상정하였다.

---

126) 산업은행, 수출입은행, 기업은행, 농협 및 수협

한계 기업에 대한 여신 현황

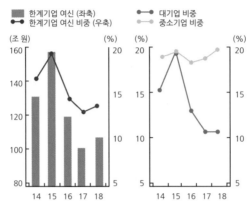

한계기업 여신 (좌축)
한계기업 여신 비중 (우축)
대기업 비중
중소기업 비중

- 비중은 기업 규모별로 각각 외감기업 여신에서 차지하는 비율
   자료: 한국 신용 정보원, KIS -Value

한계기업 여신 비중 및
고정이하 여신 비율[1]의 관계[2]

○ 전체 ▽제조업 ▲비제조업

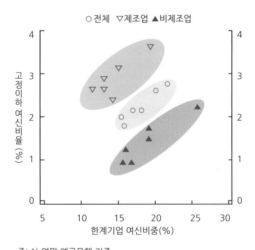

주: 1) 연말 예금은행 기준
   2) 13~18년 기말기준
   자료: 한국 신용 정보원, KIS -Value, 금융기관 업무 보고서

출처: 한국신용정보원, KIS -Value, 금융기관 업무 보고서

〈그림34. 한계기업 여신 현황 및 고정이하 여신 비율 관계〉

디레버리징(DELEVERAGING)

구체적으로는 미·중 무역 분쟁 심화 등 대외 여건 변화가 특히 수출기업에 부정적 영향을 미칠 수 있는 점을 감안하여 주력 수출업종 기업에 대해서는 매출액이 6% 감소하는 것으로, 여타 업종 기업에 대해서는 1% 감소하는 것으로 충격을 차별화하여 설정하였다.

2019년 기획재정위원회 추경호 의원(자유한국당)이 한국은행으로부터 제출받은 자료에 따르면 지난해 외부 회계감사를 받은 기업 가운데 3.7%(844곳)가 완전 자본잠식 한계기업이었다.[127]

업종별로는 운수(+10.7%p, 2018년 말 대비), 해운(+5.7%p), 숙박·음식(+2.3%p) 등에서 한계기업 여신 비중이 크게 상승 중에 있다.[128] 중소기업 수는 2,730개로 국내 외부감사 대상 중소기업의 14.4%에 달한다. 즉, 현재 한계기업의 수준은 2008년 금융위기 수준이다. 2018년 기준 금융권 한계기업 대출액은 107조 9,000억 원에 이른다.

한편 한계기업에 대한 여신 비중이 높은 은행일수록 고정 이하 여신 비율도 높아지는 경향을 보이고 있다.

---

127) 2018년 기준 이자보상배율이 3년 연속 1 미만인 한계기업은 지난해 3,236곳으로 외감기업 가운데 14.2%였다.

128) 한계기업은 채무 상환능력이 취약한데다 저신용등급 및 자본잠식 상태인 기업의 비중이 높아 경영 여건이 추가 악화될 경우 부실위험이 크게 증대될 가능성이 있다. 2018년 기준 신용평점 7~10등급(NICE평가정보 기준) 한계기업 비중은 84.2%였으며, 2018년 기준 완전 자본잠식 한계기업 비중은 26.1%였다. 금년 2/4분기에도 매출액이 감소(전년 동기 대비 -1.1%)하고, 매출액 대비 영업이익률도 하락(전년 동기 대비 -2.5%p)하였다. 2019.9. (한국은행 기업경영분석 보도자료 기준)

일부 지역의 주택시장 위축 등으로 지방 주담대의 부실도 최근 증가세에 있으며 2019년 하반기부터 부실이 본격화될 전망이다.[129] 지방의 경우 공장 가동률이 평균 60%대이며, 한국판 러스트 벨트 현상이 진행 중에 있다.

이러한 상황에서 통계청이 '2019년 경제활동 인구 조사 근로형태별 부가조사'를 발표했다. 올 8월 전체 임금근로자 2,055만 9,000명 가운데 정규직은 1,307만 8,000명, 비정규직은 748만 1,000명이었다. 비정규직의 비율은 36.4%로 지난해 661만 4,000명, 33.0%에서 3.4%p 상승하였다.

좀비기업은 금융기관의 자산 건전성과 자본 건전성을 동시에 악화시키는 주범이다. 이러한 영향은 대출 금융기관의 위험도와 신용도가 연쇄적으로 하락하게 되며 금융기관의 대출 태도를 강화시키게 된다. 즉, 예대율을 통한 기업 활성화 전략에 차질을 빚게 되는 것이다. 또한 금융기관의 자금 중개 기능을 약화시키며, 실물경제 시장의 혼란이 불가피하게 된다. 지금보다 실업과 내수의 고통을 피할 수 없게 된다는 점이다.

---

129) 지방 주담대 중 연체대출 비중('17년 말 1.6% → '19. 2/4분기 말 2.1%)이 상승한 가운데 경매주택 건수도 수도권에 비해 빠르게 증가 중에 있다. 혁신도시 상가 낙찰가는 20~30% 정도로 낙찰이 증가 중에 있다. 지방은행, 제2금융권, 협동조합, 저축은행 등은 지방 상가 및 토지에 대한 법사가 산정 시 업계의 갑을관계로 관행상 10~20% 더 높게 산정한다는 것이 통설이다. 즉, 토지와 상업용 건물의 낙찰가는 50% 이하로 낙찰이 진행될 수밖에 없다는 것이다. 경매 증가는 금융권 손실로 전이속도가 빠르게 진행될 가능성이 매우 높다.

(7) 2021년 증권사 부동산PF 부실 폭탄

2015년부터 2019년까지 법인 파산은 한 해 20% 증가해 왔다.[130] 이러한 추세는 개인의 경우에도 2021년부터 본격화되면서 보험사와 증권사 부실이 본격적으로 수면 위에 떠오르게 될 것이다. 이른바 가계대출의 최대 위험인 수도권 중상층의 대규모 잔금대출 대란의 한 해가 될 전망이다. 2021년부터는 강남 4구의 본격적인 과잉 공급이 현실화되기 때문에, 강남 집값 하락도 본격화될 것으로 추측하고 있다.

〈표51. 2019년 증권사 신용공여 현황〉

(단위: 조 원)

	2017년	2018년	2019년(6월 말 기준)
신용공여	20.3	31.3	34.7
유동성공여	7.7	6.9	7.4
전체	28	38.2	42.1
신용공여비중	72.5%	81.9%	82.4%

부동산 PF(프로젝트 파이낸싱)의 부실화는 DSR 40%와 가계대출의 연 5% 원금상환이 본격화됨으로써 잔금대출이 서울과 수도권 투기지역의 입주와 발맞추어 급증할 것으로 보인다.[131]

---

130) 한국은행의 '2018년 기업경영 분석' 이자보상비율이 100% 미만인 기업은 조사 대상 기업의 35.2%로 집계됐다. 비율이 100% 미만이라는 것은 영업이익으로 이자비용도 감당하지 못하고 있다는 의미이다. 국세청에 법인세를 신고한 비금융 영리법인 69만 2,726곳에서 이자비용이 '0'인 기업을 제외한 36만 2,856곳이다. 이 가운데 약 12만 7,000개 기업이 이자비용을 감당하지 못하고 있다.

131) 증권사 부동산PF 관련 우발채무는 유동성공여와 신용공여로 구분된다. 유동성공여는 시장에서 매각되지 않은 PF 관련 유동화증권(ABCP, ABSTB)을 매입 보장 약정 증권사가 매입하여 주는 약정이다. 신용공여는 시행사가 대출을 갚지 못하거나 유동화증권 돈을 빌린 음

증권사의 PF 신용공여는 2018년 이후 30조 원을 넘어서고 있다. 이른바 부동산발 우발채무 폭탄이 2021년 수도권에 기다리고 있는 것이다. 증권사 부동산발 신용공여 폭탄을 우려하는 이유는 유동성공여는 신용 등급 하락 등 신용 이슈가 발생하면 매입 의무를 회피할 수 있기 때문이다. 하지만 신용공여는 이러한 조항이 없다. 즉, 폭탄이 터지면 증권사가 부담해야 한다. 왜 이러한 부동산 폭탄을 증권사가 떠안게 되었을까? 당연한 일이지만 위험도에 비례해 신용공여 수수료가 더 높게 형성되어 있기 때문이다.

증권사 PF 폭탄이 예상되는 다음 수순은 무엇인가? 그것은 대규모 할인 공매이다. PF 대출은 원금을 보장하기 위하여 대부분 시행사 대표가 연대 보증인과 미분양 시 할인 분양을 약정했기 때문이다. 즉, 2021년 말기 증권사 부동산발 우발채무 폭탄 이야기는 과거 강남 할인 분양 사태, 고덕 아이파크 8억 원 할인 사태 등이 왜 발생했는지 생각해 보아야 함을 알려 준다. 2009년 저축은행 PF 우발채무로 인한 대규모 폭탄은 수도권 주택시장에 엄청난 파장을 일으켜 2011~2013년 당시 강남의 집값은 43%까지 하락했으며 2011~2014년 수도권 부동산 시장에 대규모 재앙을 몰고 왔던 것이다.

이번 사태 또한 증권사발 신용공여 재앙이 다가올 수밖에 없는 형편이다. 이른바 원금을 어떻게 회수하는지 약정을 살펴보면 사태는 이미 예견되어 있는 것이다. 증권, 보험, 저축은행, 1금융권의 PF 채무 보증 비율이 이미 100조 원을 넘어서고 있다. 이 중 60조 원 이상을 3% 가까운 보증수수료로 이익을 본 증권사의 부실 또한 도미노화될 가능성이

선의 경우 증권사가 대신 일부 또는 전부를 갚아 주거나 매입해 주는 약정을 말한다.

높다. [132] 이러한 부실로 2020년 지방 저축은행의 부실화 도미노, 2021년 제2금융권 부실화 사태로 인한 대규모 전국 파산 경매 시대를 맞이하게 될 전망이다. 2019년 이미 주요 투기지역의 일부 저축은행의 연체율은 부산과 대전의 경우 10%를 넘어섰으며, 경남과 부산은행의 연체율도 다른 은행보다 증가하고 있다. 이미 2018년 기준 상장기업의 150조 원의 재고가 쌓여 있는 상황에서 이러한 파장은 실물과 금융 모두에게 몰아칠 것으로 판단된다. 자금 대란의 여파로 경기도와 인천 지역 또한 할인 분양이 시작될 것이다.

또한 DSR 전면시행과 함께 40%의 신 DTI가 완성되면 수도권 상가의 경매 매물이 증가할 것이다. 원금 상환 압력이 증가할 것이며 수도권 저축은행 부실화, 협동조합 연체 등으로 인한 부실화와 서울 투기 중심 지역의 가격 하락세도 본격화될 것으로 예측된다.

증권사 PF부실은 세입자를 구하지 못한 잔금대란 현상으로 인해 조합의 매몰비용은 증가하고 분쟁도 본격화될 것이다. 또한 개포동 중심의 강남 4구 대규모 입주 시작으로 강남권 전세가격 폭락이 현실화되면서 부실 징후 또한 증가할 것으로 예측된다.

특히 지방 미분양 주택 적체가 심각한데, 이에 대한 대책 마련 요구가 높아짐에 따라 국회에서는 미분양 물량 매입에 관한 특별법이 발의됐

---

132) 유동수 더불어민주당 의원이 금융감독원에서 제출받은 자료에 따르면 국내 45개 증권사의 채무보증 규모는 올해 6월 말 기준 42조 1,000억 원으로 2014년 말(22조 원)에 비해 4년 6개월 사이 20조 1,000억 원이 증가했다. 2015~2017년 공급이 과잉된 100만 호 주택에 대한 본격적인 부실이 나타날 수밖에 없다.

다. 한국토지주택공사(LH)와 주택도시보증공사(HUG) 등이 지방 미분양 주택을 매입할 수 있도록 하자는 것이다. 이 법안은 공공주택사업자가 수도권 외 지역에서 지역경기 침체 등으로 발생한 지방 미분양 주택을 매입해 공공주택으로 공급할 수 있는 근거를 마련하고 있다.

(8) 잠재된 부실뇌관, 파생결합증권(ELS·DLS) 발행 동향

1) 파생결합증권 현황

2019년 7월 말 파생결합증권(ELS·DLS) 발행 잔액은 117.4조 원으로 2008년 말(26.9조 원) 대비 90.5조 원 증가(연평균 19.6% 증가)하였다. 키코(KIKO)와 금리연계형 파생결합증권(DLS)은 본질적으로 같은 구조의 상품이다. 키코는 환율이 일정 범위에서 움직이면 미리 정한 환율로 외화를 팔 수 있지만, 범위를 벗어나면 큰 손실을 보게 된다.

2007년경 국내 은행들이 환율 급변동 위험을 줄여주는 상품임을 내세워 수출 중소기업에 많이 판매하였다. 2007년 리먼 사태 이후로 세계 금융시장이 불안해지기 시작했는데, 2008년 3월 재경부 강만수 장관은 공식석상에서 고환율이 수출에 도움이 된다는 발언을 내비쳤다. 국내외 외신들이 이를 타전하면서 당시 환율은 급등세를 보였다. 하지만 환율이 단기간에 급등하면서 KIKO 계약의 Knock-Out 조건을 넘어서 대규모 해지 사태가 발생하였다. 이 사태로 대기업(1.5조 원)과 중소기업(1조 원)은 약 2.5조 원의 대규모 손실을 입었다

현재 비슷한 방식인 종류별 발행 잔액은 ELS 76.0조 원(전체의 64.7%),

DLS 41.4조 원(35.3%)을 차지한다. ELS는 주가 지수형이 65.8조 원(전체 ELS의 86.6%)으로 대부분을 차지하고, DLS는 금리형 20.4조 원(전체 DLS의 49.3%), 신용형 5.9조 원(14.2%) 순으로 비중이 높다.

2) 파생결합증권 헤지(hedge)자산 운용 현황

파생결합증권을 발행한 증권사는 원리금 상환에 대비하여 발행 자금을 헤지자산으로 운용하고 있다.[133] 2019년 7월 말 헤지자산 규모는 127조 1,000억 원이며, 채권 81조 4,000억 원(64.0%), 예금·현금 20조 원(15.8%) 등으로 구성되어 있다.

파생결합증권 발행 잔액

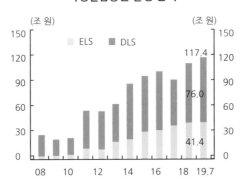

자료: 금융기관 업무보고서

---

133) 헤지방식은 증권사 자체 헤지와 해외 금융기관과의 백투백 헤지로 구분되며, 백투백 헤지 시에도 채권투자 등은 국내 증권사가 담당하고 해외 금융기관은 선물·옵션거래를 담당하는 구조이다. 파생증권, 파생결합증권(Securities Derivatives)은 주식·원자재·금리·지수(Index)와 같은 기초자산의 가치변동에 연계하여 지급금액 또는 회수금액이 변동되는 권리를 표시한 증권화된 금융투자상품을 지칭한다. 주식워런트증권(ELW), 주가연계증권(ELS), 기타 파생결합증권(DLS), 상장지수증권(ETN) 등이 국내에서 판매되고 있다.

주요 ELS,DLS 기초자산별 발행잔액(19.7월말)[1]

(조 원,%)

ELS[2]	76.0	(100)	DLS	41.4	(100)
Eurostoxx50	46.2	(60.8)	금리형	20.4	(49.3)
H지수	39.9	(52.5)	혼합형	10.3	(25.0)
H&P500	34.2	(45.1)	신용형	5.9	(14.2)
KOSPI200	25.2	(33.1)	주식형	3.2	(7.8)
Nikkei225	21.5	(28.2)	원자재형	0.6	(1.5)

주: 1) ( )는 내는 비중
  2) 2개 이상의 기초자산을 편입한 ELS 의 경우 각 기초자산별로
      중복하여 집계
자료: 금융기관 업무 보고서

출처: 2019년 금융위원회 보도자료

〈그림35. 파생결합증권 발행 잔액〉

〈표52. 파생결합증권 헤지자산 운용 현황[1]〉

(단위: 조 원, %)

채권	예금·현금	파생	주식	기타[2]	계[3]
81.4	20.0	2.1	0.5	23.1	127.1
(64.0)	(15.8)	(1.7)	(0.4)	(18.2)	(100.0)

출처: 금융감독원, 유동수 더불어 민주당 의원실
자료: 금융기관 업무보고서

주: 1) ( ) 내는 비중

  2) 대출채권, 수익증권 등

  3) 헤지자산 운용 수익 포함

채권 종류별로는 국공채 24.2조 원(전체 채권의 29.8%), 회사채 19.7조
원(24.1%), 금융채 14.7조 원(18.1%), 여전채 13.6조 원(16.7%) 등이다.

〈표53. 헤지자산 중 채권 종류별 현황[1]〉

〈표53. 헤지자산 중 채권 종류별 현황[1]〉

(단위: 조 원, %)

국고채	회사채	금융채[2]	여전채	기타	계
24.2	19.7	14.7	13.6	9.2	81.4
(29.8)	(24.1)	(18.1)	(16.7)	(11.3)	(100)

출처: 금융위원회 보도자료(2019)
자료: 금융기관 업무보고서

주: 1) ( ) 내는 비중
　　2) 여전채 제외

3) 파생결합증권의 잠재리스크

대규모 중도 환매가 발생하거나 기초자산 변동성이 급격하게 확대될 경우 금융시장에 영향을 줄 가능성을 배제할 수 없다. 대규모 중도 환매가 발생할 경우 증권사는 회사채, 여전채 등 상대적으로 유동성이 낮은 신용물 채권 매도에 어려움을 겪을 수 있으며, 채권시장에도 영향을 줄 수 있다. 다만 일반적으로 파생결합증권 상품 구조상 기초자산 가격이 손실구간에 진입하더라도 만기까지는 가격 상승으로 손실 회피를 기대할 수 있는 반면, 중도 환매 시 손실이 확정되고 수수료(약 5~10%)가 발생하므로 중도환매 유인이 낮은 것으로 평가하고 있다.

12

2022년 전국 200만 가구 유령화 마을 사태
(제2외곽 고속도로, 각종 민자도로 개통 시대)

———

전월세 가격만을 고려한 경우 월 소득 대비 주거비 부담(RIR(H))은 수도권 평균 19.6%이고, 서울은 21.7%로 가장 높다. 여기에 교통비를 더한 주거·교통 부담 수준(RIR(H+T))은 수도권 평균 23.3%, 서울은 25.3%, 인천 22.3%, 경기 21.7% 순으로 나타났다.

지역별, 소득 수준별로 보면 서울의 중하위 소득(300만 원 이하)계층은 주거·교통 부담 수준이 31.2%, 그 다음으로 경기도 중하위 소득계층이 30.0%로 나타났다. 교통비로 인한 영향이 큰 지역은 주거비 부담(RIR(H))이 30% 미만이지만, 교통비를 포함(RIR(H+T))할 경우 30%를 상회하는 곳으로 인천 율목동, 용유동과 경기 수원 광교1동, 매탄2동 등이다.

주거비와 교통비를 함께 고려하여 통합적 주거비 부담 수준을 분석한 후 주거비와 교통비의 수준에 따라 지역을 유형화했을 때, 주거비와 교통비가 모두 높은 지역(유형1)의 평균 주거 부담은 월 82만 5,000원, 교통비 지출은 14만 원이다. 주거비와 교통비가 모두 낮은 지역(유형4)의 주거 부담은 38만 2,000원, 교통비 지출은 8만 1,000원이다.

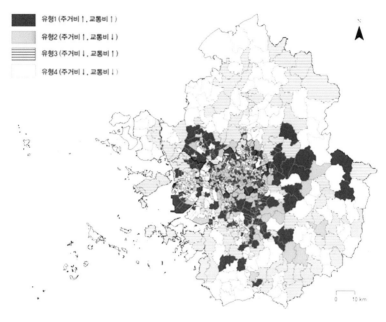

〈그림36. 2018년 수도권 주거비·교통비 비교〉

　서울 내부는 주거비는 높으나 교통비는 낮은(유형2) 지역이 많이 분포하는 것으로 나타났다. 둔촌주공 12,000세대, 개포동 입주 등 2년간 2만 세대가 일시적으로 공급되면 강남 집값은 하락할 것으로 예측된다. 이미 서울 투기지역은 공급 초과 물량의 입주와 철거 시기가 3년 시차로 나타나게 되기 때문에 이러한 통계의 오류가 실물시장에서 현실화되는 시기이다. 이 시기부터 서울의 미분양은 증가하고 일부는 할인분양 이야기와 함께 경매시장 입찰 참여자의 저조로 가격 하락 현상이 뚜렷하게 나타날 수밖에 없다.

2022년은 2023년 통계치로 나타나겠지만 이미 공급 과잉된 아파트 60만 채와 기타 주택 공급 과잉 100만 채의 여파로 전국적으로 200만 채의 빈집이 발생될 것이다. 서울은 이미 15만 채 이상이 과잉 공급된 상태이다. 수도권은 이 중 40만 채 가까이가 초과 공급된 상태이다.

수도권의 경우 교통비의 증가로 이른바 민자도로 노예 현상이 발생하고 있는데, 2기 신도시의 입주가 완비되면 그 비중이 더 증가할 것이다. 민자도로 노예 현상은 외곽 주거지의 교통 부담을 형성하여 출퇴근 부담을 더욱 가중시킨다. 특히 영종도 같은 곳은 출퇴근 부담으로 인해 거주지로서는 비호감 대상이다. 이러한 비호감성으로 빈집 빈 상가들이 폭증할 것이며 200만 호나 되는 빈집이 경매시장에 나오게 되면 그에 따라 유령인[134]들도 등장할 것이다. 경매 대출 시장이 축소된 상태에서 이러한 유령인들의 등장은 집단 상가와 집단 주택 경·공매 시 10~20%대 중후반에서 낙찰가가 정해질 가능성이 높다.

---

134) 유령인: 경·공매 직전이나 직후에 빈 건물을 점유하는 사람들을 말한다. 통상 특정 경매의 낙찰을 받으려는 이들이나 허위 유치권을 전문으로 하는 회사에서 파견된 사람들이다. 이들은 저가로 낙찰을 받기 위해 건물 방문객의 진입을 막거나 허위 사실을 퍼뜨려 입찰가에 영향을 미치거나 명도 저항에 대한 우려를 불러일으킨다.

(1) 신 협약(바젤3) 시행

바젤 기준에 대해 알기 위해서는 먼저 국제결제은행(BIS, Bank for International Settlement)에 대해 언급할 필요가 있다. 국제결제은행은 1930년 스위스 바젤에 설립된 국제은행으로 여러 나라의 중앙은행들 사이에서 조정역할을 한다.

바젤3(2019)의 규제 내용은 필라1의 최소자본규제는 자본 규제(완충자본 확충)와 레버리지 비율(자산 건전성 분류기준), 유동성 규제로 세분화하였다. 필라2의 금융당국 점검과 필라3의 시장 규율 강화에서는 바젤2와 같다. 즉, 바젤3의 궁극적 목적은 '은행의 손실 흡수 능력 강화'와 '금융산업의 안정성 제고'로 이를 달성하기 위해 글로벌 규제자본 체계의 강화와 글로벌 유동성 기준을 도입한 것이다. 금융기관들은 2019년까지 단계적으로 마련된 자본건전성 기준을 충족시켜야 한다. 여기서 유동성 규제는 커버리지 비율인 LCR과 순안정자금 조달 비율인 NSFR로 나뉘는데, 은행의 심각한 스트레스 테스트에서 30일 동안 순현금 유출액을 충당할 수 있는 고유동성 자산을 100% 이상 보유하도록 해야 한다.

2015년부터 IMF가 우리나라에 대한 금융부문 평가(FSAP: Financial Sector Assessment Program)를 실시한 결과, 바젤 기준 필라 제도를 단기간 내 이행할 것을 한국에 권고해 왔다. 특히, 2015년 하반기부터는 바젤위원회가 한국에 대한 바젤규제 정합성 평가(RCAP, Regulatory Consistency Assessment Programme)를 하고 있다. RCAP 평가 결과는 대외에 모두 공개되는데, 필라2 제도의 국내 도입 및 미흡한 수준으로 도입한 필라3 제도를 보완해야 할 필요성이 점차 증가하고 있다.

감독 당국은 해당 리스크의 범위 및 관리 상황 등 은행의 리스크 관리 수준을 종합적으로 점검·평가하여 필요시 추가 자본 요구 등의 합당한 감독 조치를 해야 한다. 은행은 자체적인 유동성을 점검하고 평가하여 손실을 흡수해야 한다.

금융당국은 필라2 제도 국내 도입에 따라 은행들의 평가 방식을 바꾸어 왔다. 현재 은행들은 매년 경영실태평가(CAMEL-R)와 리스크관리실태평가(RADARS)를 각각 따로 받고 있다.

우리나라 은행에 대한 경영실태평가는 1996년부터 시행되어 왔는데, 2011년에 기존 CAMELS에서 리스크 관리까지 포함하는 CAMEL-R로 개편하였다. [135] 이렇게 경영실태평가가 이제 리스크관리실태평가를 포함하여 은행기관의 리스크를 종합적으로 측정하는 것으로 바뀌고 있는 중이다. 이 평가를 통해 일정 등급 이하인 은행에 맞는 감독 조치를 실시하는 것이다.

---

135) 경영실태평가(CAMEL-R)와 리스크관리실태평가(RADARS)를 경영실태평가로 일원화하고, 경영실태평가(28개 항목, 105개 평가사항)의 리스크 관련 항목(6개 평가항목, 40개 평가사항)에 대한 평가를 거쳐 5등급에 총 15단계의 필라2 등급을 산출한다.

무역 분쟁이 심화되는 상황에서 주택가격이 동시에 하락하면 대부분의 금융업권에서 자본비율이 크게 하락하지만, 여전히 규제 기준을 상회하는 것으로 나타났다. 보험회사의 경우 자본비율이 2018년 말 261.2%에서 테스트 기간 중 최저 156.5%로 가장 크게 하락하였다.

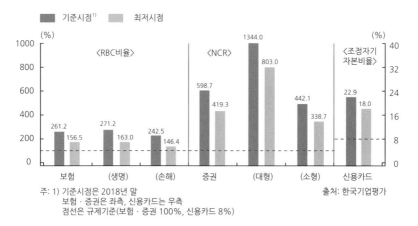

주: 1) 기준시점은 2018년 말
　　보험 · 증권은 좌측, 신용카드는 우측
　　점선은 규제기준(보험 · 증권 100%, 신용카드 8%)

출처: 한국기업평가

〈그림37. 보험사 신종 자본증권 스트레스 테스트 결과 자본비율 〉

업권별로 자본비율 산정방식이 상이한 점을 감안하여 2018년 말 자본비율 대비 하락률로 표시하면 보험회사는 40.1% 하락하는 것으로 나타났다. 다음으로 증권회사(-179.4%p, 하락률 -30.0%), 저축은행(-3.1%p, -21.9%), 은행(-2.9%p, -18.5%) 등의 순으로 자본비율이 크게 하락하였다. [136]

---

136)　2019년 6월, 한국은행 금융안정보고서 업권 내 그룹별로 세분화한 테스트 결과를 살펴보면, 은행의 경우 지방은행의 자본비율이 시중은행보다 큰 폭으로 하락했으며, 증권회사의 경우 대형 증권회사의 자본비율이 중소형 증권회사보다 상대적으로 더 큰 폭 하락하였다. 보험회사의 경우에는 생명보험회사와 손해보험회사의 자본비율이 비슷하게 하락하였다.

금융감독원은 일원화된 경영실태평가에서 리스크 관련 항목에 대해서만 평가하여 5등급 15단계의 필라2 등급을 산출하여 필라2 등급 일정 수준 이하인 경우 추가자본 부과, 리스크 관리 개선 협약 체결 등 각 은행의 상황에 맞는 차별적 감독조치를 시행 중에 있다.

이러한 자본에 대한 건전성 평가가 공정하게 적용된다면 우리나라에 무슨 일이 벌어질 것인가는 예상되어 있다. 어느 날 갑자기 터지는 대규모 부실의 발생이다. 이러한 부실은 늘 채권자, 고객 그리고 국가의 대규모 공적자금으로 지원해 온 것이 한국의 자본주의 시장이다. 이제 대규모 부실 발생으로 인한 연쇄 파산 우려를 볼모로 대규모 공적자금을 요청하게 되는 시점은 곧 다가올 것이다. 타이머 스위치가 언제 터질지 누구나 짐작하고는 있지만, 책임에 대해서는 서로 면피할 구실에만 골몰할 것이다. 다음 금융권 부채를 보면 우리는 그동안 위장 자본으로 부실을 잠시 덮어 왔음을 알 수 있을 것이다.[137]

보다시피 금융권의 신종자본증권 발행액만 30조 원이며, 이러한 발행액이 바로 자기자본으로 위장되어 온 것이다. 회계기준의 변화로 이것이 부채로 평가된다면 현재 이익의 10% 이상을 이자로 지급하고 있는 만기 옵션은 부실화를 면할 수 없는 상태이다. 지금까지 이러한 관행을 유지해 온 이유는 금융권의 수익이 저하되면, 정부의 공적자금 투입으로 해결될 수 있다고 믿고 있었기 때문이다. 이러한 현실에도 불구하고 금융기관과 기업은 10년 이상 대규모 배당을 실시해 왔다. 임금의

---

137) 한국회계기준원 역시 국제회계기준위원회(IASB)에 '신종자본증권을 모두 자본으로 분류하는 것보다는, 성격에 따라 자본과 부채로 분리해 계상하는 것이 맞다.'라는 의견을 냈다.

평균 수령액 자체가 타 업종의 비해서 지나치게 높다는 점은 우리에게 무엇을 말해 주고 있는 것인가? 배당은 내가 받고, 손실은 사회에 떠넘기는 의식이 고착화된 구조라는 점이다.

당연한 일이지만 특수은행 부실화 여파와 금융권 대규모 자본 부족화 현상은 이제 국가 혈세 감당에서 채권자(예금자 및 계약자) 손실분담제도, 즉 베일인 제도의 활성화로 나타나게 될 것이다.

국제회계기준위원회(IASB)는 금융상품의 표시 회계기준(IAS32) 개정 작업을 진행하면서 신종자본증권과 관련해 발행자가 갚아야 하는 원금과 이자가 모두 확정된 금액이기 때문에 부채로 분류해야 한다고 보고 있다. 금융권의 핵폭풍이 이 시기 이후에 몰아치게 될 것은 불 보듯 뻔한 일이다.

〈표54. 금융권 신종자본증권 발행금액 신종자본증권 부채분류시 자본비율 변동〉

구분	회사명	신종 자본증권 (a)	신종 자본증권 (조건부자본) (b)	RCPS (c)	합계 (a+b+c)	자기자본 대비비중	부채분류시 부채비율 상승폭
은행	우리은행	7,000	24,759		31,759	15.1%	258.5%p
	신한은행	3,000	4,000		7,000	3.0%	43.1%p
	하나은행	1,800	-		1,800	0.8%	10.3%p
	부산은행	1,000	2,500		3,500	7.2%	85.2%p
	대구은행	2,900	3,000		5,900	14.0%	192.7%p
	경남은행	2,000	2,500		4,500	13.7%	185.0%p
	광주은행	870	-		870	5.1%	74.8%p
	제주은행	500	-		500	11.9%	185.0%p
	중소기업은행	2,000	21,857		23,857	12.0%	182.1%p
	농협은행	3,500	-		3,500	2.3%	41.9%p
	수협은행	1,000	1,000		2,000	7.9%	120.7%p
은행소계		25,570	59,616		85,186	7.1%	107.6%

구분	회사				합계		
은행지주	신한금융지주	-	15,345		15,345	7.0%	10.2%p
	하나금융지주	-	9,830		9,830	6.3%	8.7%p
	BNK금융지주	-	5,100		5,100	10.6%	15.2%p
	DGB금융지주	-	1,500		1,500	5.7%	7.4%p
	JB금융지주	-	3,480		3,480	21.0%	33.8%p
	농협금융지주	-	2,190		2,190	1.3%	1.6%p
은행지주소계		-	37,445		37,445	5.8%	8.1%
보험	한화생명	15,673	-		15,673	15.7%	212.0%p
	교보생명	5,570	-		5,570	5.9%	66.6%p
	KDB생명	2,160	-		2,160	24.2%	667.3%p
	푸본현대생명	1,000	-		1,000	16.5%	418.2%p
	흥국생명	5,922	-		5,922	31.9%	708.4%p
	DB생명	300	-		300	5.2%	101.7%p
	롯데손보	520	-		520	8.6%	211.3%p
	한화손보	2,200	-		2,200	15.5%	208.4%p
	현대해상	5,000	-		5,000	13.3%	171.4%p
	흥국화재	920	-		920	14.0%	287.7%p
보험소계		39,265	-		39,265	13.2%	187.2%p
기타금융	메리츠종금증권			6,210	6,210	18.8%	174.4%p
	KTB투자증권			1,000	1,000	21.2%	142.4%p
	현대카드	3,000			3,000	9.4%	54.4%p
	현대커머셜	4,000			4,000	38.8%	525.4%p
	KB캐피탈	3,000			3,000	30.2%	410.0%p
	JB 우리캐피탈	1,660			1,660	22.3%	214.8%p
	롯데캐피탈	1,510			1,510	13.0%	96.7%p
	하나캐피탈	1,500			1,500	19.4%	202.9%p
	애큐온캐피탈				700	12.1%	73.1%p
	한국캐피탈	600			600	23.7%	224.8%p
	메리츠캐피탈	1,000			1,000	14.1%	123.1%p
	하나에프앤아이	300			300	25.0%	213.7%p
기타금융소계		16,570		7,910	24,480	18.4%	156.5%p
금융기업소계(B)		81,405	97,061	7,910	186,376	8.2%	88.0%p
합계(A+B)		176,163	97,061	22,114	295,399	7.3%	51.9%p

IASB의 부채와 자본 분류 원칙 개선 추진, 국내 기업 신종자본증권에 미칠 영향은?
김정현 평가기준실 전문위원, 최주욱 평가기준실 전문위원, 송태준 평가기준실 실장

출처: 한국 기업평가 2019.1.22.

디레버리징(DELEVERAGING)

(2) 2022년 보험 회계기준 변동 IFRS17 도입

보험업계도 충격이 불가피하다. 2022년 부채를 시가 평가하는 것을 주요 내용으로 하는 새 국제회계기준(IFRS17) 도입에 앞서 보험회사들의 영구채 발행이 잇달았기 때문이다. 다만 금감원은 영구채가 부채로 분류되어도 건전성 감독 규제에선 이를 가용자본으로 인정할 방침이다. 이 경우 지급여력비율(RBC) 급락은 피할 수 있다.

한국의 자본시장에서 보험사가 갖는 특수성에 비추어 본다면, 앞으로 자본시장에서 벌어질 일들에 대해서도 예측해 볼 수 있을 것이다. 현재 보험사의 40~50%는 완전 자본잠식 상태에 있으며, 앞으로 10년간 구조조정 과정을 거치게 될 것이다.

보험사의 부실에 대한 책임을 다음번으로 넘기는 방법은 영미 자본주의에서 문제가 된 이른바 재보험을 들 수 있다. 미국의 중소 보험사 사기행각은 여러 영화에서 많이 노출되어 생소하지 않을 것이다. 쉽게 말하면 은퇴 자금으로 적립된 금액을 모두 배당으로 빼돌리고 보험사는 특정한 이유로 파산하는 방법들이다. 서구의 재보험이 허리케인이나 지진 같은 자연재난을 대비하는 방식으로 진화한 것은 재보험이 보험 원금을 지켜 주지 못 하리라는 것을 지난 보험사 파산으로 알고 있기 때문이다.

일본은 저금리 영향으로 버블 붕괴기인 1997~2001년 9개 보험사(생명보험사 7곳, 손해보험사 2곳)가 파산했다. 보험사 파산 이후 다이렉트 마케팅, 텔레마케팅 등 보험판매자들을 대폭 줄이고 보증이율을 인하했으며 금리 영향성이 없는 보장성보험 판매로 보험 판매 비중을 조정하였다. 저축성보험을 판매하더라도 확정금리 상품은 거의 취급을 하지 않고 있다. 그리고 예금자 분담제도를 도입하여, 경영위기 시 보험금액을 삭감하거나 예정이율을 인하하는 등 계약 변경의 방법으로 구조조정을 진행하였다.

우리나라의 경우 일본과는 다르게 다음과 같은 방식으로 보험사의 부실을 대처하게 될 것이다. 먼저 부실폭탄을 재보험으로 넘기는 또 다른 위장 자본으로, 두 번째는 대규모 공적자금 지원 요청으로, 세 번째는 베일인 제도로 보험사의 부실 발생을 계약자에게 그대로 떠넘기는 방식이다.

그렇게 생각하는 이유는 20여 년 동안 부실 경영에도 불구하고 막대한 배당 수익을 챙겼던 선례로 볼 때 짐작할 수 있는 일이다. 앞으로도 문제는 보험사가 주식을 판매하여 계약자에게 돌려줄 생각이 있는가 하는 것이다. 그러나 한국의 자본주의 시장의 특성을 다들 짐작하겠지만, 아마도 그런 판단은 없다고 보는 것이 나을 것이다. 계약자들의 돈과 거기서 발생되는 수익 그리고 운용해서 발생되는 기업 지배권 같은 기득권을 포기할 생각은 만무하다고 여길 수밖에 없다.

IFRS17의 강화된 규정은 2008년 글로벌 금융위기 이후 대형 보험사들이 도산 위기를 겪으면서 미래의 보험 가입자들에게 돌려줄 장기부채(보험금)를 보다 더 엄격히 관리하는 데 그 목적이 있다. 그런데 한국은 그러한 계약자에 대한 책임보다는 기업 지배집단의 이익을 보장하는 데 초점을 맞추고 있었기 때문에 IFRS17 적용 이후에 상당히 큰 여파가 올 것이다. 그러나 보험사를 통한 주식 매입 지배구조는 주식 투자 대비 40% 이상을 요구자본으로 인정하는 맹점이 있다. 그 때문에 지금 3사 대표 생보사의 주식 평가액은 35조 원을 넘지만 요구자본은 14조 원을 더 쌓아야 하는 모순을 가지고 있다. 신종자본증권까지 동원하여 배당액을 늘려 온 보험사의 입장에서 사상 최대의 배당액은 계약자에게 돌려줄 돈을 미리 배당받은 것은 아닌지 따져 봐야 할 것이다.

국내외 경제성장률과 같은 경기 동향은 기업을 비롯한 개별 경제주체의 자금 수요에 영향을 미치고 이는 은행에 대한 자금 수요로 이어진다. 경기 하락 시에는 기업의 부실 가능성이 높아지고 나아가 은행의 자산 건전성 저하를 초래하기도 한다. 주식시황, 금리, 환율 등과 같은 거시적 경제 변수의 변화는 은행 산업 위험 평가에 중요한 요인이다.

13

2023년 전망과 한국 사회

———

　이러한 영향으로 서울 및 수도권은 파산 및 경매 공화국으로 진행될 것이며 기업의 대규모 부실사태 처리방안이 공론화되게 될 것이다. 신용불량자 300만 시대에 대한 대책, 보험사 파산설과 특별법에 대한 여론화, 증권사 부실화 공적자금 대규모 증액 등 부실 보험사와 증권사에 대한 해결방안이 주를 이룰 것으로 예상된다. 이에 따라 2023년을 관통하는 키워드로는 대법원 경매(오피스텔 상가 빌라 타운하우스), 온비드(온라인 공매 시스템, 토지, 임야), 신탁사 공매 등이 떠오를 것이다.

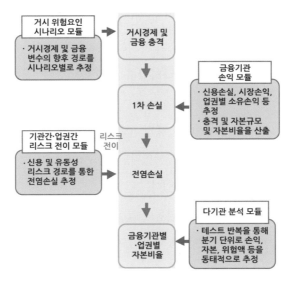

〈그림38. 통합 금융권 손실 스트레스 테스트 모형도〉

한국은 이제 초양극화 시대에 살고 있다. 18개 시중은행이 보유한 개인 고객 예금액 632조 341억 원 중 예금 잔액 상위 1%에 해당하는 계좌가 보유한 액수는 283조 2,544억 원으로 전체 예금의 45.5%를 차지한다. 그리고 하위 40% 국민의 예금은 100만 원 이하이며 하위 60% 국민의 예금은 1,000만 원 이하에 불과하다.

근로소득과 사업소득, 금융·임대소득 등을 합친 통합소득 기준으로 상위 0.1%와 중위 소득자 간 격차가 무려 64배까지 벌어지는 것으로 나타났다. 통합소득 상위 0.1% 소득자의 평균소득은 2012년 11

억 8,499만 원에서 2017년 14억 7,402만 원으로 늘어나고 있는 상태이다. 전체 소득 중 상위 0.1% 소득이 차지하는 비중도 2012년 4.0%에서 2017년 4.3%로 늘어난 것으로 나타났다. 소득 양극화의 심화를 보여주는 결과다.

상위 1%로 범위를 넓혀 보면 해당 구간 소득자의 평균소득은 3억 9,051만 원으로 중위 소득자의 17배였다. 지난 2012년 상위 1% 소득자의 평균소득은 3억 2,179만 원이었다.

상위 1%에 속하는 기업과 개인들이 불로소득으로 부를 축적하고 있는 것이다. 아이러니한 것은 30% 이상의 기업이 좀비 기업인 반면 40% 이상의 주 기업집단은 5대 재벌가의 소유인 독특한 기업 구조를 이루고 있다는 것이다. 이로 인해 법인부터 개인에 이르기까지 초양극화 수준의 격차가 벌어지고 있다는 것이다.

한국 가계의 근본적인 부의 변화는 어디에서 출발하는가? 아마도 토지 시장에 그 원인이 있을 것이다. 1967년 기준으로 강남의 땅값이 평균 14만 배의 가격 상승을 기록한 결과로 본다면 1% 토지 소유주는 40년간 얼마만큼의 불로소득을 가져갔을 것인가? 기업이나 개인이나 대부분의 부의 원천이 어디인지를 알고 보면 우리 사회의 현실과 마주할 수 있을 것이다.

지난 40년간 토지로 인한 불로소득 6,700조 원 중 5,500조 원(84%)을 상위 10%가 챙겼다. 토지 소유는 편중될 수밖에 없어 불로소득(거품) 역시 소수에 집중되었다.

행자부 부동산정보관리센터가 부동산 종합대책을 마련하기 위해 지난 3월 개인 소유 토지에 대한 전국 단위 거주지별, 연령대별 부동산(토지·건물) 소유 현황을 분석한 결과에 따르면 작년 말 현재 땅 부자 상위 5%가 전체 개인 소유 토지 5만 7,218㎢(173억 3,390만 평)의 82.7%를 차지하고 있는 것으로 집계됐다. 또 상위 1%는 51.5%를 차지하였다.

기업이 보유한 토지 면적과 금액도 급격하게 상승하였다. 가액 기준 2004년 330조 원이던 법인 소유 토지가격은 2016년 1,268조 원으로 2.8배 상승했다. 특히 재벌 등 상위권의 집중이 심화되었다.

국세청 자료에서는 상위 10개 기업이 보유한 토지의 공시지가가 385조 원이었으며, 상위 50개 재벌 계열기업이 보유한 토지는 548조 원이었다. 50개 기업의 토지를 시세로 환산하면 1,000조 원대로 추정된다.

국회 기획재정위원회 유승희 의원(더불어민주당)이 국세청에서 제출받은 '2017년 귀속 양도소득과 금융소득' 자료를 보면, 2017년 기준 부동산 양도차익으로 인한 소득이 한 해 84조 8,000억 원, 주식 양도차익이 17조 4,000억 원에 달하는 것으로 집계됐다. 배당 및 이자소득 등 금융소득은 33조 4,000억 원이었다. 이들 불로소득(135조 6,000억 원)은 전년보다 20% 증가한 금액이다. 2016년 부동산과 주식 양도소득, 이자소득과 배당소득의 총합계는 112조 7,000억 원이었다. 이런 불로소득은 고소득층이 대부분 차지하고 있는 것으로 나타났다. 한 명의 자산가가 부동산 여러 건을 거래했을 경우, 양도차익이 한 명에게 더 집중된다는 점을 고려하면 부동산 양도소득 역시 극심한 양극화 현상에서 벗어나지 못한 셈이다.

근로소득의 경우 상위 0.1% 초고소득층(1만 8,005명)이 벌어들이는 금액이 전체 근로소득 633조 6,000억 원의 2.3%를 차지한다는 것은 자산소득의 불평등이 이보다 몇 배 이상 심하다는 뜻이다. 2017년 이자소득과 배당소득을 거둔 이들 가운데 하위 10%(각각 524만 3,532명, 93만 1,330명)에게 돌아간 몫은 1억 원 수준에 그쳤다.

한편 2018년 6월 현재 가계부채 보유자는 1,903만 명, 채무 보유액은 1,531조 원이다. 연이은 사상 최대 규모이다. 우리나라 국민 약 37%가 1인당 8,043만 원의 빚을 지고 있는 셈이다. 1,903만 명 중 자신의 집을 담보로 잡힌 대출자는 631만 명으로 전체 대출자의 3분의 1이다. 이들의 부채총액은 978조 원(63.9%)으로 전체 가계부채의 3분의 2에 육박한다. 그 규모도 사상 최대이다. 1인당 1억 5,486만 원이다. 2000년 초반 약 54%였던 주택의 자가 점유율은 2018년에 57%밖에 되지 못한다. 주택 보급률이 110%이지만 2022년에는 200만 빈집이 창궐하는 시대의 자화상이다.

이렇게 토지 가격의 급등으로 인한 불로소득을 바라보는 일반 국민들은 한국 자본시장에 어떤 기대를 가지고 있을 것인가? 동료들과 경쟁하면서 수직적인 상승만을 향해서 달려가는 사회에서, 동료애라든가 옆을 돌아보는 온정 같은 것은 사라질 것이다.
또한 앞으로 제3시장의 거품은 빠르게 증가할 것이며, 불로소득 계층은 빈곤의 세습으로 이어지게 될 것이다. 불로소득으로 치부했던 이들의 패배는 패배할 것 같은 사람을 무시하는 사회의 천대와 냉정함을 지독하게 경험하게 될 것이다. 불로소득 근절 방안으로는 소유 편중 해소를 위한 조세 및 임대차시장의 투명성을 강화해야 한다.

지난 10년 동안 집값은 3,100조 원이 상승하여 집을 소유한 경우 1인당 평균 2억 원의 자산이 증가했고, 상위 1%는 평균 11억 원 증가했다. 그러나 집값 상승으로 인해 무주택자들은 내 집 마련 기회를 박탈당했다. 집값 상승에 이어 전월세 가격 부담으로 빚에 시달리며 자산 격차만 더 심화됐다.

주거안정을 위한다면서 농민 소유의 땅을 강제수용하고, 도심 주택을 재개발·재건축해서 490만 채를 공급했지만 이 중 절반이 넘는 250만 호는 다시 다주택자에게 돌아갔다.

우리는 지금 17세기 중부 아프리카에서 벌어졌던 세계화와 거의 유사한 경험을 하고 있다고 판단된다. 중부 아프리카에서 흑인을 백인이 납치해서 팔아먹었다고 알고 있지만, 이는 사실 최초의 세계화 과정에서 족장 및 왕족에 의해 자행된 노예무역이었다는 점에 주목해야 한다. 즉, 자국의 기득권층들이 자국민에게 부채를 지우고 채무 이행을 강요해 노예로 팔아 치부했던 것이 아프리카 노예무역의 실상이었던 것이다. 에릭 윌리엄스의 『자본주의와 노예제도』에서 기술하고 있는 내용이 오늘날 우리 사회가 겪는 끔찍한 비극과 너무나 닮아 있다는 점에서 심각한 고민을 하지 않을 수 없다.

한국에서 벌어지고 있는 노예와 주인놀이도 심각한 상황이다. 초등학교 어린이들에게까지 거주 지역에 따른 차별이 빈번하게 벌어지고 있다는 사실은 많이 알려진 일이다. 부모의 재력이 우월성과 차별성으로 보편화되고 있다. 이른바 성인이 사는 세상에 대한 거울이 초등학교까지 벌어지고 있는 현실을 직시해 보아야 한다.

우리는 자본주의 사회인 대한민국이 국제회계 기준의 도입으로 회계제도와 공시제도가 강화되는 현상을 보고 있다. 그리고 이제 새롭게 탄생되는 500만 금융노예시장을 보게 될 것임은 명약관화한 일이다. 17세기에 벌어졌던 자본주의의 비극이 한국에서 지금 되풀이되고 있는 것이다.

경제학자들이나 정치경제학을 배운 지식인 계층은 다들 알고 있듯 자본주의 문명의 진보는 정치에서 시작된다. 1인당 GDP가 3만 달러인 우리나라에서 앞으로 누구나 잘 살 수 있는 정치를 한다는 것은 어쩌면 너무 당연한 수순이다. 고급 과학기술 인력을 지속적으로 배출하고, 이들을 정규직으로 고용하여 처우를 지속적으로 높임으로써 과학과 기술의 국가 경쟁력을 높여야 한다. 또한 창업을 지원하고 고급 인력 확충을 위한 예산 확보를 위해서는 불로소득에 대한 세 부담을 늘리는 것이다.

그러나 한국의 독점된 자본주의로 운영되는 좀비기업이 상존하는 시장에서는 독점자본과 기득권 가계가 이러한 정책을 용납할 수 없을 것이다. 국가가 혁신으로 변화하려고 해도 이미 고착화된 기득권층들은 이에 응하지 않으려 한다. 그것은 그들의 세습구조를 단절시키려는 시도라고 생각하기 때문이다.

2010년, 우리나라는 '국가 경쟁력 위원회'를 발족하여 재벌 개혁을 진행하였다. '금산분리' '기업 지배구조' '국·공유 자산 할당 조건' 등을 통하여 재벌의 민영화와 경제력 집중을 해소하고, 기업의 경쟁을 촉진하여 국가의 경쟁력과 투명성을 제고하였다. '경제력집중법(경쟁 촉진 및 경제적 집중 억제 법안)'의 내용을 보자면 금융기관은 중견기업 이상의 기업을 소유하는 것을 원천적으로 차단하였다. 공적 자산 민영화 및 다단계 순환 출조 지배구조를 3단계로 단순화하였다. 공적 자산 민영화 및 공공입찰 정부 라이선스 취득에 대해서 재벌의 참여를 배제시켰다. 또한 일감 몰아 주기의 경우 배임·횡령 등으로 고발 조치하고 이해관계인 과반수 승인으로 절차를 변경시켜 버렸다. 소액 지배주주의 권한 또한 강화시켰고, 회사 및 증권 관련 허위 공시 및 무자본 M&A 주가 자전거래 감시기구를 발족시켰다. 이스라엘을 모델로 한 이러한 조치는 국가 경쟁력과 자본시장을 투명하게 만들어 삶의 질 향상 등 모든 면에서 경제에 활력을 증강하게 될 것이라고 예측됐다.

그러나 이런 조치가 대한민국에서 실현되기 힘든 이유는 이미 재벌 4세 경영까지 염두에 두고 확장해 온 상황에서 재벌가의 비상장회사가 1,000여 개에 이르고 있으며, 이에 관계된 이해 대상자가 천문학적인 수준에 이르고 있기 때문이다. 그리고 기업들 대부분이 언론에 영향을 미치거나 실질적으로 지배하고 있는 현실이다. 결국 주인과 노예 하청 같은 놀이는 새로운 국제 기준이 들어온다 해도 실현되기는 힘들 전망이다.

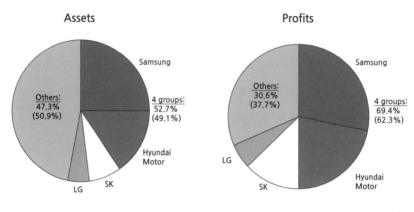

▷ 상위 4대 기업 기업집단 지배력이 점점 확장되고 있다

Assets

Others: 47.3% (50.9%)

Samsung

4 groups: 52.7% (49.1%)

Hyundai Motor

LG   SK

Profits

Others: 30.6% (37.7%)

Samsung

4 groups: 69.4% (62.3%)

LG

SK

Hyundai Motor

출처: 연합뉴스, 2017년 5월 21일

〈그림39. 2017년 상위 30개 기업집단 대비 4개 기업집단 비중(2011년은 괄호 안에 표시)〉

이른바 세습이 고착된 사회는 서서히 죽은 사회로 전향되게 되어 있다. 우리 한국의 기득권층들은 세습이 고착화된 경쟁이 없는 사회를 강력하게 원하고 있으며, 이러한 사회에는 쉽게 돈을 벌 수 있는 금융노예는 존재할 수 없다. 이러한 금융노예 500만 명의 개인정보는 그들이 급전이 필요해 접근했던 대부업 등에 의해 쉽게 노출되고, P2P 대부업의 창궐에 희생양이 될 것이다.

21세기 자본에서 인간의 조건을 고민하지 않는 자본과 문명은 퇴보하게 되어 있다. 과연 우리 사회가 인간의 조건이란 무엇이며, 어떠한 인간의 조건으로 사회를 구성할 것인지 사회의 구성원들이 진지하게 고민한 적이 있는지 되묻고 싶다. 기득권이 생각하는 인간의 조건은 무엇일까? 말하는 도구 그 이상도 그 이하도 아닐 수도 있을 것이다.

디레버리징(DELEVERAGING)

성인들의 세계는 아이들에게는 동경의 세계이다. 지금 한국의 초등학교 사회에서는 우리 아이들에게 앞으로 펼쳐질 세상의 인간의 조건을 가르쳐야 한다. 그러나 있는 자의 세습이 고착되고 일반 서민들은 금융노예로 추락하는 사회에서 우리는 어떤 삶을 살아야 할지 고뇌하게 만든다. 사유의 세계를 규정해 버리고 사유가 없는 세계에서 앞으로 우리는 어떠한 인간의 조건으로 우리 사회에서 살아가게 될 것인가?

부록

―――――

OECD 대규모 기업집단 성과 제고를 위한 제언들

1. 수입과 해외직접투자 유입에 대한 장벽을 완화하고 상품시장 규제
   를 자유화해서 상품시장 경쟁을 강화

2. 기업지배구조 개선
   - 사외이사의 독립성 기준 제고로 역할 강화
   - 사외이사 선임 시 경영진 역할 축소
   - 사외이사가 모든 상장기업 이사회의 절반 이상을 구성하도록 요구
   - 사외이사에 대한 객관적인 평가 요구

3. 부패 혐의로 유죄가 선고된 기업 임원들에게 대통령 사면을 제공하지 않겠다는 정부 약속 철저히 준수

4. 특히 그룹 내부 거래 문제 해결을 위해 집단 소송 및 주주 대표 소송 사용을 장려하기 위한 개혁 실시

5. 부분적으로는 새로운 스튜어드십 코드의 적극적인 이행으로 기관 투자가, 특히 국민연금기금의 모니터링 역할 강화

6. 내부자 소유가 감소함에 따라 기업 통제를 위한 적극적인 시장화를 막는 장애물 제거

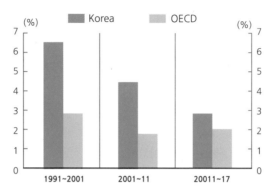

▷ 성장은 OECD 평균 수준으로 느려지고 있다

출처: OECD 경제전망: 통계와 추정(데이터 베이스)

〈그림40. 연평균 GDP 증가율(%)〉

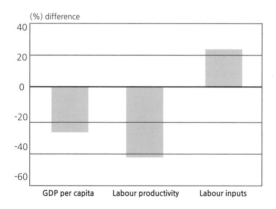

▷ 노동생산성은 낮고 노동투입¹⁾은 높다

주:1) 노동자료의 이용은 1인당 총 근로시간으로추청되어 있다.

출처: OECD 경기전망, 통계와 추정(데이터 베이스)

〈그림41. 2016년 OECD 국가들의 상위 절반 대비 한국〉

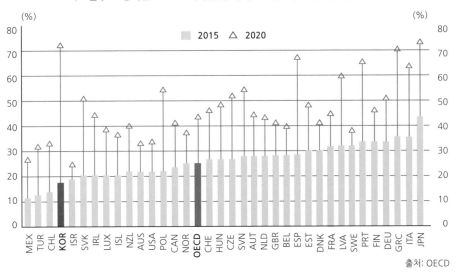

▷ 인구 고령화는 OECD 국가들 중에서도 가장 빠르게 진행중이다

(%)   2015 △ 2020   (%)

출처: OECD

〈그림42. 15-64 인구 대비 65세 이상 인구비중〉

▷ 고용율은 여성과 청년층[1]에서 낮다

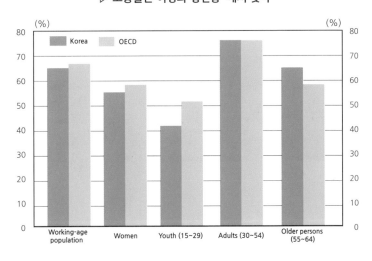

주: 1) 2016년   출처: OECD 고용 및 노동시장 통계(데이터 베이스)

〈그림43〉

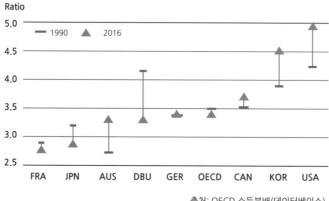

▷ 임금 불평등은 높고 증가중이다

출처: OECD 소득분배(데이터베이스)

〈그림44. 10분위 대비 90분위 비율〉

▷ 여성은 저임금 비정규직 일자리에 집중되어 있다

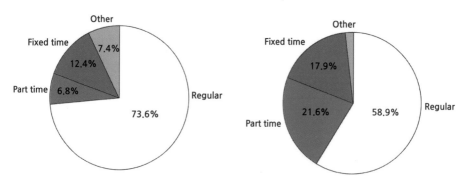

출처: 통계청, 경제활동인구조사, 2017.8

〈그림45. 2017년 총 고용 대비 고용상태에 있는 근로자들 비중〉

디레버리징(DELEVERAGING)

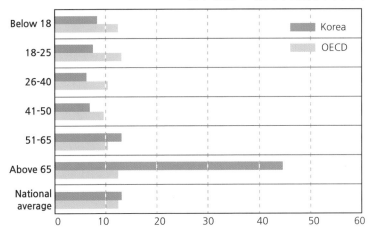

▷ 빈곤율은 고령층에서 높다   Relative proverty rates by age group
출처: OECD 소득분배와 빈곤(데이터베이스)

주: 1) 전국 중앙값의 절반 이하의 소득을 가진 인구비율로 정의됩니다.

〈그림46. 상대빈곤율[1)]〉

▷ 상위 집단 계열사 수가 계속 증가중이다

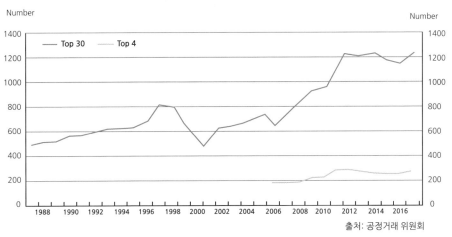

출처: 공정거래 위원회

〈그림47〉

▷ 기업이윤은 내부거래에 의해 영향을 받는다

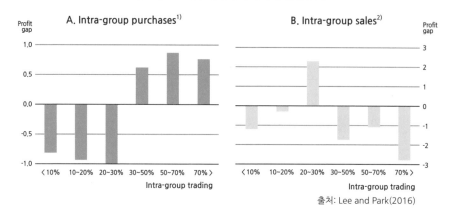

〈그림48. 2015년 기업 내부 래로 분류된 기업집단과 계열사의 이익격차[3]〉

주: 1) 동일한 기업집단에 속하는 계열사의 회사 구매액이 전체 구매액의 한 부분으로 차지하는 비율
2) 동일한 기업집단에 속하는 계열사의 회사 매출액이 전체 매출액의 한 부분으로 차지하는 비율
3) 개별기업의 수익률에서 자신이 속한 기업집단의 수익률을 뺀 값. 따라서 양수는 개별기업이
기업진단보다 수익성이 높음을 의미합니다.

▷ 이윤은 내부 소유권과 연계되어 있다

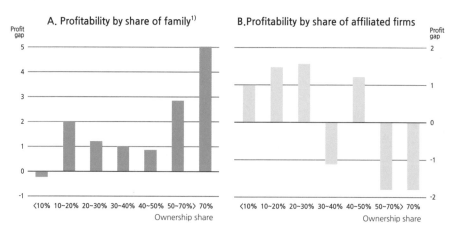

주: 1) 개별기업의 수익률에서 자신이 속한 기업집단의 수익률을 뺀 값.   출처: Lee and Park(2016)

〈그림49. 이윤과 내부 소유권의 관계〉

디레버리징(DELEVERAGING)

▷ 내부 소유권이 높아지고 있다

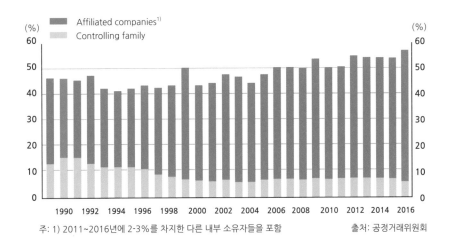

주: 1) 2011~2016년에 2-3%를 차지한 다른 내부 소유자들을 포함   출처: 공정거래위원회

〈그림50. 내부 소유권 = 지배 주주 및 계열사가 보유하는 지분〉

2019~2024년 주요제도 시행 일정표

〈2020년 주요 일정표〉

2020년 1월

- 계약갱신청구권 및 전월세상한제 도입

- 임대등록 의무제 단계적 도입

- 모든 상장사 및 대규모 비상장사 주기적 감사인 지정제 도입

- 전세대출보증 규제 강화, 전세 자금대출 후 신규주택 매입제한

- 은행 예대율 규제 도입

- 저축은행 예대율 규제 도입, 저축은행업 예대율 110% 규제 적용

- 4주택 이상 다주택 세대 취득세 4% 적용 시행

- 국세청 임대소득 통합관리 시스템 구축 운영 실시 시작

- 국내 모든 금융회사 개인 신용 평가체계 1000 점수제 시행

- 환매조건부채권매매(RP) 시장 매도자 최대 10% 현금성 자산보유 의
  무 적용

- 연 2,000만 원 이하 분리과세 금융소득 건강보험료 부과 시행

- 양도소득세 장기보유특별공제 혜택 축소(9억 초과 양도 시 거주요건 강화)

2020년 2월

- 주택 청약시스템 변경(금융결제원 → 한국감정원)

- 부동산실거래가 신고기간 단축 (60일 → 30일)

- 계약서작성단계에서 부동산 중개보수 협의

2020년 3월

- 자금조달계획서 제출대상 확대(투기과열지구 3억 원 이상+조정대상지역 3
  억 원 이상, 비규제지역 6억 원 이상)
- 불법 전매 시 청약제한, 재당첨 제한 강화(불법 전매, 분상제주택, 투기과
  열지구 당첨 시 10년, 조정지역 당첨 시 7년)
- 장외파생상품 거래 정보 수집·보관 저장소TR(Transaction Repository)
  시스템 도입
- 부동산PF 리스크 점검 및 모니터링 체계 구축
- 주택연금 가입연령 기준 현행 60세에서 55세 이상으로 하향 조정
- 부동산 공시 개편 로드맵 발표

2020년 4월

- 민간택지 분양가상한제 유예기간 종료
- 대한민국 제21대 국회의원 선거
- 100가구 이상 공동주택 관리비 의무공개

2020년 5월

- 연 2,000만 원 이하 주택임대소득 소득세 신고
- 공공분양주택 거주의무 대상주택 범위 수도권 전체 확대 시행

2020년 6월

- 조정대상지역 내 다주택자 양도세 중과 한시적 배제종료(12. 16. 주택
  안정화 대책)

- 부동산PF 채무보증 건전성 관리 강화, 부동산PF 대출 건전성 관리 강화
- 종합부동산세 강화

2020년 7월
- 도시공원 일몰제 시행
- 공공기관 주기적 감사인 지정제 도입

2020년 8월
- 허위매물 게시 공인중개사 처벌(공인중개사법 개정안 시행, 최대 500만 원 과태료)

2020년 9월
- 종이통장 발급 유료화 시행
- 장외파생상품 개시증거금제도 시행

2020년 10월
- 공공부문 마이데이터 포털 서비스 개시

2020년 11월
- 연 2,000만 원 이하 주택임대소득 건강보험료 부과 시행

〈2021년 주요 일정표〉

전 금융권 DSR 40% 이내 관리시행. 지방은행·특수은행 평균 DSR 80% 이내
- 전월세 신고 의무화 시행
- 재개발 초과이익 환수제 시행
- 공정시장가액비율 95% 적용
- 바젤Ⅲ 규제개혁 개편안 적용

〈2022년 주요 일정표〉

2022년 1월
- K-IFRS 제1117호 '보험계약' 시행
- K-ICS(신RBC: 신지급여력제도) 시행
- 바젤3 잔여 규제개혁 신용리스크 표준방법 개정안 시행
- 바젤3 잔여 규제개혁 신용리스크 내부등급법 개정안 시행
- 바젤3 잔여 규제개혁 신용가치조정 규제체계 개정안 시행
- 바젤3 잔여 규제개혁 운영리스크 규제체계 개정안 시행
- 바젤3 잔여 규제개혁 레버리지비율 개정 익스포저 개념 시행
- 바젤3 잔여 규제개혁 레버리지비율 G-SIB 추가 비율 시행
- 바젤3 시장리스크 규제체계 시행
- FSB(Financial Stability Board, 금융안정위원회), G-SIBs(Global Systemically

Important Banks, 글로벌 시스템적 주요은행), 바젤3 규제+TLAC(Total Loss Absorbing Capacity: 총손실흡수능력)=바젤4 규제 적용-(2022.1.~), Bail-in 을 전제로 한 체계에서 18% 적용

- 바젤3 잔여 규제개혁 자본하한 50% 시행
- 공공 분양 주택 70% 후분양 공급, 공정률 60%
- 은행 커버드본드 BIS 위험가중치 조정
- 은행 BIS비율 산출방법 개편
- 공정시장가액비율 100% 적용
- 2단계 건강보험료 부과체계 개편(최저보험료 부과 대상 336만 원 이하 가구 확대 및 금융소득 등 월급 외 소득 2,000만 원 초과분 건강보험료 부과 시행)

2022년 3월

- 대한민국 제20대 대통령 선거

〈2023년 주요 일정표〉

2023년 1월

- 바젤3 잔여 규제개혁 자본하한 55% 시행
- 보험계약이전제도 시행

⟨2024년 주요 일정표⟩

2024년 1월

- 바젤3 잔여 규제개혁 자본하한 60% 시행

1. 투기적 대출수요 규제 강화(2019년 12월)

(1) 투기지역·투기과열지구 주택담보대출 관리 강화

① 시가 9억 원 초과 주택 담보대출 LTV 강화(20%)	행정지도감독규정 개정	(적용 시점) 12.23.	금융위
② 15억 초고가아파트 주담대 원천 금지	행정지도감독규정 개정	(적용 시점) 12.17.	금융위
③ 전 금융권 DSR 관리 강화	행정지도감독규정 개정	(적용 시점) 12.23.	금융위
④ 주택담보대출의 실수요 요건 강화	행정지도감독규정 개정	(적용 시점) 12.23.	금융위
⑤ 주택구입목적 사업자대출에 대한 관리 강화	행정지도감독규정 개정	(적용 시점) 12.23.	금융위
⑥ 주택임대업 개인사업자에 대한 RTI 강화	행정지도모범규준 개정	(적용 시점) 12.23.	금융위
⑦ 상호금융권 주담대 현황 모니터링 등	-	'19.하	금융위, 행안부

(2) 전세대출을 이용한 갭 투자 방지

① 사적보증의 전세대출보증 규제 강화	보증기관 내규	'20.1.월	금융위
② 전세자금대출 후 신규주택 매입 제한	보증기관 내규	(적용 시점) '20.1.월	금융위

2. 주택 보유부담 강화 및 양도소득세 제도 보완(2020년 상반기)

(1) 공정과세 원칙에 부합하는 주택 보유부담 강화

① 종합부동산세 관련	종합부동산세법 개정	'20.상 ('20년 납부분 부터 적용)	기재부
② 공시가격 현실화 및 형평성 제고	80%-2022년(100%)	'20.상	국토부

(2) 실수요자 중심의 양도소득세 제도 보완

① 양도소득세 강화			

- 1세대 1주택자 장특공제에 거주기간 요건 추가	소득세법 개정	'20.상 ('21.1.1. 양도분부터 적용)	기재부
- 일시적 2주택 양도세 비과세 요건에 전입요건 추가 등	소득세법 시행령 개정	'20.상 (12.17. 취득분부터 적용)	기재부
- 임대등록주택에 대한 양도세 비과세 요건에 거주요건 추가	소득세법 시행령 개정	'20.상(12.17. 신규 등록분부터 적용)	기재부
- 분양권도 주택수 포함	소득세법 개정	'20.상 ('21.1.1. 양도분부터 적용)	기재부
- 단기보유 양도세 차등 적용	소득세법 개정	'20.상 ('21.1.1. 양도분부터 적용)	기재부
- 조정대상지역 내 다주택자 한시적 양도세 중과 배제	소득세법 시행령 개정	'20.상 ('19.12.17. ~'20.6.30. 중 양도분에 적용)	기재부
3. 투명하고 공정한 거래 질서 확립(2020년 상반기)			
① 민간택지 분양가상한제 적용지역 확대	공고	(적용 시점) 12.17.	국토부
② 시장 거래 질서 조사체계 강화			
- 고가주택 자금출처 전수 분석 및 법인 탈루혐의 정밀검증	-	'19.하	국세청
- 실거래 조사 및 정비사업 합동점검 상시화	-	'20.2.	국토부
- 자금조달계획서 제출대상 확대 및 신고항목 구체화	-	'20.상	국토부
- 자금조달계획서 증빙자료 제출	부동산거래신고법 시행령 개정	'20.상	국토부
③ 공정한 청약 질서 확립	주택법	'20.상	국토부
	주택공급규칙 개정	'20.상	
④ 임대등록제도 보완			
- 임대등록 시 세제혜택 축소	지방세특례제한법 개정	'20.상	행안부
- 등록 임대사업자 의무 위반 합동점검	-	'20.상	국토부
- 임대사업자 등록요건 및 사업자 의무 강화	민간임대특별법 개정	'20.상	국토부

　　　　　　　　　　　　　　　디레버리징(DELEVERAGING)

1. 바젤3 거액 익스포저 규제 도입			
국내은행은 연계된 거래상대방별 익스포저를 BIS 기본 자본의 25% 이내로 관리(10% 이상인 경우 보고)	은행법	'20.1.	금융위
■ 은행이 보증기관 A의 50% 보증서를 담보로 차주 B에게 100억 원을 대출 시, 보증기관 A와 차주 B에 대하여 각각 50억 원의 익스포저 발생	공정거래법상 기업집단	'20.1.	금융위

건전성 규제 조정

■ 바젤기준에 따라 거래상대방에 대한익스포저를 기본자본의 25% 이내로 관리하도록 하는 거액 익스포저 한도규제' 도입을 추진	은행법	'20.1.	금감원
■ ① 자본 인정기준 강화, 최저 규제비율 상향 등 자본의 질 강화('13.12.) ② 단기유동성 규제(유동성 커버리지비율LCR) 도입('15.1.) ③ 경기대응 완충자본, 시스템적 중요은행규제 도입('16.1.) ④ 장기유동성 규제(NSFR) 레버리지 비율 도입('18.1.)	은행법	'20.1.	금융위

2. 임대등록 의무제 단계적 도입			
지방세: 주택임대소득에 대한 세금·건보료를 정상적으로 부과하되, 등록사업자에 대한 혜택을 강화하여 임대주택 등록 촉진	제2차 장기 주거종합계획('13.~'22.) 수정계획	'20.1.	국토 교통부
■ 임대소득세: 1주택만 임대해도 감면(4년 35%, 8년 70%), 필요경비율 차등화(등록 70%, 미등록 50%)	제2차 장기 주거종합계획('13.~'22.) 수정계획	'20.1.	국토 교통부
■ 양도·종부세: 8년 임대 시 양도세 중과배제, 장특공제 70% 종부세 합산배제 기준 강화(5년 임대 → 8년 임대)	제2차 장기 주거종합계획('13.~'22.) 수정계획	'20.1.	국토 교통부
■ 건보료: 4년 임대 시 40%, 8년 임대 시 80% 감면	제2차 장기 주거종합계획('13.~'22.) 수정계획	'20.1.	국토 교통부
주택임대차 정보시스템을 통한 임대사업 현황분석, 등록의무화 등과 연계하여 계약갱신청구권 및 전월세상한제를 도입	제2차 장기주거종합계획('13.~'22.) 수정계획	'20.1.	국토 교통부

1. 부동산PF 채무보증 건전성 관리 강화(2020년 6월)

가. 채무보증 취급한도 관리

■ (증권사) '부동산 채무보증/자기자본' 규제 도입	금투업규정 개정	'20. 2분기	금융위
■ (여전사) 부동산PF 채무보증 한도 설정	여전업감독규정 개정	'20. 2분기	금융위

나. 건전성 규제 조정

■ (증권사) PF 채무보증 위험값 상향조정	시행세칙 개정	'20. 2분기	금감원
■ (여전사) PF 채무보증 충당금 적립 실시	여전업감독규정 개정	'20. 2분기	금융위

다. 유동성리스크 관리

■ (증권사) 조정유동성비율 관리 강화	금투업시행세칙 개정	'20. 2분기	금감원
■ (여전사) 채무보증 포함 관리기준 마련	유동성리스크 기준 신설	'20. 2분기	금융위

2. 부동산PF 대출 건전성 관리 강화

가. 부동산PF 대출 확대 유인 제거

■ (종투사) 발행어음 운용제도 개선	금투업규정 개정	'20. 2분기	금융위
■ (종투사) 기업신용공여 제도 개선	자본시장법 개정	'20년 중	금융위
■ (종투사) 부동산대출 신용위험 특례 폐지	금투업규정 개정	'20. 2분기	금융위

나. 대손충당금 적립기준 합리화

■ (각 업권) 적립기준상 불합리한 사항 개선	금투업 · 여전업 · 저축은행업 감독규정 개정	'20. 2분기	금융위
■ (각 업권) 대손충당금 관련 규제차익 제거	필요시 방안 마련	'20년 중	금융위, 금감원

3. 부동산PF 리스크 점검 및 모니터링 체계 구축

가. 리스크관리 실태점검 체계 구축	점검 체계 확정	'20. 1분기	관계기관
나. 스트레스테스트 실시	테스트 체계 확정	'20. 1분기	관계기관
다. 부동산PF 공시 강화	모범규준 개정	'20. 1분기	금융위, 금감원
라. 종합관리시스템 구축	시스템 구축	'20년 중	금융위

디레버리징
DELEVERAGING
바 젤 3 세 번 째 이 야 기

용어 설명

금융안정지수

금융안정 상황을 나타내는 금융 및 실물 6개 부문(은행, 금융시장, 대외, 실물경제, 가계, 기업)의 20개월별 지표를 표준화하여 산출한 지수.

동 지수는 0(안정)에서 100(불안정) 사이의 값을 가지며 금융안정 상황을 정상, 주의, 위기 단계로 구분하며 주의 단계는 대내외 충격이 영향을 미치고 있으나 심각하지 않은 경우를 위기 단계는 대내외 충격이 우리나라에 심각한 영향을 미치는 경우를 나타냄.

바젤은행감독위원회(BCBS)

국제결제은행(BIS) 산하의 위원회. 은행의 건전성 규제에 대한 글로벌 기준을 설정하는 역할 등을 수행하고 있음. 현재 EU를 포함한 28개 국가의 중앙은행 및 금융감독 기관이 회원으로 가입하였으며, 우리나라에서는 한국은행과 금융감독원이 참여하고 있음.

처분가능소득

개인의 연간소득 중 제세공과금 등 비소비지출을 공제하고 여기에 이전소득(사회보장금, 연금)을 보탠 것으로 개인이 소비 및 저축으로 처분할 수 있는 소득.

디레버리징(DELEVERAGING)

가계신용

처분가능소득 개인의 연간소득 중 제세공과금 등 비소비지출을 공제하고 여기에 이전소득(사회보장금, 연금)을 보탠 것으로 개인이 소비 및 저축으로 처분할 수 있는 소득.

총부채원리금상환비율(DSR)

가계대출 보유자의 모든 가계대출 원리금상환액을 연간 소득으로 나눈 값(Debt Service Ratio, 백분율로 표시)을 말하며 정부·감독 당국은 2018년 10월 말부터 은행권 여신관리지표로 DSR 규제를 도입하였고, 제2금융권의 경우 2018년 7월 이후 각 업권별로 일정 기간의 시범운영을 거쳐 2019년 6월 중순부터 시행되었음.

스트레스 DTI(총부채 상환 비율)

RTI 계산식(매년 갚아야 하는 대출 원리금이 연간 소득에서 차지하는 비율)에서 실제 금리 대신 스트레스금리를 적용해 산출한 비율.
은행은 스트레스 DTI가 80%를 초과할 때 고정금리로만 대출하거나 대출 한도를 낮춰 돈을 빌려줘야 한다. 단, 집단 대출은 예외다.

RTI

부동산 임대업 여신 심사 시 임대업 이자상환비율(Rent to Interest)을 산출하여 해당 대출의 적정성 여부를 심사하는 것을 말한다. 계산 방식은 아래와 같다.
RTI=연간 임대소득÷해당 임대업대출의 연간이자비용+해당 임대건물

기존 대출의 연간이자비용

여신심사 가이드라인
가계부채 리스크를 최소화하기 위해 금융기관이 주택담보대출 취급 시 ① 객관적인 소득증빙자료를 통한 차주의 상환 능력 평가, ② 신규 주택 구입 자금, 고부담대출 등은 비거치식 분할상환 유도, ③ 변동금리 주택담보대출의 경우 금리 상승 가능성을 고려한 대출 한도 산정 등을 규정한 제도.

기업신용
기업이 대출이나 회사채 발행 등을 통해 조달한 자금을 의미하며 자금순환표 기준 비금융법인(공기업 포함) 대출금, 정부융자 및 채권(회사채 등) 합으로 정의.

고정이하 여신비율
무수익여신 산정대상 여신을 자산건전성 분류기준에 따라 분류한 고정, 회수의문 및 추정손실 여신의 합계액을 총여신으로 나눈 비율로 은행의 부실여신 보유 수준을 나타내는 자산 건전성 지표.

구조적 이익률
이자이익, 수수료이익, 신탁이익 합계에서 운영경비를 차감한 금액을 실질총자산(평잔기준)으로 나눈 비율로 은행의 지속가능한 이익창출 능력을 나타내는 지표.

디레버리징(DELEVERAGING)

저축성보험

보험금의 합계액이 이미 납입한 보험료를 초과하는 보험으로, 보장성 보험에 비해 보험료는 높으나 만기에 이자수익이 발생.

우량물

신용평가사들에 의해 평가된 신용등급이 AA- 이상인 회사채.

상호연계규모

자금순환통계의 금융자산 및 부채 잔액표와 은행별 현금 및 예금 명세서, 차입금 명세서, 유가증권 보유명세서 등의 주요 조사표를 바탕으로 19개 개별은행, 34개 금융업권 및 9개 기타부문과 48개 금융상품별로 세분화하여 추정한 금융기관 간 상호연계 규모.

주가순자산비율(PBR)

주가를 주당 순자산으로 나눈 값으로 기업의 순자산 측면에서 주가를 평가하기 위한 지표.

N-B SRS(Network-Based Systemic Risk Scoring) DebtRank

특정 은행의 도산 확률이 여타 은행과의 상호거래 익스포저를 통해 확대되어 나타나는 리스크 총량으로서 거래관계에 있는 두 은행의 부도 확률과 상호거래 규모를 곱한 값을 모든 거래조합에 대해 산출 후 합산한 값의 제곱근으로 정의.(Das, 2015) 특정 업권(은행)의 도산에 따른 충격이 거래상대방에게 상호거래 익스포저를 통해 순차적으로 확산되어 나타나는 손실 합계가 전체 금융(은행)권 내 운용자산에서 차지하는 비중을 업권(은행)별로 계산하고 이를 단순 평균한 값.(Battistonet al., 2012)

공실률

임대계약이 체결되지 않았거나 자가, 분양 등의 방법으로도 이용되지 않는 오피스/상가빌딩의 빈 공간을 의미하는 것으로 공실률은 해당 지역 공실면적의 합을 지역의 총 연면적으로 나누어 산출.

전세수급지수

부동산 공인중개사 등을 대상으로 전세 공급이 부족한 정도를 조사하여 이를 수치화한 지표. 동 지수가 100일 경우 전세 수요와 전세 공급이 균형을 이룬 것을 의미하며, 100보다 클수록 공급 부족 비중이 높아지고 100보다 작을수록 수요 부족 비중이 많아짐을 나타냄. 전세자금대출 임대차 계약 시 약정한 전세보증금 납부를 위해 임차인이 금융기관을 통해 실행하는 가계대출의 한 종류로, 재원에 따라 국민주택기금재원대출과 은행재원대출로 구분됨. 전자는 서민주거 대상의 버팀목전세자금대출, 후자는 보증기관(한국주택금융공사, SGI서울보증 등)에서 제공하는 보증서담보대출을 통해 주로 실행됨.

이 지수는 전세 가격과 매매 가격의 비율로 지역별 전세 가격과 매매 가격을 바탕으로 산출된 지수(평균 가격 또는 중위가격비율 기준)이며, 매매 시장 및 전세시장의 수급상황에 따른 상대적인 가격변화를 나타냄.

구조적이익률

이자이익, 수수료이익, 신탁이익 합계에서 운영경비를 차감한 금액을 실질총자산(평잔기준)으로 나눈 비율로 은행의 지속가능한 이익창출 능력을 나타내는 지표.

고정이하여신비율

무수익여신 산정대상 여신을 자산건전성 분류 기준에 따라 고정, 회수 의문 및 추정손실 여신의 합계액을 총여신으로 나눈 비율로 은행의 부실여신 보유 수준을 나타내는 자산 건전성 지표.

순이자마진(NIM)

이자자산순수익(이자수익자산 운용수익-이자비용부채 조달비용)을 이자수익자산의 평잔(총자본)으로 나누어 계산하는 핵심 수익성 지표.

단일 거래상대방의존율(Dependency Rattio)

각 업권(은행) 단위로 거래 규모가 가장 큰 업권(은행)과의 거래비중을 산출한 후 가중평균한 값으로, 단일 거래 상대방에 대한 의존도를 의미.

유동성커버리지비율(LCR) 영업적 예금

청산, 보호예수, 현금관리 등 특정 영업활동을 목적으로 도매 고객이 은행에 예치한 예금.

외화 LCR

외화 순현금유출액 대비 고유동성 외화자산 비율로 은행들이 30일 동안의 급격한 외화자금 유출에 대비하여 자체적으로 대응할 수 있는 능력을 나타냄.

보통주자본

은행 청산 시를 제외하고는 상환되지 않는 자본으로 자본금, 이익잉여금 등으로 구성.

기본자본

보통주자본에 영구적 성격의 자본증권 발행 관련 자본금 등을 포함.

위험 기준 자기자본

지급여력금액(자본금, 잉여금 등 가용자본)을 지급여력기준금액(보험회사의 비율(RBC 비율) 내재된 위험액의 규모를 측정하여 산출된 요구자본)으로 나눈 비율로 보험회사의 자본적정성을 측정하는 지표.

총자본

기본자본에 청산 시 은행의 손실을 보전할 수 있는 후순위 채권 등을 포함.

BIS기준 자본비율

총자본비율은 BIS기준 총자본금액을 위험가중자산으로 나눈 비율로 금융기관이 보유한 리스크를 자기자금으로 흡수할 수 있는 능력을 평가하는 자본 적정성 지표.

레버리지비율

총익스포저(명목가액) 대비 기본자본 비율로 과도한 레버리지를 억제하고 리스크에 기반한 자본규제를 보완하기 위하여 도입.

순안정자금조달비율(NSFR)

자산항목 중 향후 1년 이내 현금화가 어려워 안정적 자금조달이 요구되는 금액(안정자금조달필요금액) 대비 부채 및 자본항목 중 향후 1년 이내 이탈 가능성이 낮은 안정적 자금조달금액(안정자금가용금액)의 비율로 은행 자금조달 구조의안정성을 제고하기 위해 도입.

금융시장인프라

금융시장에서 청산, 결제, 정보저장 등의 기능을 수행하는 인프라를 통칭하며 시스템적으로 중요한 자금결제시스템, 중앙예탁기관, 중앙청산소, 증권결제시스템, 거래정보저장소 등을 포괄함.

결제리스크

자금 또는 증권 결제시스템에서 결제가 예정대로 이루어지지 않을 리스크를 지칭하는 데 사용되는 일반적인 용어로 신용 및 유동성 리스크를 포함함.

추계인구

통계청이 인구주택 총조사 결과를 바탕으로 출생, 사망, 인구 이동 등 인구 변동요인의 미래 추이를 시나리오별로 가정하여 전망한 장래의 인구 규모.

역모기지론

고령자가 보유주택을 담보로 노후생활에 필요한 자금을 금융기관으로 부터 연금 형태로 받는 제도.

대체투자(alternative Investment)

전통적 투자 대상인 주식 및 채권과 대비되는 투자대상으로서 벤처캐 피탈, 헤지펀드, 부동산, 원자재, 실물자산 등을 포함하며, 높은 기대 수익률이라는 장점과 유동성이 낮고 가치평가가 어렵다는 단점을 보 유함.

메자닌 채권(mezzanine Bond)

전환사채(CB), 신주인수권부사채(BW), 교환사채(EB) 등 주식의 특성을 지닌 채권으로서, 발행자는 통상적인 채권보다 낮은 이자율로 자금조 달이 가능하며, 투자자는 향후 주가 상승에 따른 이익을 누리는 것이 가능함.

디레버리징(DELEVERAGING)

Dependency 비율

각 업권(은행) 단위로 거래 규모가 가장 큰 업권(은행)과의 거래 비중을 평균(Dependency Ratio)한 값으로, 단일 거래 상대방에 대한 의존도를 의미.

대손충당금적립비율

총여신에 대한 대손충당금, 지급보증충당금 및 채권평가충당금 잔액을 합계한 금액을, 무수익여신 산정대상 여신 중 고정, 회수의문, 추정 손실로 분류된 여신의 합계액으로 나눈 비율로 예상손실에 대한 흡수력을 나타내는 지표.

D-SIB

시스템적 중요 은행(은행 지주 회사)을 말함. 시스템적 중요도 등을 감안하여 금융위원회에서 매년 D-SIB를 선정하여 추가자본 적립의 근거를 마련한다. ㈜하나금융지주, 한국산업은행, ㈜신한금융지주, ㈜KB금융지주, ㈜우리은행, 농협금융지주㈜, 중소기업 은행 등 5대 은행이 선정되었다. 2015년 9월 말 평균 BIS 자기자본비율(은행 13.99%, 은행 지주 회사 13.68%)은 최저 적립 기준(10.5%, D-SIB의 경우 11.5%)을 상회하고 있어 현단계에서 D-SIB 추가자본 적립을 위한 실질적인 부담은 아직까지 없다.

자본 버퍼(capital buffer)

완충자본. 위기 기간 동안 은행이 손실을 흡수하거나 신용 공급 기능을 수행하는 역할.

공정 가치 측정 금융자산(financial assets measured at fair value)

재무제표에서 공정 가치로 측정되는 금융자산으로, 경제적 실질을 잘 나타낼 수 있어 투자자의 의사 결정에 유용한 정보.

제공 공정 가치(fair value)

거래가 활성화된 시장에서 형성되어 공시되는 가격. 상장된 주식의 경우 한국거래소에서 거래되는 주식 가격을 의미하고, 채권은 증권 시장에서 거래되는 시장 가격.

상각 후 원가 측정 금융자산(financial assets amortized costs)

기업이 특정일에 원금과 이자를 받을 목적으로 보유하는 금융자산으로, 금융자산을 최초에 취득한 이후에 상각 후 원가로 측정되는 금융자산.

상각 후 원가(amortized costs)

금융자산의 장부 금액에 유효 이자율을 적용하여 조정한 금액. 유효 이자율 금융자산의 발행 금액을 그 자산의 만기 상환 금액과 매기 지급하는 이자 지급 총액의 현재 가치로 일치시켜 주는 이자율.

금리 리스크

금리가 금융회사의 재무 상태에 불리하게 변동할 때 발생하는 리스크. 금리 변동에 의한 순자산 가치 하락 예상 금액과 보험 계약 적립 이율 및 시장금리 차이로 인한 1년간 예상 손실의 합계.

신용 리스크

거래 상대방의 경영 악화, 계약 불이행, 채무 불이행 등으로 발생할 수 있는 위험액 중 예상손실을 초과하는 위험액. 예상손실(Expected Loss)에 대해서는 대손충당금 및 대손준비금으로 적립.

시장 리스크

시장 가격(주가, 이자율, 환율 등)의 변동에 따른 자산가치 변화로 손실이 발생할 리스크.

운영 리스크

부적절한 내부 절차 · 인력 · 시스템 및 외부사건 등으로 인하여 손실이 발생할 리스크.

장수 리스크

의료 기술의 발달 등에 따라 평균 수명이 늘어 연금 지급액이 예상보다 많아지게 되는 경우의 손실 위험액.

보험 부채 듀레이션

보험 계약에서 발생하는 현금흐름(보험료, 보험금 · 환급금 · 배당금 등)의 가중 평균 만기로, 이자율 변화에 대한 보험 부채 가치의 민감도를 의미.

솔벤시(Solvency)2

EU에서 도입한 자기자본규제제도로, 자산·부채에 대한 시가 평가, 신뢰 수준 99.5%의 요구자본 산출 등을 주요 내용으로 함.

책임 준비금

보험회사가 보험 계약자에게 보험금, 환급금 등 약정 사항의 이행을 위해 적립하는 부채로, 보험료 적립금, 미경과 보험료 적립금, 지급 준비금 등으로 구성.

베일인(Bail in, 채권자 손실 부담 제도)

베일아웃의 반대말로 금융기관이나 기업이 위기에 놓였을 경우 고객의 예금이나 채무자의 채권 등으로 손실을 책임지게 하는 채권자손실부담 제도다. 한마디로 공적자금 등 별도의 구체 금융 조달을 받지 않고 스스로 해결하라는 뜻이다. 실제로 키프로스라는 나라에선 베일인 10%를 적용했으며, 그리스도 30%의 베일인을 추진할 것으로 알려졌다. 만약 베일인 30%라면 1억 원을 예금했는데, 은행이 파산할 경우 7천만 원밖에 찾지 못한다는 것이다. 이 때문에 우리나라도 베일인이 도입되면 10~30% 정도 손해를 볼 것으로 우려된다. 현재 우리나라도 10~30% 정도의 베일인이 도입될 것으로 예상되어 고객들의 손해가 우려된다. 우리나라는 G20의 권고에 따라 회생정리 계획(RRP)을 따를 예정인데, 여기서 베일인 제도가 핵심 사항이다. 이제 은행에 맡겨 놓은 돈이 더 이상 안전하지 않을 것만 같다.

디레버리징(DELEVERAGING)

ICS

보험사자본 기준으로 대상 보험사는 모든 부채와 자신에 대해 시가 평가를 해야 한다. 3개국 이상 영업, 해외 수입 보험료 비중 10% 이상, 자산 50조 원 혹은 수입 보험료 10조 원을 보유한 대형 보험사를 대상으로 한다. 즉, 해외 진출이 예정된 대형 보험사에 대한 추가적인 자본의 건전성을 목표로 연결 재무제표에 대한 추가적인 분담금액을 쌓아 놓도록 규제하고 있다. 즉, 자산 운용 방식에 대한 건전성규제로 보는 것이 타당하다.

RBC제도

보험사에 적용되는 자기자본규제제도. 보험회사가 예상하지 못한 손실이 발생해 보험 계약자에 대한 보험금 지급 의무를 이행할 수 있도록 책임 준비금 외에 추가로 순자산을 보유하도록 하는 제도.

책임 준비금 적정성 평가제도

현행 책임 준비금이 보험 계약의 미래현금흐름에 대한 현행 추정치를 적용하여 계산한 책임 준비금보다 부족한 경우, 그 부족액을 추가로 적립하는 제도.

보험금 지급 준비금

매 회계연도 말 현재 보험금 등의 지급 사유가 발생한 계약에 대하여 지급하여야 하거나 지급하여야 할 것으로 추정되는 금액 중 아직 지급하지 아니한 금액.

미보고 발생 손해액(IBNR)

보험 사고가 이미 발생하였으나, 아직 보험회사에 청구되지 아니한, 사고에 대해 향후 지급될 보험금을 추정하여 지급 준비금으로 계상한 금액.

변액 보험 보증 준비금

보험회사가 보증 리스크 관리를 위해 보험금 지급을 위한 계약자 적립금과 별도로 적립하는 준비금.

디레버리징(DELEVERAGING)

출처

금융

- AIG손해보험 주식회사, 「2017년 AIG 손해보험의 현황」(2017.12.31.)
- AIG손해보험 주식회사, 「2018년 상반기 AIG 손해보험의 현황」(2018.6.30.)
- KDI한국개발연구원, 김주훈, 「경제 패러다임 전환과 한국경제의 미래 정책세미나 개최」(2018.11.15.)
- KDI한국개발연구원, 송인호, 「KDI정책포럼 제275호」(2019.4.)
- KDI한국개발연구원, 구자현, 「KDI, 소득 3만달러 대한민국 평가와 과제 국제컨퍼런스 개최」(2019.5.9.)
- KEB하나금융경영연구원, 정희수, 「은행산업의 전망과 대응과제」(2019.2.18.)
- KB경영연구소, 「KB 금융지식 비타민 Ⅷ. 규제환경변화」(2012.2.)
- KB경영연구소, 「2019 한국 부자 보고서」(2019.9.30.)
- IBK경제연구소, 「신종자본증권, 자본인가? vs. 부채인가?」(2012.11.5.)
- IBK투자증권, 김은갑, 「은행 대출증가율, 6% 중반대 유지」(2019.3.18.)
- NICE신용평가, 강경욱, 「IFRS 17 도입에 따른 생명보험사 보험부채 적립부담과 자본확충능력 차별화에 따른 향후 신용위험 전망」(2018.3.13.)
- NICE신용평가, 형승희, 「2019 산업 전망 및 산업위험 평가 할부 리스업」(2018.12.13.)
- NICE신용평가, 이강욱, 「IFRS 17 도입에 따른 생명보험사 재무적 영향 및 신용평가 방향성(2019.9.25.)」
- NICE P&I, 황지선, 「Special Report: 바젤Ⅲ 도입과 조건부자본증권 성장배경」(2014.12.5.)
- 국제금융센터, 「국제금융 INSIDE」(2019.8.)
- 금융감독원, 윤동인, 「D-5개월, 새로운 수익 회계기준 시행에 대비하세요. 2018년 시행, K-IFRS 제1115호(고객과의 계약에서 생기는 수익) 관련」(2017.8.7.)
- 금융감독원, 「금융투자업규정시행세칙 개정안 강화규제 심사안」(2018.6.5.)
- 금융감독원, 「규제개혁 마무리과제 국내 도입방안」(2019.4.10.)
- 금융감독원, 김은숙, 「K-IFRS 新리스기준 도입 효과 및 주석 공시 유의사항 안내」(2019.8.2.)

- 금융감독원, 「바젤Ⅲ 최종안 운영리스크 주요 내용」(2019.10.)
- 금융감독원 보도자료, 김태경, 「저축은행 가계신용·대출금리 운용실태 향후 감독 방향: 합리적인 금리산정체계 마련으로 서민·취약차주보호 강화」(2018.7.30.)
- 금융감독원 보도자료, 김은숙, 「'18년부터 시행중인 K-IFRS 新 수익기준서 주의 깊게 살펴보세요!」(2018.11.6.)
- 금융감독원 보도자료, 이준교, 「18.9. 말 기준 보험회사 RBC비율 현황」(2018.12.17.)
- 금융감독원 보도자료, 곽범준, 「국내은행 新 금리리스크[IRRBB] 관리 기준 도입 추진」(2018.12.20.)
- 금융감독원 보도자료, 곽범준, 「18.11. 말 국내은행의 원화대출 연체율 현황[잠정]」(2019.1.2.)
- 금융감독원 보도자료, 임세희, 「19.1.14. 바젤위원회 최고위급[GHOS] 회의 결과」(2019.1.15.)
- 금융감독원 보도자료, 곽범준, 「18년 말 국내은행의 부실채권 현황[잠정]」(2019.3.8.)
- 금융감독원 보도자료, 임종건, 「2022년부터 은행의 BIS 비율 산출방법이 개편됩니다」(2019.4.10.)
- 금융감독원 보도자료, 서영일, 「19.6. 말 기본 보험회사 RBC 비율 현황」(2019.9.23.)
- 금융위원회, 「중금리 대출 발전 방향-더 넓게 포용하는 맞춤형 중 금리대출」(2018.10.8.)
- 금융위원회, 최종구, 「19년 가계부채 리스크요인」(2019.1.25.)
- 금융위원회 보도자료, 권대영, 「"은행법 및 금융지주회사법 개정안 입법예고" 조건부자본증권 발행의 법적근거 마련, 금융사고 예방·내부 통제 강화」(2014.2.7.)
- 금융위원회 보도자료, 손영채, 「금융위원회, 회계처리기준 및 회계감사기준 개정안, 품질관리기준 제정안 의결」(2018.12.19.)
- 금융위원회 보도자료, 전요섭, 「은행권 가계부문 경기대응완충자본은 위험가중자산의 0%~2.5%[잠정] 범위에서 부과할 수 있는 방안을 검토중」(2019.3.7.)
- 금융위원회 보도자료, 신진창, 「관계부처 합동 혁신금융 추진방향 발표 "미래성장성·모험자본 중심의 혁신금융을 통해 기업과 금융이 함께 혁신성장을 이끌겠습니다."」(2019.3.21.)
- 금융위원회 보도자료, 이지현, 「저축은행업권 예대율 규제 도입 등 상호저축은행

법 시행령 개정안 공포」(2019. 10. 14.)

- 금융위원회 보도참고자료, 신진창, 「2019년 새해부터 달라지는 금융제도 "금융을 통한 혁신적 포용국가 기반 구축에 주력"」(2018. 12. 26.)
- 금융위원회·금융감독원, 「DSR 관리지표 도입방안 및 RTI제도 운영개선방안」 (2018. 10.)
- 금융위원회·금융감독원, 성미라, 「18년 적격비용 산정을 통한 카드수수료 개편 부담은 낮추고, 혜택은 넓히고, 공공성은 높이겠습니다」(2018. 11. 26.)
- 금융위원회·금융감독원, 신진창, 「가계부채관리점검회의 개최 -제2금융권 DSR 관리지표 도입방안 논의」(2019. 5. 30.)
- 금융위원회·금융감독원 보도자료, 박진애, 「신한·하나·국민·농협 지주 및 우리은행 등이 D-SIB으로 선정」(2018. 6. 27.)
- 금융위원회·금융감독원 보도자료, 박진애, 「바젤기준 거액 익스포저 한도규제 도입 방향」(2019. 2. 28.)
- 금융위원회·금융감독원 보도자료, 김종훈, 「LAT 책임준비금 적립에 따른 보험회사 당기 손실 확대문제를 개선하고, IFRS17시행에 대비하여 보험회사의 자본확충 노력을 적극 유도하겠습니다」(2019. 10. 10.)
- 금융위원회·금융감독원 보도참고자료, 송현지, 「RBS, 골드만삭스, BBVA 서울지점 폐쇄 인가」(2017. 6. 14.)
- 금융위원회·금융감독원 보도참고자료, 손주형, 「금융상황 점검회의 개최」(2019. 8. 5.)
- 금융감독원·금융감독위원회 보도자료, 이보현, 「신용불량자 관리제도 개선방안」 (2002. 2. 20.)
- 금융감독원·금융감독위원회 보도자료, 정광헌, 「신용불량자 현황과 대응방향」 (2003. 8. 25.)
- 금융감독원·금융감독위원회 보도자료, 송현지, 「신한·하나·국민·농협 지주 및 우리은행 등이 D-SIB으로 선정-2018년도 시스템적 중요 은행·은행지주회사 [D-SIB] 선정 결과-」(2017. 6. 28.)
- 금융위원회·금융감독원·한국은행, 「바젤III 유동성 기준서」(2013. 1.)
- 금융위원회·신용회복위원회, 「주택담보대출 채무조정 활성화 방안」(2019. 1.)

- 금융감독원·금융위원회·국토교통부·한국은행·기획재정부, 「가계부채 관리방안 주요 Q&A」(2016.8.25.)
- 국토교통부 보도참고자료, 김홍목, 「"집단대출 위기… 정부, 긴급 출자" 보도 관련」(2015.11.9.)
- 기획재정부 보도자료, 유경화, 「김동연 부총리, 글로벌 신용평가사 Fitch 대표와 면담」(2018.11.29.)
- 기획재정부, 「2018년 세법 후속 시행령 개정안-요약본-」(2019.1.8.)
- 공정거래위원회 보도자료, 김효식, 「믿었던 내 상조업체… 2달 뒤 폐업? "내년 1월 24일 이후 자본금 15억 미만 상조업체 등록 직권말소"」(2018.11.26.)
- 공정거래위원회 보도참고자료, 전상훈, 「공정거래법 전부개정안 국무회의 의결」(2018.11.27.)
- 관계부처합동, 「혁신금융 추진방향」(2019.3.)
- 대외경제정책연구원, 정영식, 「금융불안지수 개발과 금융불안요인 변화 분석」(2018)
- 대신증권, 최정욱, 「예대율 가중치 차등화로 은행별 성장 및 NIM 차별화 진행 예상」(2018.1.23.)
- 동아시아연구원, 최병일, 「확대되는 미중 무역전쟁, 한국은 어디로?: 새로운 패러다임에 기초한 통상정책 설계도 마련 필요」(2018.8.)
- 보건복지부 보도참고자료, 박재우, 「국민건강보험법, 노인장기요양보험법, 사회복지사업법, 공중위생관리법 등 복지부 소관 43개 법안, 11월 23일 국회 본회의 통과」(2018.11.23.)
- 부동산연구원, 김수암, 「장수명 주택의 특성과 활성화를 위한 방향」(2013)
- 삼성증권, 박태우, 「캐피탈 업종 사업구도 재편 떠오르는 대안, 중고차 금융 & 기업금융」(2018.1.17.)
- 우리금융경영연구소, 김진성, 「2019-6 금융시장 브리프」(2019.6.4.)
- 예금보험공사, 위성백, 「금융리스크리뷰 2019년 여름 제16권 제2호」(2019.8.31.)
- 자본시장연구원, 강현주, 「2018년 하반기 경제 및 자본시장 전망」(2018.7.24.)
- 키움증권, 서영수, 「키움증권 리서치 센터 부채 구조조정의 서막!-부채 구조조정의 발단과 변수 점검」(2019.1.23.)
- 키움증권, 여윤기, 「DRS 규제 도입에 따른 가계부채 위험 분석(Ⅱ) [별첨] 금융업

권별 DSR 추정 방법」(2019. 4.)

- 키움증권, 서영수, 「5월 금융 및 부동산시장 동향 및 시사점 가계부채 구조조정의 명분 찾기」(2019. 6. 13.)
- 키움증권, 서영수, 「키움증권 리서치센터 규제의 역설 Ⅱ」(2019. 9. 19.)
- 키움증권, 서영수, 「금융연구원, 감독 당국, 연구소, 보수적 내년 전망 제시」
- 통계청, 「가계금융·복지조사를 이용한 가계부채건전성 분석과 행정자료 활용에 대한 평가」(2019. 8.)
- 통계청 보도참고자료, 박상영, 「2018년 가계금융·복지조사 행정자료 활용 보도 참고자료」(2018. 12. 20.)
- 통계청·금융감독원·한국은행 보도자료, 「2018년 가계금융·복지조사 결과」(2018. 12. 20.)
- 한국은행, 최종호, 「국내은행의 리스크관리 현황 및 과제(신용편중리스크 및 운영 리스크)」(2007. 6.)
- 한국은행, 김웅, 「우리나라에서의 디플레이션 발생 위험 평가」(2010. 6. 7.)
- 한국은행, 김정훈, 「금융리스크와 바젤Ⅲ의 주요 내용」(2011. 3. 11.)
- 한국은행, 「바젤Ⅲ 순안정자금조달비율 기준서」(2014. 10. 31.)
- 한국은행 보도자료, 이종렬, 「중장기 지급결제업무 추진전략(지급결제 vision 2020)」(2016. 1. 12.)
- 한국은행, 「은행의 지배구조 원칙」(2018. 4.)
- 한국은행, 이주열, 「금융안정보고서」(2014. 4.)
- 한국은행, 「은행계정의 금리리스크」(2018. 9.)
- 한국은행, 「IMF 세계금융안정보고서(GFSR)의 주요 내용」(2018. 10. 23.)
- 한국은행, 이주열, 「금융안정보고서」(2018. 12.)
- 한국은행, 「글로벌 금융규제 뉴스레터 FSB, 금융안정 위원회 총회의 주요논의 내용」 2호(2019)
- 한국은행, 워싱턴주재원, 「조사연구 미국 기업의 고위험부채 현황 및 평가」(2019. 4. 5.)
- 한국은행, 이주열, 「금융안정보고서」(2019. 6.)
- 한국은행, 「통화신용정책보고서」(2019. 8.)

- 한국은행, 조동애, 유기한, 「글로벌 충격이 교역조건과 국내 경제에 미치는 영향」
- 한국은행 보도자료, 변성식, 「금융안정 상황」(2018. 9. 20.)
- 한국은행 보도자료, 김영석, 「제10차 한중일 중앙은행 총재회의 참석 결과」(2018. 11. 23.)
- 한국은행 보도자료, 최영엽, 「2018년 11월 중 금융기관 가중평균금리」(2018. 12. 28.)
- 한국은행 보도자료, 김윤래, 「금융기관 대출행태서베이 결과(2018년 4/4분기 동향 및 2019년 1/4분기 전망)」(2019. 1. 8.)
- 한국은행 보도자료, 최영엽, 「2019년 1월 중 금융기관 가중평균금리」(2019. 2. 26.)
- 한국은행 보도자료, 유재현, 「2019년 2월 중 금융시장 동향」(2019. 3. 13.)
- 한국은행 보도자료, 변성식, 「금융안정 상황」(2019. 3. 28.)
- 한국은행 보도자료, 김민수, 「2019년 3월 기업경기실사지수(BSI) 및 경제심리지수(ESI)」(2019. 3. 28.)
- 한국은행 보도자료, 류창훈, 「2019년 3/4분기 중 외국환은행의 외환거래 동향」(2019. 10. 25.)
- 한국기업평가, 김정현, 「금융회사 정리 제도와 채권자 베일인 제도 도입」(2018. 3. 28.)
- 한국기업평가, 송미정, 「보험사 자본성증권 FAQ 후순위채·신종자본증권, RBC와 K-ICS의 간극을 메울 수 있을까?」(2018. 11. 29.)
- 한국기업평가, 송태준, 「IASB의 부채와 자본 분류 원칙 개선 추진, 국내 기업 신종자본증권에 미칠 영향은?」(2019. 1. 22.)
- 한국기업평가, 김경무, 「코코본드 Call Risk에 주목하라-유럽은행 콜옵션 미행사 사례의 교훈」(2019. 3. 4.)
- 한국기업평가, 안나영, 「증권사 우발채무 Risk 무게중심, 중소형사에서 종합 IB로 이동[별첨] PF 우발채무 리스크 심층분석」(2019. 3. 29.)
- 한국신용평가, 김도선, 「PF Loan 유동화 평가방법론」(2018. 9.)
- 한국신용평가, 박성실, 「2018년 자산유동화증권 시장 분석 및 2019년 전망」(2019. 1.)
- 한국신용평가, 여윤기, 「DSR 규제 도입에 따른 가계부채 위험 분석(Ⅰ)」(2019. 4.)
- 한국신용평가, 여윤기, 「DSR 규제 도입에 따른 가계부채 위험 분석(Ⅱ)」(2019. 4.)
- 한국신용평가, 류종하, 「회계감사 Issue가 신용도에 미치는 영향-외감법 도입으로 비적정 감사의견 증가할 전망이며 신용평가시 이를 반영」(2019. 4.)

- 한국금융연구원, 김병덕, 「바젤III가 국내 금융시장에 미치는 영향」(2010. 11.)
- 한국수출입은행, 백금옥, 「IFRS 9 도입을 위한 시스템 구축」(2016. 8. 4.)
- 한국금융연구원, 박해식, 「기준금리 인상이 은행의 대출공급에 미치는 영향」(2018. 3. 24.)
- 한국금융연구원, 박춘성, 「최근 권역별 가계대출 증가율의 특징과 시사점」(2018. 11. 17.)
- 한국금융연구원, 「부동산시장을 통해 살펴본 국내은행 자산건전성 현황」
- 한국금융연구원 보도자료, 서정호, 「2019년 경제 및 금융 전망 세미나 개최」(2018. 10. 31.)
- 한국조세재정연구원, 「조세재정 Brief 상속·증여세제 주요 쟁점 및 이슈」(2017. 7. 31.)
- 하나금융그룹, 안성학, 「2019 Korean Wealth Report -한국 부자들의 자산 관리 방식 및 라이프스타일-」(2018. 1. 31.)
- 한국 기업평가, 최주욱 외 2명, 「IASB의 부채와 자본 분류 원칙 개선추진, 국내 기업 신종자본증권에 미칠 영향은?」(2019. 1. 22.)

〈부동산〉

- HF 한국주택금융공사, 고제헌, 「주요국 주택금융규제 동향 및 시사점」(2018. 10. 19.)
- IBK경제연구소, 「왜 지금 지방 부동산에 주목해야 하는가?」(2019. 3. 18.)
- KDI한국개발연구원, 김성태, 「건설부문 재무안정성에 대한 평가 및 시사」(2012. 11. 21.)
- KDI한국개발연구원, 송인호, 「주택연금의 지속가능성을 위한 개선방안: 주택가격을 중심으로」(2017. 9. 12.)
- KDI한국개발연구원, 송인호, 「우리나라 주택공급의 문제점과 개선방향」(2019. 8. 26.)
- KDI한국개발연구원, 김대용, 「우리나라 부동산정책 변화에 대한 검토 및 시사점」
- KDI경제정보센터, 홍기석, 「급속한 인구 고령화, 주택가격은 어떻게 변할까?」(2016. 5.)

- KB경영연구소, 이종아, 「수도권 오피스텔의 공급 확대에 따른 영향」(2018. 6. 15.)
- KB경영연구소, 「KB부동산시장 리뷰」(2018. 11.)
- KB경영연구소, 「2019 KB부동산 보고서」(2018. 12.)
- KB경영연구소, 「아파트 분양원가공개에 따른 주택시장 영향」(2019. 1. 23.)
- KB경영연구소, 「KB부동산시장 리뷰」(2019. 3.)
- KB경영연구소, 김지훈, 「3기 신도시 추진 내용 및 영향」(2019. 5. 20.)
- KB경영연구소, 「KB 부동산시장 리뷰」(2019. 7.)
- KB경영연구소, 김지훈, 「다시 주목받는 후분양제 이슈 점검」(2019. 7. 15.)
- KB경영연구소, 「베이비붐 세대 은퇴에 따른 주택시장 변화」
- KEB하나은행, 「분양가 상한제 도입에 따른 영향」(2019. 8. 23.)
- LH토지주택원구원, 손경환, 「부동산시장 변화에 따른 대형건설사 리스크관리 방안에 관한 연구」(2018. 9.)
- LH토지주택연구원, 이정은, 「1월 부동산시장 동향 보고서」(2019. 1.)
- LH토지주택연구원, 권치홍, 「2월 부동산시장 동향 보고서」(2019. 2.)
- LH토지주택연구원, 권치홍, 「10월 부동산시장 동향 보고서」(2019. 10.)
- NICE신용평가, 「부동산 경기하강에 따른 캐피탈사 PF대출 익스포저 및 대응능력 분석」(2019. 3.)
- 금융감독원·금융위원회, 「18년 가계부채 위험요인 점검 및 향후 대응방안」(2018. 4. 16.)
- 금융감독원·금융위원회, 「-주택시장 안정대책 관련-금융부분 주요 FAQ」(2018. 9.)
- 금융위원회·금융감독원 보도참고자료, 최범석, 「최근 부동산시장 점검결과 및 보완방안 금융부문 후속조치 시행」(2019. 10. 14.)
- 금융위원회·한국주택금융공사 보도자료, 류성재, 「내 집 연금 3종 세트, 법령 개정을 거쳐, 3월에 출시합니다, 한국주택금융공사법 시행령 및 동 시행규칙 일부 개정안 입법예고」(2016. 1. 28.)
- 국회예산정책처, 「주택가격 변화가 가계부채와 금융안정성에 미치는 영향」(2016. 11. 28.)
- 국회예산정책처, 김우철, 「2016년도 연구용역보고서 주택임대소득에 대한 과세 합리화 방안 연구」(2016. 12.)

- 국회예산정책처, 최충익, 「주택보유자의 특징 및 부동산과세 합리화방안」(2018.7.)
- 국회예산정책처, 「도시재생 뉴딜 분석」(2018.11.14.)
- 국회예산정책처 연구용역사업, 배우근, 「유기성 폐자원 바이오 가스화 시설 설치 사업의 문제점 및 개선과제」(2012.8.)
- 국토교통부, 「국토교통 사회간접자본 중장기 투자방향 연구」(2016.5.)
- 국토교통부, 「주요 선진국의 부동산 종합 서비스 산업 성장사례 및 시사점 연구」(2017.12.)
- 국토교통부, 「국토부 주요 정책에 대한 2차 개선권고안」(2018.7.10.)
- 국토교통부, 「수도권 주택공급 확대 방안」(2018.9.21.)
- 국토교통부, 「2차 수도권 주택공급 계획 및 수도권 광역교통망 개선방안」(2018.12.19.)
- 국토교통부 보도자료, 박지홍, 「경기·분당·과천·일산 급행열차 확대, 수도권이 더 가까워진다」(2017.7.6.)
- 국토교통부 보도자료, 조현준, 「서울~세종 고속도로, 한국도로공사 시행으로 전환 〈숲구간 개통시기를 1년 6개월 단축하여 '24.6. 조기완공〉」(2017.7.27.)
- 국토교통부 보도자료, 김홍목, 「'18년 상반기에 임대사업자 7.4만 명이 17.7만 채 신규등록 작년 동기 대비 각각 2.8배 및 2.9배 증가」(2018.7.13.)
- 국토교통부 보도자료, 김석기, 「8월 신규 임대사업자 및 임대주택 등록 현황」(2018.9.20.)
- 국토교통부 보도자료, 김영한, 「건설산업 혁신 위해 40년 묵은 칸막이식 업역 규제 허문다」(2018.11.7.)
- 국토교통부 보도자료, 김영국, 「'18년 12~'19년 2월 전국 아파트 131,807세대 입주 예정」(2018.11.20.)
- 국토교통부 보도자료, 이용욱, 「서해안고속도로 서평택C~서평택JCT 구간 27일 오후 2시 조기개통」(2018.11.26.)
- 국토교통부 보도자료, 심인보, 「개발제한구역법 시행령 개정안 12월부터 시행 예정 수소차 충전시설 복합설치 허용 등 개발제한구역 내 입지규제 대폭 완화」(2018.11.26.)
- 국토교통부 보도자료, 신동하, 「원도심 활성화로 도시활력 깨운다… 금천구청역 복합개발 추진 27일 금천구청역 복합개발 업무협약… 유휴부지 활용 청년 주거공간 조성」(2018.11.27.)

- 국토교통부 보도자료, 김복환, 「투기과열지구 3억 이상 주택 매입 시 증여 상속 주 담대' 밝혀야」(2018. 11. 30.)
- 국토교통부 보도자료, 한정희, 「전체의 99.6%의 일반토지는 점진적 현실화, 상대 적으로 저평가되었던 고가토지[전체의 0.4%] 중심으로 형평성 제고」(2019. 2. 12.)
- 국토교통부 보도참고자료, 김영국, 「서울 주택수급 불균형 보도 관련」(2018. 10. 4.)
- 국토교통부 보도참고자료, 김태형, 「수도권광역급행철도 A노선, 신안산선 본궤도 올랐다!」(2018. 12. 12.)
- 국토교통부 보도참고자료, 이우제, 「대도시권 광역교통망 기본구상 나온다」(2019. 5. 30.)
- 국토교통부·국토교통과학기술진흥원, 김기동, 「SMART Highway 안정성 확보기 술 가발 최종보고서(1-1)」(2015. 4.)
- 국토연구원, 이용우, 「국토공간구조 미래 전망과 대응전략」(2015. 6. 29.)
- 국토연구원, 강민조, 「통일대비 남북 접경지역 국토이용 구상: 남북협력 추진과제 를 중심으로」(2017. 3.)
- 경기연구원, 김동성, 「GRI정책 Brief 민선 7기 경기북부 발전방향」(2018. 5.)
- 국토연구원, 강미나, 「지표로 본 지난 40년간 부동산정책의 성과와 과제」(2018. 10. 8.)
- 국토연구원, 이백진, 「지표로 본 국토인프라 40년: 변화와 과제」(2018. 10. 15.)
- 국토연구원, 「지도로 알아보는 인구 분포와 국토공간구조의 변화」(2018. 11. 22.)
- 국토연구원, 「빅데이터로 살펴본 우리 동네 생활교통비용」(2019. 2. 21.)
- 국토연구원, 「2018년 12월 부동산시장 소비자심리조사」(2019. 1. 16.)
- 국토연구원, 강현수, 「2019년 주택가격은 수도권 보합, 지방 하락폭 확대」(2019. 1. 17.)
- 국토연구원, 강현수, 「부동산시장 조사분석」(2019. 1. 31)
- 국토연구원, 김지혜, 「주택 역전세 현황과 임차인 보호를 위한 정책 개선방안: 전 세보증보험제도 개선방안을 중심으로」(2019. 5.)
- 국토연구원, 「2019년 4월 부동산시장 소비자심리지수」(2019. 5. 16.)
- 국토연구원, 「2019년 6월 부동산시장 소비자심리지수」(2019. 7. 17.)
- 국토연구원, 강현수, 「2019년 하반기 주택시장 전망과 향후 과제」(2019. 7. 29.)
- 국토연구원, 강현수, 「부동산시장 조사분석」(2019. 7. 31.)
- 국토연구원, 강현수, 「부동산 시장조사분석」(2018. 11. 30.)

- 국토연구원, 강현수, 「부동산 시장조사분석」(2019. 1. 31.)
- 국토연구원, 강현수, 「부동산 시장조사분석」(2019. 4. 30.)
- 국토연구원·도로정책연구센터, 이찬영, 「도로정책 Brief」(2018. 11.)
- 경기연구원, 최용환, 「민선6기 경기도 남북교류협력 활성화 방안」(2016. 1.)
- 경기연구원, 박경철, 「GTX 2라운드의 과제와 해법」(2019. 2. 27.)
- 경기연구원, 임해규, 「경기북부 10개년 발전계획」(2015. 12.)
- 경기연구원, 류시균, 「이슈 & 진단 차기정부에 바란다: 수도권의 그늘 경기북부를 통일한국의 미래로」(2017. 5. 4.)
- 경기연구원, 한지혜, 「이슈 & 진단 남북협력시대의 경기북부 발전전략: 트윈시티로 개발해야」(2018. 8. 8.)
- 경기연구원, 이외희, 「이슈 & 진단 통일경제특구, 경기도 조성방향은?」(2018. 8. 29.)
- 국토연구원, 강현수, 「국토정책 Brief 2019년 주택가격은 수도권 보합, 지방하락폭 확대」(2019. 1. 17)
- 경기본부 기획금융팀, 김자혜, 「경기도 금융·주택·실물부문의 상호영향 분석」(2014. 9.)
- 국세청, 한승희, 「2018 부동산 세금 알기 쉬운 부동산 세법」(2018. 5.)
- 국토해양부, 「아파트 실거래 가격지수」(2011. 3. 15.)
- 기획재정부 보도자료, 연정은, 「제3차 민간투자심의위원회 개최-GTX-A 등 신규 민자사업 심의·의결-」(2017. 12. 19.)
- 기획재정부 보도자료, 이종민, 「최근 부동산 시장 점검 결과 및 보완방안」(2019. 10. 1.)
- 관계부처합동, 「기업형 주택임대사업 육성을 통한 중산층 주거혁신방안」(2015. 1. 13.)
- 관계부처합동, 「주택시장 안정대책」(2018. 9. 13.)
- 관계부처합동, 「최근 부동산 시장 점검 결과 및 보완 방안」(2019. 10. 1.)
- 고양시, 「2030년 고양도시 기본계획 재수립(안) 의견제시의 건」(2015. 5.)
- 건설인적자원개발위원회, 「건설 산업 인력현황보고」(2018. 6.)
- 대한민국국회 보도자료, 「가계부채 한계가구, 158만(2015)에서 185만(2016)으로 급증」(2017. 2. 20.)
- 신한FSB연구소, 「국내주택[부동산]시장 중장기 전망 및 향후 주요이슈: 인구구조 변화와 수급요인전망을 중심으로」(2010. 4.)
- 서울연구원, 민보경, 「서울인구는 어떻게 이동하고 있는가?: 전출입 이동의 분석과

유영화」(2017.12.)

- 스마트 하이웨이 사업단, 최고일, 「SMART Highway 상세기획보고서[SMART 도로 IT기반 교통운영기술 개발]」(2008.5.)
- 신구대학교 지적정보학과, 「도시계획론 "도시조사 방법론"」(2014.11.11.)
- 우리금융경영연구소, 「서울 주요 상권의 부동산 임대업 리스크 검토」(2019.6.14.)
- 인천광역시, 「인천광역시 도로건설·관리계획(2016~2020) 수립고시」(2018.6.18.)
- 연천군, 「2030년 연천군기본계획(안)-주민공청회-」(2018.9.21.)
- 익산시, 「문화와 환경이 어우러지는 도시 정책 연구」
- 주택산업연구원, 최길현, 「은행중심 시스템하의 안정적인 중소기업금융 구축 방안」(2004.9.)
- 주택산업연구원, 박홍철, 「집단대출 규제 강화가 가계부채 건전성 관리에 기여하는가」(2017.4.18.)
- 주택산업연구원, 권영선, 「서울시 주택노후도 현황분석 및 시사점」(2018.4.)
- 주택산업연구원, 김덕례, 「주택시장 위축이 경제성장 및 일자리 창출에 미치는 영향분석」(2018.4.24.)
- 주택산업연구원, 김덕례, 「2019년 주택시장 전망」(2018.11.)
- 주택산업연구원, 권영선, 「2019년 하반기 주택시장 전망」(2019.6.)
- 주택산업연구원, 김덕례, 「7월 전국 HOSI 전망치 77.7, 양극화 속 서울 세종 대구 등 상대적으로 양호」(2019.7.11.)
- 주택산업연구원, 김덕례, 「2019년 8월 전국 HBSI 전망치 68.2로 전월비 10%p 하락하여 70선마저 붕괴」(2019.8.7.)
- 주택산업연구원, 박홍철, 「위기의 주택산업, 새로운 도약을 위한 대응전략 모색」(2019.11.5.)
- 주택산업연구원 보도자료, 「"1월 전국 HOSI 전망치 64.0, 경기도 지역 입주물량 집중에 리스크관리 필요"」(2019.1.24.)
- 주택산업연구원 보도자료, 권주안, 「2020년 주택수요 소형/임대주택/도심지역 선호 강세」
- 주택도시보증공사, 「개인보증 'Q&A' 모듬집」(2018.2.)
- 주택도시보증공사, 「민간아파트 분양가격 동향」(2019.6.17.)

- 키움증권, 서영수, 「11월 금융 및 부동산시장 동향 및 시사점 홍행 원화 및 회화 유동성 악화 지속」(2018.12.13.)
- 키움증권, 라진성, 「건설/부동산 시작되는 모멘텀」(2019.5.29.)
- 키움증권, 서영수, 「6월 금융 및 부동산시장 동향 및 시사점 기준금리 인하, 향후 정책 전환의 잣대가 될 것」(2019.7.12.)
- 키움증권, 라진성, 「라진성의 건설인사이드 10.1 부동산 보완책」(2019.10.2.)
- 한국건설기술연구원, 「장수명주택 인증제도 해설서」(2015.4.)
- 한국건설산업연구원, 이홍일, 「2019년 건설경기 전망」(2018.11.7.)
- 한국건설산업연구원, 허윤경, 「2019년 주택 부동산시장 전망」(2018.11.7.)
- 한국건설산업연구원, 허윤경, 「2019년 하반기 주택경기 전망」(2019.7.)
- 한국건설산업연구원, 김성환, 「2020 주택 부동산 경기전망」(2019.11.5.)
- 한국건설산업연구원, 백성준, 「수도권과 지방의 주택규제 차등화방안」
- 한국은행 포항본부, 「주간 경제이슈: 중장기 주택시장 전망」(2011.6.24.)
- 한국은행, 「경기도 금융·주택·실물부문의 상호영향 분석」(2014.9.)
- 한국은행, 황상필, 「BOK 이슈노트 부동산시장 변화와 소비 간의 관계 분석」(2014.9.17.)
- 한국은행, 오강현, 「인구고령화가 주택시장에 미치는 영향」(2017.7.26)
- 한국은행 도보자료, 「시스템 리스크 서베이 결과」(2019.5.21.)
- 한국은행 보도참고자료, 변성식, 「최근 전세시장 상황 및 관련 영향 점검」(2019.3.19.)
- 한국신용평가, 권대정, 「주택도시보증공사 평가」(2018.5.16.)
- 한국신용평가, 권대정, 「주택도시보증공사 평가」(2019.7.15.)
- 한국기업평가, 성태경 「주택시장 냉각기, 무엇에 주목해야 하는가? "주택사업-유형별 Pros&Cons 분석"」(2019.3.29.)
- 한국감정원, 임진, 「주택시장과 가계부채간의 관계분석 및 정책과제」
- 한국전력거래소, 「발전소 건설사업 추진현황」(2017.1분기)
- 한국경제연구원, 김강겸, 「최근 주택매매 및 임대시장 간 상관관계 분석을 통한, 주택정책 개선방향」(2015.7.)
- 현대경제연구원, 「새로운 경제시스템 창출을 위한 경제주평」(2019.6.21.)
- 한국토지주택공사, 윤관석, 「2018 국정감사 보도자료」(2018.10.11.)

- 한국토지주택공사, 진미윤, 「중장기(2013~2030) 주택수요 전망 연구: 세대 특성별 주택수요 변화를 중심으로」
- 한국교통연구원, 유정복, 「도로 SOC의 적정성 평가 및 미래 투자 방향」(2018.7.)
- 한국금융연구원, 이보미, 「분양시장 및 집단대출의 현황과 시사점」(2018.8.5.)
- 한국농촌경제연구원, 송미령, 「2018 지역발전지수」(2018.12.)
- 환경부 폐자원 에너지과, 「2014 유기성 폐자원 에너지 활용시설 현황」(2015.10.)
- 한양대학교 정책학과, 강성훈, 「부동산(주택) 보유세 강화의 효과 및 문제점」(2018.4.24.)
- 행정자치부·재정경제부·건설교통부·기획예산처·금융감독위원회·국세청, 「주택가격 안정 대책」(2003.5.23.)

〈기업〉

- KDB산업은행, 김시언, 「2019년 하반기 국내 주요 산업 전망」(2019.7.5.)
- KEB하나금융경영연구소, 「2019년 산업별 전망」(2018.12.20.)
- NICE신용평가, 현승희, 「2019년 산업 전망 및 산업위험 평가」(2018.12.13.)
- NICE신용평가, 기태훈, 「2019 산업위험 평가」(2019.12.3.)
- 금융위원회, 「기업성장투자기구[BDC] 제도 도입방안」(2019. 10.7.)
- 금융감독원 보도자료, 최창중, 「일반기업의 영구채[신종자본증권] 발행 현황 및 시사점」(2018.5.29.)
- 금융감독원·한국경제연구원, 황인태·한봉희·강선민, 「국제회계기준 도입의 영향과 기업의 대응방안」(2009.1.7.)
- 국회예산정책처, 김상우, 「경제현안분석 96호 5대 신산업 선도 프로젝트의 추진 현황과 정책효과분석」(2018.12.)
- 국회예산정책처, 「NABO 경제동향 & 이슈[제81호] 요약」(2019.7.17.)
- 국가안보전략연구원, 서동주, 「이슈브리프 통권 125호 북·러 정상회담[4.25.] 평가와 시사점」(2019.4.30.)
- 경기연구원, 양문수, 「개성공단 중단 이후 남북경제협력 재개방안과 경기도의 과

제」(2016. 12.)
- 공정거래위원회 보도참고자료, 이순미, 「신규출점은 신중하게, 희망폐업은 쉽게! "공정위, 편의점 업계의 자율규약 제정안 최초 승인"」(2018. 12. 4.)
- 관계부처합동, 「제4차 국가기술자격 제도발전 기본계획[2018~2022]」(2018. 11. 23.)
- 관계부처합동, 「산업경쟁력 강화를 위한 국가계약제도 개선방안」(2019. 1. 4.)
- 관계부처합동, 「제2벤처 붐 확산 전략」(2019. 3. 6.)
- 대외경제정책연구원, 정지현, 「뉴 노멀 시대 중국의 지역별 혁신전략과 한국의 대응 방안」(2017. 12.)
- 대한무역투자진흥공사, 고희채, 「Global Strategy Report 트럼프노믹스 주요정책 특징 및 대응방안」(2017. 2.)
- 대한무역투자진흥공사, 「해외출장 가이드 베트남 호치민 출장자료」(2018)
- 대한무역투자진흥공사, 권평오, 「주요국 스타트업 생태계 조사」(2018. 11.)
- 보건복지포럼, 박종서, 「일·가정 양립 정책 추진 현황과 개선방향」(2017. 7.)
- 산업연구원, 민성환, 「제조업 경기실사지수(BSI) 조사 결과-2018년 3분기 현황과 2018년 4분기 전망-」(2018. 10. 12.)
- 산업연구원, 김주영, 「산업경제분석 최근 연령대별 인구의 변동과 산업별 고용변화」(2018. 12.)
- 산업통상자원부·한국공학한림원, 「한국산업기술발전사」(2019. 6. 3.)
- 산림청 목재산업과, 「참고자료 "버려진 목재로 친환경 전기 생산시대 열다"」(2018. 12. 26.)
- 소방청, 「선진국과의 비교분석을 통한 소방설비시스템 개선방안 연구」(2018. 11. 15.)
- 우리금융경영연구소, 김수진, 「우리카드 빅데이터를 활용한 국내 자영업 동향 분석과 시사점」(2018. 11. 23.)
- 키움증권, 서영수, 「5월 금융 및 부동산시장 동향 및 시사점 가계부채 구조조정의 명분 찾기」(2019. 6. 13.)
- 통계청 보도자료, 김보경, 민경삼, 「2019년 2월 산업 활동 동향」(2019. 3. 29.)
- 포스코경영연구소, 이대상, 「기업구조조정의 새로운 방향성-경쟁력 제고와 생태계 혁신 모색-」(2019. 1. 3.)
- 한국은행, 박양수, 「2017년 기업경영분석」(2018. 11.)
- 한국은행, 신상준, 「G20/OECD 기업지배구조 원칙」(2018. 12.)

- 한국은행 보도자료, 박성곤, 「기업경영분석 2018년 3/4분기 기업경영분석」(2018. 12. 14.)
- 한국은행 보도자료, 최진만, 「2018년 기업경영분석(속보)」(2019. 6. 4.)
- 한국기업평가, 김혜원, 「이랜드그룹 분석보고서 영업실적은 회복 국면, 재무구조 개선은 여전히 진행중」(2018. 8. 22.)
- 한국조세재정연구원, 「KIPF 공공기관 이슈포커스」(2018. 10. 1.)
- 한국수출은행, 이미혜, 「2019 ISSUE REPORT 이슈보고서 디플레이산업 전망 및 경쟁력」(2019. 5.)
- 한국수출은행, 이미혜, 「2019 ISSUE REPORT 이슈보고서 일본의 반도체·디스플레이 소재 수출규제및 영향」(2019. 7.)
- 한국무역협회, 정귀일, 「TRADE FOCUS 2018년 호 우리나라 수출시장 다변화 비교분석 및 시사점」(2018. 6.)
- 한국정보통신산업연구원, 김효실, 「4차 산업혁명에 따른 사물인터넷산업 추진동향과 시사점」(2018. 9.)
- 한국정보통신산업연구원, 김효실, 「2019년 ICT 트렌드 전망 및 시사점」(2019. 3.)
- 한국정보통신산업연구원, 표창균, 「국가 ICT분야 R&D 사업현황과 보통신 공사업체 참여 방안」(2019. 4. 30.)
- 한국기업지배구조원, 전선애, 「저축은행의 부실과 기업지배구조」
- 행정안전부 보도자료, 박형배, 「접경지역에 13조 원 투자해 성장동력 마련 "접경지역 발전종합계획 변경해 2030년까지 225개 사업 추진"」(2019. 2. 8.)
- 해외문화홍보원, 「2018년 국가이미지 조사 주요내용」(2019. 1.)
- 현대경제연구원, 고승연, 「한반도 르네상스 구현을 위한 VIP 리포트 고학력 베이비부머와 고령층 일자리의 해부 -'실버칼라'의 현황과 시사점」(2017. 7. 10.)
- 현대경제연구원, 백홍기, 「한반도 르세상스 구현을 위한 VIP 리포트 열 살배기 이하 '젊은 기업'의 현황과 시사점 "기업도 '고령화'하고 있다"」(2018. 4. 9.)
- 현대경제연구원, 민지원, 「새로운 경제시스템 창출을 위한 경제주평: 2019년 산업경기의 10대 특징과 시사점」(2018. 11. 23.)
- 현대경제연구원, 주원, 「현안과 과제 2019년 기업 경영환경 전망 및 시사점」(2019. 1. 7.)

- 현대경제연구원, 주원, 「새로운 경제시스템 창출을 위한 경제주평: 한·일 주요산업의 경쟁력 비교와 시사점: 산업경쟁력을 국가 전략적 관점에서 바라볼 때」(2019. 7. 26.)

〈경제〉

- KDI 한국개발연구원 보도자료, 김주훈, 「경제 패러다임 전환과 한국경제의 미래 정책세미나 개최」(2018. 11. 15.)
- OECD, 「2018 OECD 한국 경제 보고서 포용적 성장을 위한 새로운 패러다임 달성」(2019. 6. 20.)
- 국회예산정책처, 「우리나라 저출산의 원인과 정책적 영향」(2018. 10. 8.)
- 국회예산정책처, 「중국경제 현안 분석 "부채·부동산·그림자금융을 중심으로"」(2018. 12. 27.)
- 국회예산정책처, 「NABO 경제동향 & 이슈 1월호[통권 제 75호]」(2019. 1. 18.)
- 국회예산정책처, 「NABO 경제동향 & 이슈[제81호]」(2019. 7. 17.)
- 국회예산정책처, 이지평, 「국회예산정책처 경제현안 토론회 결과보고서 대외경제의 불확실성 확대와 한국의 대응방안」(2019. 9. 6.)
- 국회예산정책처, 「2020년 및 중기 경제전망」(2019. 9. 30.)
- 국제금융센터, 홍서희, 「GDP, 민간부문을 중심으로 하방리스크 상존」(2019. 7. 25.)
- 기획재정부 보도자료, 김만기, 「제4차 경제활력대책회의 겸 2019년 제1차 경제관계장관회의 개최」(2019. 1. 4.)
- 기획재정부 보도자료, 김만기, 「제1차 혁신성장전략회의 겸 2019년 제3차 경제관계장관회의 개최」(2019. 1. 16.)
- 관계기관협동, 「가계부채 종합대책」(2017. 10. 24.)
- 관계부처합동, 「2019년 경제정책방향」(2018. 12. 17.)
- 관계부처합동, 「지출혁신2.0 추진방안」(2019. 1. 23.)
- 대외경제정책연구원, 「홍콩경제의 디플레이션 현황과 향후전망」(2003. 6.)
- 대외경제정책연구원, 「"전문가 오피니언 7월" 끝나지 않은 중미 무역 전쟁의 원인

과 향후 전망」(2018)

- 대외경제정책연구원, 안정배, 「오늘의 세계경제 2019년 세계경제 전망」(2018. 11. 2.)
- 더불어민주당, 최운열, 「가계부채 문제 한계점 도달, '강화된 은행 예대율규제' 시행시기 앞당겨야」(2018. 10. 11.)
- 산업연구원, 조성민, 「산업경제분석 지역소득 역외유출의 결정요인과 시사점」(2018. 10.)
- 삼성경제연구소, 박준수, 「SERI 경제 포커스 고용 양극화로 본 미국 중산층」(2012. 2. 21.)
- 자본시장연구원, 「2019년 하반기 경제 및 자본시장 전망」(2019. 5. 28.)
- 자본시장연구원, 「2019년 거시경제 전망 및 주요 이슈」
- 참여연대이슈리포터, 「박근혜 정부의 뉴스테이 무엇이 문제인가」(2016. 1. 18.)
- 통계청 보도자료, 황현식, 「한국의 사회동향 2018」(2018. 12. 13.)
- 통계청 보도자료, 심상욱, 「2017년 지역소득(잠정)」(2018. 12. 21.)
- 통계청 보도자료, 민경삼, 「2018년 11월 온라인쇼핑 동향」(2019. 1. 2.)
- 한국은행, 이종규, 「경제위기 : 원인과 발생과정」(2000. 11.)
- 한국은행, 「OECD 한국경제전망의 주요 내용」(2018. 11. 21.)
- 한국은행, 「미국의 다음 리세션(recession)과 관련된 최근 논의」(2018. 12. 5.)
- 한국은행, 이주열, 「지역경제보고서」(2019. 3.)
- 한국은행, 이주열, 「경제전망보고서」(2019. 4.)
- 한국은행, 권처윤, 「2019년 5월 소비자동향조사 결과」(2019. 5. 28.)
- 한국은행, 이주열, 「경제전망보고서」(2019. 7.)
- 한국은행, 이홍직, 김태경, 허수정, 「경기변동성 축소에 대한 재평가」
- 한국은행 인천본부, 장경수, 「인천경제리뷰 트럼프 新정부의 보호무역정책 전망 및 인천경제계의 대응방안」(2017. 2. 17.)
- 한국은행 경기본부, 「경기지역 경제구조의 주요 특징과 향후 과제」(2018. 10.)
- 한국은행 보도자료, 이상호, 「2019년중 경제통계국 작성 통계 공표 일정」(2018. 12. 22.)
- 한국은행 보도자료, 최정은, 「2019년 4월 무역지수 및 교역조건」(2019. 5. 25.)
- 한국은행 보도자료, 권처윤, 「2019년 10월 소비자동향조사 결과」(2019. 10. 25.)
- 한국경제연구원, 변양규, 「KERI Brief 디플레이션 가능성 점검」(2014. 12. 16.)
- 한국형사정책연구원, 박경래, 「조직폭력배의 소득원에 관한 연구: 재소자에 대한

설문 및 심층면접 조사결과를 중심으로」(2006. 12.)
- 한국조세재정연구원, 「9차년도 재정패널 조사 기초분석보고서」(2017. 12.)
- 행정안전부 보도자료, 김한수, 「2019년 국민안전과 주민생활, 이렇게 달라집니다. "국민안전·민생경제·행정서비스 분야에서 올해 달라지는 제도 10선 발표"」(2018. 1. 7.)
- 한국노동연구원, 홍민기, 「소득불평등: 현황과 대책」(2017. 5.)
- 현대경제연구원, 「새로운 경제시스템 창출을 위한 경제주평: 한국 주력산업의 위기와 활로」(2018. 4. 6.)
- 현대경제연구원, 이부형, 「새로운 경제시스템 창출을 위한 경제주평: 북한의 경제개발구와 '통일경제특구' 구상의 연계 가능성」(2018. 8. 24.)
- 현대경제연구원, 오준범, 「새로운 경제시스템 창출을 위한 경제주평 준(準)디플레이션의 원인 및 시사점」(2019. 5. 3.)

〈가계〉

- 금융위원회, 최종구, 「모두 말씀 가계부채관리 점검회의」(2019. 1. 25.)
- 금융위원회 보도자료, 변제호, 「주택담보대출 채무조정 활성화를 위한 은행업 감독규정 개정」(2019. 5. 29.)
- 금융위원회·금융감독원 보도자료, 신진창, 「全 금융권 가계부채관리점검회의 개최」(2018. 11. 20.)
- 금융위원회·금융감독원, 「全 금융권 가계부채 동향 및 향후 관리방안」(2019. 1. 25.)
- 금융위원회·신용회복위원회, 「주택담보대출 채무조정 황성화방안」(2019. 1. 17.)
- 국제금융센터, 홍서희, 「가계 디레버리징 속도 가속화 전망」(2019. 2. 21.)
- 농림축산식품부 보도자료, 이재식, 「2019년을 이끌 외식 경향[trend]」(2018. 12. 13.)
- 더불어 민주당 보도자료, 손낙구, 「가계대출, 다주택자 줄고 1주택자 다중채무자 늘었다」(2018. 10. 10.)
- 미래에셋은퇴연구소, 「미래에셋 은퇴리포트 No. 38 Next 20년, 내 자산을 어디에 둘까 일본의 '과거 20년'이 주는 교훈」(2018. 12. 5.)
- 자본시장연구원, 「최근 국내 가계부채 동향 및 특징」(2018. 8.)

- 재정경제부, 「신용불량자 현황 및 대응방향」(2004. 3. 10.)
- 통계청, 김영일, 「가계 채무불이행 위험과 가구 특성 간 관련성」(2018. 12. 24.)
- 한국은행 보도자료, 최호식, 「경남지역의 가계부채 현황 및 시사점」(2016. 11. 8.)
- 한국금융연구원, 윤창현, 「가계부채 문제에 관한 미시적 분석」(2012. 11.)
- 한국금융연구원, 임진, 「가계부채 취약성 분석 및 시사점」(2015. 8.)
- 한국금융연구원, 「가계부채 분석보고서」 1호(2018)
- 현대경제연구원, 신유란, 「새로운 경제시스템 창출을 위함 경제주평: 지역별 가계 재무건전성 현황 및 시사점」(2018. 11. 2.)
- 한국금융연구원, 「최근 권역별 가계대출 증가율의 특징과 시사점」(2018. 12. 1.)
- 한국금융연구원, 박창균, 「저소득층 가계부채 실태 및 부담 경감을 위한 정책 방향」(2019. 5.)
- 한국기업평가, 김정현, 「은행 가계대출 규제 3종 세트 영향 점검」(2018. 1. 31.)

〈인구〉

- 통계청 보도자료, 김진, 「2018년 9월 인구동향」(2018. 11. 28.)
- 통계청 보도자료, 김진, 「2018년 11월 인구동향」(2019. 1. 30.)
- 통계청 보도자료, 김진, 「장래인구특별추계: 2018~2067년」(2019. 3. 28.)

2021~2024년 디레버리징 발생 경로

장기 저금리 지속

자산가격 버블 → 가계대출 증가 ← 과다 소비

부채누적

⬇ ⬅------ 원금 분할상환 시점 도래

원리금 상환 부담 증가 ⬅

자발적 디레버리징 {

⬇

부채 상환 능력 저하

자산가격 하락
- 부동산가격 하락
- 주식가격 하락

경제 침체
- 소득 감소
- 고용 악화

⬇

가계부실 확대

⬇

부실 금융기관 증가

⬇

금융기관 대출 감소

금융기관 자금조달 위축

강제적 디레버리징 {

⬇

- 다중 채무자 증가
- 가계대출 연체율 상승

⬇

금융기관 담보대출 감소

⬇

담보대출 연체율 상승

2021~2022 1차 DSR
원리금 상환 충격 구간

2023~2024 금융권 비율3 적용
강제 2차 디레버리징 충격 구간

출처 원본: 수석 연구원 손은경 "하나금융 연구소" 가계 디레버리징 가능성 점검 및 시사점, 2010년 11월 5일 제 133호

저자 임의 시간 적용 변경

디레버리징
DELEVERAGING

2021~2024 수도권 파산과 경매의 시대에 관하여

ⓒ 박홍기, 2020

초판 1쇄 발행 2020년 2월 14일
　　2쇄 발행 2020년 4월 10일

지은이　　박홍기
검수자　　안덕훈
펴낸이　　이기봉
편집　　　좋은땅 편집팀
펴낸곳　　도서출판 좋은땅
주소　　　서울 마포구 성지길 25 보광빌딩 2층
전화　　　02)374-8616~7
팩스　　　02)374-8614
이메일　　gworldbook@naver.com
홈페이지　www.g-world.co.kr

ISBN　979-11-6536-129-7 (03320)

이 도서의 국립중앙도서관 출판예정도서목록(CIP)은 서지정보유통지원시스템 홈페이지(http://seoji.nl.go.kr)와 국가
자료공동목록시스템(http://www.nl.go.kr/kolisnet)에서 이용하실 수 있습니다. (CIP제어번호: CIP2020004501)